82个K线战法

让你轻松成为 **股市高手**

护城河工 ◎ 著

立信会计 出版社

LIXIN ACCOUNTING PUBLISHING HOUSE

图书在版编目（CIP）数据

　　82个K线战法让你轻松成为股市高手/护城河工著.
-- 上海: 立信会计出版社, 2015.8
　　（擒住大牛/荣千主编）
　　ISBN 978-7-5429-4719-2
　　Ⅰ.①8… Ⅱ.①护… Ⅲ.①股票投资—基本知识
Ⅳ.①F830.91
　　中国版本图书馆CIP数据核字(2015)第136315号

策划编辑　蔡伟莉
责任编辑　余　榕
封面设计　久品轩

82个K线战法让你轻松成为股市高手

出版发行	立信会计出版社		
地　　址	上海市中山西路2230号	邮政编码	200235
电　　话	（021）64411389	传　　真	（021）64411325
网　　址	www.lixinaph.com	电子邮箱	lxaph@sh163.net
网上书店	www.shlx.net	电　　话	（021）64411071
经　　销	各地新华书店		

印　　刷	北京柯蓝博泰印务有限公司		
开　　本	787毫米×1092毫米	1/16	
印　　张	13.75	插　　页	1
字　　数	218千字		
版　　次	2015年8月第1版		
印　　次	2020年11月第2次		
书　　号	ISBN 978-7-5429-4719-2/F		
定　　价	39.00元		

前　言

　　K 线技术几乎是所有股票投资者的必修课程，新股民尤其应注重对 K 线的认识和学习，K 线图反映的是一段时间以来买卖双方实际战斗的结果，投资者从中可以看到买卖双方争斗中力量的增减、风向的转变等。它简洁而直观，虽不具备严格的逻辑推理性，但是却有相当可信的统计意义，真实、完整地记录了市场价格的变化，反映了价格的变化轨迹。因此，熟悉并灵活运用 K 线技术，对渴望从股市中获利的投资者具有至关重要的意义，它也是新股民的必修课。

　　K 线起源于日本 300 多年前的德川幕府时代。当时的米商为了能够预测米价的涨跌，每天仔细地观察市场米价的变化情况，以此来分析预测市场米价的涨跌规律，并将米价波动用图形记录下来，这种图形就是 K 线最初的雏形。

　　1990 年，美国人史蒂夫·尼森以《阴线阳线》一书向西方金融界引进"日本 K 线图"，结果立即引起轰动，史蒂夫·尼森因此而被西方金融界誉为"K 线之父"。K 线得名是因为英文 candle（蜡烛）前面的发"k"的音，此外，K 线也常被称为蜡烛线、蜡烛图、日本线、阴阳烛、阴阳线、棒线等。K 线被引用到证券市场后，逐步发展成今天的一套 K 线图理论。到如今，K 线图技术已经被广泛应用于全世界的证券市场、期货市场、外汇市场等领域，成为技术分析中的最基本的方法之一。

　　K 线图技术分析法的先驱日本著名商人本间宗久，最早为日本分析技术写了一本《黄金泉》。书中有这样一句话："当每个人都看空行情时，则酝酿价格上涨的契机。当每个人都看行情上升时，则构成价格下跌的原因。"从这句话中我们就可以看出，K 线技术更多的是一种行为艺术和心理哲学的实践，它本质上是市场群体心理因素的集中反映。这也是为什么纯粹技术派常常会感到困惑的原因：很多时候你可以掌握 K 线技术的性，但把握不了它的度，如同没有完美的交易一样，K 线图里也没有完美的图形。所以，在分析图形的时候，不能拘泥于图形，而要究其内在的本质，洞悉多、空双方的力量对比变化，顺势而为。

《82 个 K 线战法让你轻松成为股市高手》不仅全面地介绍 K 线走势、各种 K 线形态的分析方法，还对趋势线、均线等对 K 线分析起辅助作用的技术面内容做了较为详尽的讲解，通过对每种形态图文对照的深入阐述及大量实例剖析，力图使新入股市的读者们在看懂 K 线走势的基础上，能做到灵活运用这些形态。我们既注重理论的深度、方法的讲解，也注重实例的解析，期望读者在读过本书后，可以真正掌握 K 线分析之道，把握住上涨行情。

K 线分析是我们用得最多，但最难学好的分析工具之一，要想完全领会 K 线分析的精髓，还得自己亲身体验，在不断实战磨炼中找到自己的"感觉"。就像本间宗久说的那样："如果你希望了解市场，应该在市场中学习—— 如此你才能够成为无懈可击的市场鬼才。"

目　录

第一章　单日 K 线基础性分析与实战　/1

1. 没有上下影线的阳线　/1

2. 没有上下影线的阴线　/3

3. 带下影线的阳线　/6

4. 带下影线的阴线　/8

5. 带上影线的阳线　/10

6. 带上影线的阴线　/12

7. 十字星 K 线　/14

8. 带上下影线的阳线　/18

9. 带上下影线的阴线　/20

第二章　常见 K 线组合分析与应用　/24

1. 十字星形态　/24

2. 上吊线形态与倒锤子线形态　/27

3. 包线形态　/33

4. 孕育线形态　/36

5. 乌云盖顶形态　/38

6. 刺透形态　/41

7. 高位切入线形态　/43

8. 低位切入线形态　/45

9. 启明星形态　/46

10. 黄昏星形态 /49

11. 十字黄昏星形态和十字启明星形态 /51

12. 向上跳空两只乌鸦形态 /54

13. 反击线形态 /56

14. 上升三法形态和下降三法形态 /59

15. 向上跳空缺口形态 /63

16. 向下跳空缺口形态 /65

17. 红三线思考星形态 /67

第三章　K 线技术图形运用技法 /70

1. 三重顶形态 /70

2. 三重底形态 /72

3. 头肩顶形态 /75

4. 头肩底形态 /78

5. M 头形态与 W 底形态 /80

6. 圆弧顶形态 /83

7. 圆弧底形态 /86

8. 岛形反转形态 /89

9. 平台突破形态 /92

10. 三角形整理形态 /98

11. 喇叭口形态 /102

12. 箱形整理形态 /104

13. 旗形形态 /107

14. 楔形整理形态 /109

15. 红三兵形态 /113

第四章　K 线与移动平均线的组合战法 /117

1. 移动平均线的种类 /117

2. 移动平均线与股价 K 线联动效应 /119

3. 利用移动平均线判断未来股价 K 线走势　/121

4. 利用移动平均线与股价 K 线组合判断买入信号　/123

5. 利用移动平均线与股价 K 线组合判断卖出信号　/126

6. 移动平均线对股价 K 线的支撑与反压　/130

7. 移动平均线与股价 K 线趋势线组合应用　/131

第五章　周 K 线分析与测市　/135

1. 光头光脚周阳线　/135

2. 短下影光头周阳线　/137

3. 上下影周阳线　/139

4. 短上影光脚周阳线　/142

5. 长下影光头周阳线　/144

6. 长上影光脚周阳线　/146

7. 长下影周阳线　/148

8. 长上影周阳线　/149

9. 光头光脚周阴线　/151

10. 短上影光脚周阴线　/153

11. 短下影光头周阴线　/155

12. 上下影周阴线　/157

13. 长上影光脚周阴线　/159

14. 长下影光头周阴线　/161

15. 长上影周阴线　/163

16. 长下影周阴线　/166

17. 周 K 线见底回升信号　/167

18. 周 K 线持续上升信号　/172

19. 周 K 线见顶回落信号　/177

20. 周 K 线中心值　/179

21. 周移动平均线的运用方法　/182

第六章　K 线买卖临盘实战技巧　/186

1. 一阳穿三线买入法　/186

2. 15 分钟 K 线超短线作战法　/189

3. 底部启明星放量大阳买入法　/191

4. 巨阴洗盘买入法　/194

5. 渐大三连阳短线买入法　/196

6. 跳空攀援线买入法　/198

7. 上升中途低位三星线买入法　/200

8. 低位中阳盖阴买入法　/202

9. 黄昏星 K 线卖出法　/204

10. 高档弃十字星卖出法　/206

11. 三次冲顶不破线卖出法　/207

12. 下跌并列阳线卖出法　/209

13. 高位并列阴线卖出法　/211

第一章 单日 K 线基础性分析与实战

1. 没有上下影线的阳线

没有上下影线的阳线又叫作光头光脚阳线（见图 1 – 1），表明该日交易以最高价收盘，并且最低价就是当日的开盘价，这说明该股的涨势很强，一路上涨，阻力不大。阳线越长，则表明涨势越长，多方势力很强大。一般来说，光头光脚阳线分为光头光脚中大阳线和光头光脚的小阳线。

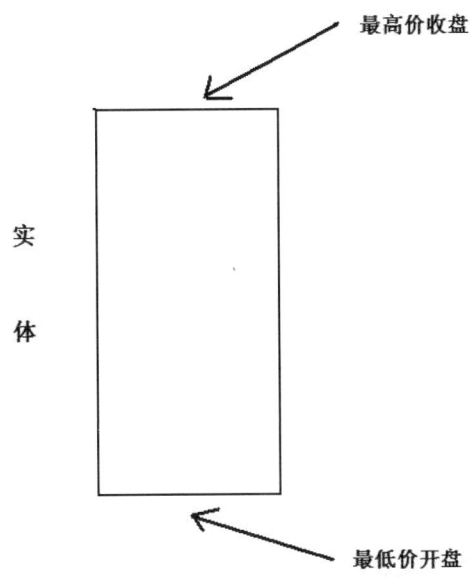

图 1 – 1　光头光脚阳线示意图

【K 线小辞典】

在现有停板交易制度下，我们可以将涨幅在 1.5% 内定义为小阳线，涨幅在 1.5% ~5% 定义为中阳线，涨幅在 5% ~10% 定义为大阳线。

光头光脚（没有上下影线）的中大阳线是多方发起强大攻势，取得了全胜的结果。根据其出现的位置，我们可以做一下细分：

（1）中大的光头光脚阳线在低位区出现。这是股价在长期受挫后企稳回升的表现，如果有成交量的配合，可以起到夯实底部的作用，此时可以大胆跟进建仓，但要注意的是如若缺少增量资金的配合，低位底部出现的中大阳线也没有太大的意义。

（2）中大的光头光脚阳线在多空双方僵持的盘整期间出现。这意味着多方发起了主动的进攻，利用中大阳线突破盘局，因此若在盘整末期或上升趋势的中途，出现中大阳线，可短线果断跟进，次日收阳的概率极大，但需要注意的是成交量也应同步的放大。

（3）中大的光头光脚阳线在股价大幅扬升之后的高价区出现。这种情况应谨慎对待，所谓强弩之末不到巅峰也近在咫尺，无论有无突发性利好或巨量放出，都应持币观望为佳，警惕次日大阴的反转出现。

另外，通过次日开盘价和开盘后多空的交战区域（即对昨日 K 线的切入程度），我们还可对当天多空双方交战的结果，做个简明快速的预期判断，便于操作的决策。次日开盘后，由于多方买盘的强大，股价在阳线的上方屡创新高，说明多方力量依然强劲，继续高走收阳线的可能性较大；次日开盘，股价回跌倒中大阳线实体内，表明买卖双方短兵相接多方面临卖压的考验，但这并不意味着空方占绝对的优势，此时需要通过观察"中心值"的方法来判别强弱；次日开盘双方即战斗在中大阳线下端，往往是空方利用利空快速压低股价，屡创新低说明空方已完全把握行情，即有可能收出一根大阴线。

【实战案例】

桂东电力（600310）（见图 1 - 2）：在 2014 年 5 月开始了一次低位盘整，到 7 月末股价连续拉抬，但此时仍不能确认涨情。到 8 月 4 日，该股拉出了一条漂亮的光头光脚大阳线，成交放量，而当日涨幅高达 9.97 ％，可见多方实力强劲，后市应该有一波行情。

光头光脚的小阳线准确性不如大阳线，一般来说，若小阳线出现在股价大幅扬升以后，说明买方力量在减弱，上升动能日渐衰落，股价继而转向下跌的可能性较大；若在一定区域的盘整期间出现，此时的天天小阴小阳则说明盘局依旧，若是出现连续的数条小阳线，显示出多方的力量在增强，开始向上试探性的进攻，此时则需关注是否有带量突破盘局的行为；若出现在上涨或下跌趋势的中途，则仅仅表示小的休整，原有的趋势将依旧；如是出现在股价持续大跌之后，特别是向下跳空低开的话，往往说明主动性的卖盘几近枯竭，所以往往是将发生逆转的先兆。

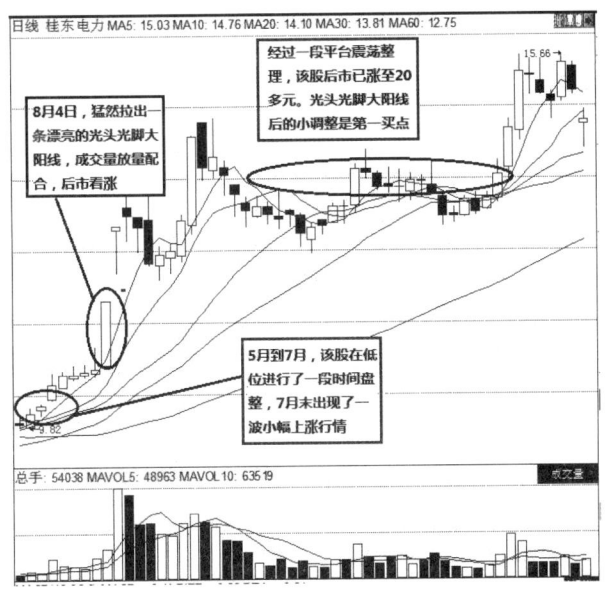

图 1-2　桂东电力（600310）光头光脚线短线买入图解

【特别提醒】

在周 K 线分析中，光头光脚的中大阳线，则往往预示着下周会有下跌的出现，因此下周是高位卖出的时机，特别是在下周初高开或股价大幅快速上扬时，要注意把握住机会；如果是光头光脚的小周阳，说明经过了换手整理，仍有上升的动力，后市继续保持升势的概率仍较大。

2. 没有上下影线的阴线

没有上下影线的阴线又称光头光脚阴线（见图 1-3），表明该日交易以最低价收盘，并且最高价就是当日的开盘价，这说明该股的跌势很强，一路下跌支撑力不大。阴线越长，则表明跌势很强，空方势力很强大。

光头光脚阴线

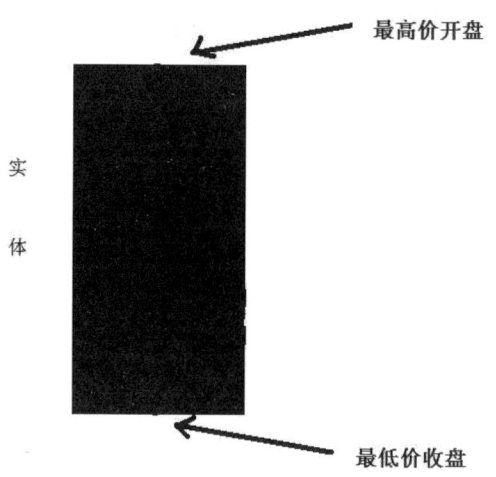

图 1 - 3 光头光脚阴线示意图

【K 线小辞典】

在现有涨跌停板交易制度下，我们可以将跌幅在 1.5% 内定义为小阴线，跌幅在 1.5% ~5% 定义为中阴线，跌幅在 5% ~10% 定义为大阴线。

光头光脚的中大阴线是空方发起强大攻势取得了全胜的结果。根据其出现的位置不同，同样可以分为三种情况：

（1）在低位区出现中大光头光脚阴线（见图 1 - 4），往往是衰竭恐慌性抛盘造成的，虽然短线可能再度下跌，但随后一般跌幅不会太大，此时应该等待并关注转机的出现，先不要抄底抢反弹，最佳稳健的介入时机是等到成交量萎缩到地量之后，成交量放大，股价企稳时再果断介入，这时底部形成也会有组 K 线的明示，这是因为即使是低位的大阴线，若没有上升动量配合也不会有什么像样的行情产生。

（2）如果在盘整末期或下跌趋势中途出现，说明股价向下突破再续跌势，此时应该顺势卖出。

（3）如是在连续上涨之后的高价区出现光头光脚中大阴线，特别是有量的配合，这更是明显出货的行为，应该果断清仓。

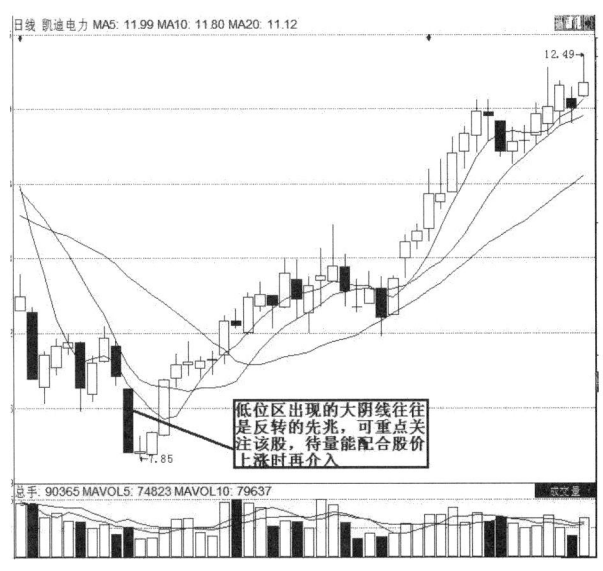

图 1－4　低位光头光脚大阴线图解

通过次日开盘价和开盘后多空的交战区域（即对昨日 K 线的切入程度），我们可对当天多空双方交战的结果，做个简明快速的预期判断，便于次日当天的操作决策。如果次日开盘价和交战的区域在实体的上端，说明多方接着利多快速推高，次日可能收出一条中大阳线；如果次日开盘和交战区域在实体的部分，多方开始反攻，胜负取决于双方力量的增减，多方力量的强弱尚需观察"中心值"的得失；如果次日开盘价和交战的区域在实体的下端，说明空方借势乘胜追击，次日续跌的概率较大。

对于光头光脚的小阴线而言，如果出现在跌势末期的低价区，并且它的最低价高于昨日最低价即为孕线，表示卖盘接近枯竭，股价走势可能发生逆转；如果出现在上升趋势中途（见图 1－5），特别是在一条大阳线之后，表示暂时性的休整，股价继续上升的可能性仍较大；如果出现在小升小跌不断的盘局中，说明盘整仍将继续；若出现在长期持续上涨之后的高价区，如阴跌不止，则需提防主力在慢慢地出货，一般常规洗盘不应跌破最高价的10%，控盘庄股一般不跌破最高价的5%。

【特别提醒】

在周 K 线中出现光头光脚的中大阴线，则往往预示着下周会有反弹的出

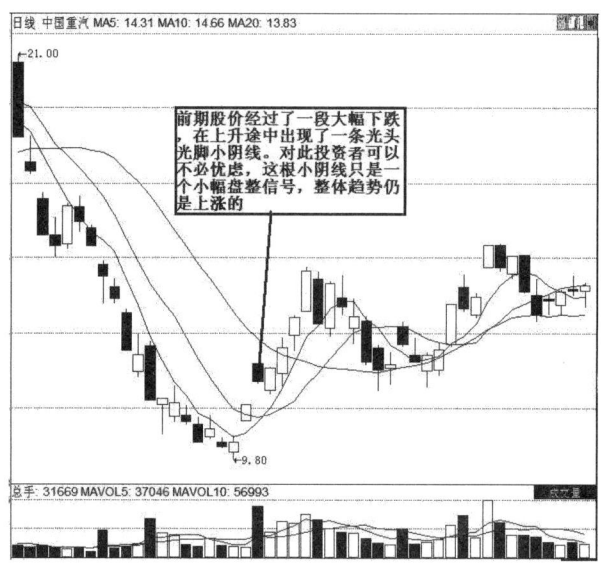

图 1-5　上升途中光头光脚小阴线图解

现，下周表现为先抑后扬的行情，因此持股者不必在下周初杀跌中匆忙卖出，可以在后半周反弹时抛出，但若是先于周初反弹，无法突破站稳"中心值"时则应顺势卖出；对于空仓者而言，可以在下周初的杀跌中低位适量吸纳，参与后半周的反弹短线操作。

3. 带下影线的阳线

只带下影线而不带上影线的阳线又叫作光头阳线（见图 1-6），该阳线表明该日开盘后交易价曾跌破开盘价，但随即上涨，并且以最高价收盘，这说明该股在上涨过程中曾遇抵抗，但有强有力的支撑，表明涨势很强，后市看涨。

【K线小辞典】

光头阳线若出现在低价位区域，在分时走势图上表现为股价探底后逐浪走高且成交量同时放大，预示为一轮上升行情的开始。如果出现在上升行情途中，表明后市继续看好。

光头阳线是一种带下影线的红实体。该线最高价与收盘价相同，开盘后空方卖气较足使价格下跌，但在低价位上得到买方的支撑，卖方在受挫的情况下

带下影线的阳线

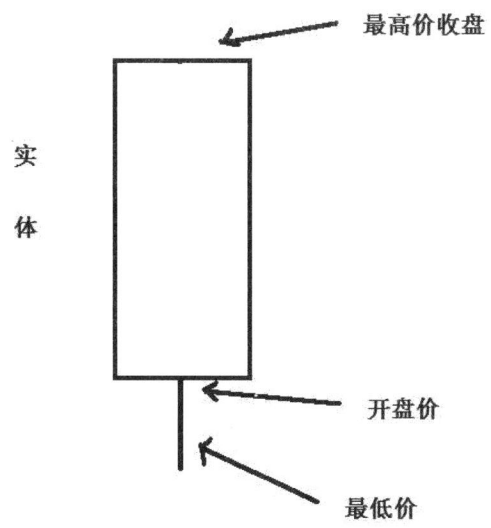

图 1-6　带下影线的阳线示意图

价格向上推过开盘价，并一路震荡上扬直至收盘，收盘在全天最高价上。后市承接力强，暗示上升力强，可能是上涨的先兆。

光头大阳线（先跌后涨型）全日节节上升，有强烈的涨势。如果在跌市中出现，可能是跌市结束的信号。

开盘光头阳线（上升抵抗型）（见图 1-7）上升力强，但受阻挡，应谨慎。若是在持续上涨之后，可能是下跌的先兆；若是在下跌中的反弹行情，则多头实力不足，仍将下跌。

光头小阳线（欲涨乏力型）行情扑朔迷离，涨跌难有明确估计。如果出现在强烈持续上升之后，表示高位震荡，持续力不足，可能是下跌的征兆。如果在长期下跌之后出现，表示欲振乏力，可能继续下跌。

对光头阳线，还可以通过实体部分与下影线长短来进行分析。实体部分与下影线长短不同，则买方与卖方力量对比不同。

（1）实体部分比下影线长，价位下跌不多即受到买方支撑，使价格上行在上破了开盘价之后，还大幅度推进，说明买方实力很大。

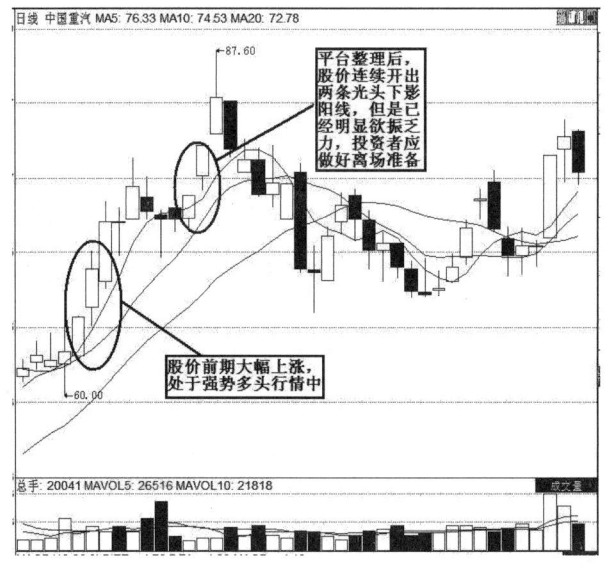

图1-7 带下影的光头小阳线图解

（2）如果实体部分与下影线相等，表明买卖双方交战激烈，大体上买方占主导地位，对买方有利。

（3）实体部分比下影线短，买卖双方在低价位上发生激战，遇买方支撑逐步将价位上推，上面实体部分较小，说明买方所占据的优势不太大，如次日卖方全力反攻，则买方的实体很容易被攻占。

【特别提醒】

光头阳线若出现在低价位区域，在分时走势图上表现为股价探底后逐浪走高且成交量同时放大，预示为一轮上升行情的开始；如果出现在上升行情途中，表明后市继续看好；若出现在高位，则是多方的回光返照马上就将进入死亡。

4. 带下影线的阴线

只带下影线不带上影线的阴线又叫光头阴线（见图1-8），光头阴线表明该日开盘后，交易价一路下跌，但是在买方势力的抵抗下，在价位跌到当天最低价时，买方迫使价位回升了一定的幅度，并以较高价收盘，这说明该股在下跌过程中，出现了支撑的力量，虽不足以立即止跌，但已不可轻视。

【K 线小辞典】

光头阴线是下跌抵抗型，表示空方力量强大，但在下跌途中一定程度上受到了买方的抵抗，常出现在下跌途中、市场顶部或振荡行情中。

带下影线的阴线

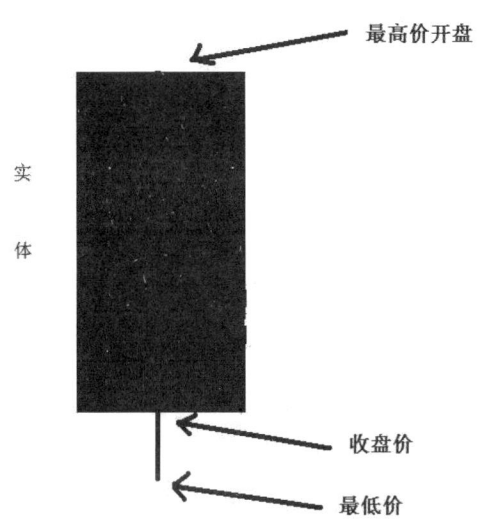

图 1-8　带下影线的阴线示意图

光头阴线是一种带下影线的阴实体，该线形开盘价即是全天最高价。开盘后卖方力量比较强大，价格一直下跌，但在低位遇到买方的支撑，后市可能会出现反弹。根据实体部分与下影线的长短不同可分为三种情况：

（1）实体部分比影线长，表明卖压比较大。开盘后股价大幅度向下，在低位遇到买方抵抗，买方与卖方发生激战，影线部分较短，说明买方把价位上推不多。从总体上看，卖方占了比较大的优势。

（2）实体部分与影线同长，表示卖方把价位下压后，买方的抵抗也在增加，但可以看出，卖方仍占有一定优势。

（3）实体部分比影线短，表示卖方把价位一路压低，在低价位上遇到买方顽强抵抗并组织反击，逐渐把价位上推，最后虽以阴线收盘，但可以看出卖方只占极少的优势。后市很可能买方会全力反攻，把小阴实体全部吃掉。

光头大阴线整日下跌，后市疲弱，行情极坏，还要下跌，在空头市场经常出现。如连续出现数根大阴线，可能有反弹行情。

收盘光头阴线（先涨后跌型）行情先涨后跌，卖方势强，行情看跌。

小阴线（短下影）行情混乱，涨跌难以估计。如果出现在持续上升之后，表示高位震荡，可能是下跌的先兆。

开盘光头阴跌（下跌抵抗型）（见图 1-9）行情下跌后受到承接，显示有反弹迹象。

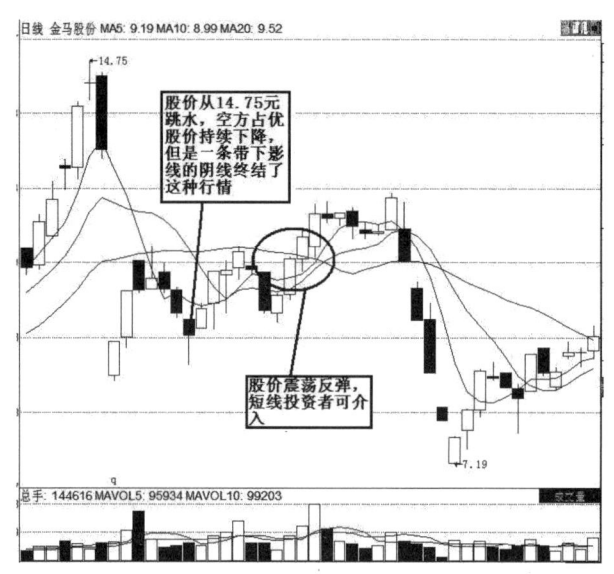

图 1-9　带下影线的阴线图解

小阴线（长下影）加速下跌的征兆。

总之，一般光头阴线出现时市场疲弱，交易量小，投资者应持观望态度。

【特别提醒】

光头阴线线形如果出现于低价位区，说明抄底盘的介入使股价有反弹迹象，虽然短期内不会立即出现大幅上涨，但由于有买盘在低位区域介入，后市会有一定的上涨机会。

5. 带上影线的阳线

带上影线而不带下影线的阳线又叫光脚阳线（见图 1-10），表明该日开盘后，交易价一路上涨，但是在最高价又跌了下来，没能以最高价收盘，这说明该种股票在上涨过程中曾遇较强阻力，被迫未能以最高价收盘，多方优势已受到有力的挑战，上影线越长，表明阻力越强。

带上影线的阳线

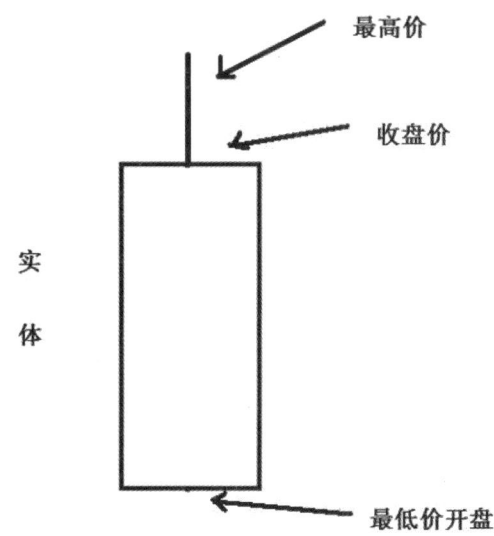

图 1 - 10　带上影线的阳线示意图

【K 线小辞典】

光脚阳线是一种带上影线的红实体 K 线。开盘价为全日最低价，开盘后买方占据明显优势，股价不断盘升，表示上升势头很强，但在有了一定涨幅后多空双方出现了分歧，致使股价下跌，但最终仍以阳线报收。

（1）如果在低位出现光脚阳线（见图 1 - 11），且实体部分比上影线长，表明买方开始聚积上攻的能量，进行了第一次试盘。

（2）如果在高位出现光脚阳线，且实体部分比上影线短，表明买方上攻的能量开始衰竭，卖方的能量不断增强，行情有可能在此发生逆转。

上影线代表冲刺到某点上方，开始有阻力卖盘，所以下落，而开盘光脚阳线，说明有资金在低位开盘就坚决托住，这有几个可能：一是发生在上升中，主力想看看前面有没有大的卖盘，如果卖盘并不大，后期回荡有限，会拉涨停冲破前期高点，后面升幅可观，这种图形被称为仙人指路；二是主力故意拉高出货，在前期涨幅过大的个股，主力要出货时，以一笔大单拉升，到某高点后不再拉升任由卖盘回落，实际是出货，主要看成交量是否放大，如果拉升时放量，回落时缩量则不是，反之则很有可能。

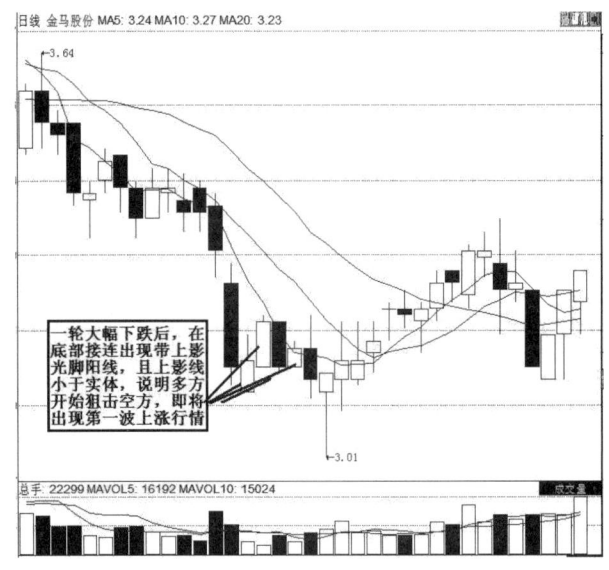

图 1 – 11　上影线小于实体的阳线图解

【特别提醒】

一般来说，如果在低价位区域出现光脚阳线，且实体部分比上影线长，表明买方开始聚积上攻的能量，进行的第一次试盘。如果在高价位区域出现光脚阳线，且实体部分比上影线短，表明买方上攻的能量开始衰竭，卖方的能量不断增强，行情有可能在此发生逆转。

6. 带上影线的阴线

带上影线而不带下影线的阴线又叫光脚阴线（见图 1 – 12），表明该日开盘后，交易价曾涨过开盘价，但是在卖方势力的打压下价位被压在开盘价以下，并以最低价收盘，这说明该种股票在下跌过程中，多方虽作了拉动上涨的努力，但阻力较强，空方力量很强大，后市看跌。

【K 线小辞典】

光脚阴线属于先涨后跌型 K 线，虽然在开盘后多方出现了上攻出现了上影，但上方抛压较重，空方的力量强大一直打压到最低价报收。

实战中，一般可以将带上影的光脚阴线分为实体长于上影的光脚阴线、实

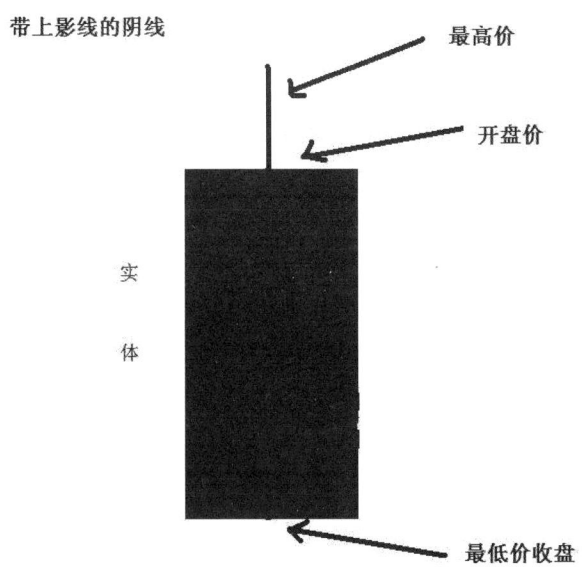

图 1 – 12 带上影线的阴线示意图

体等长上影的光脚阴线和实体短于长上影的光脚阴线三种（见图 1 – 13）。

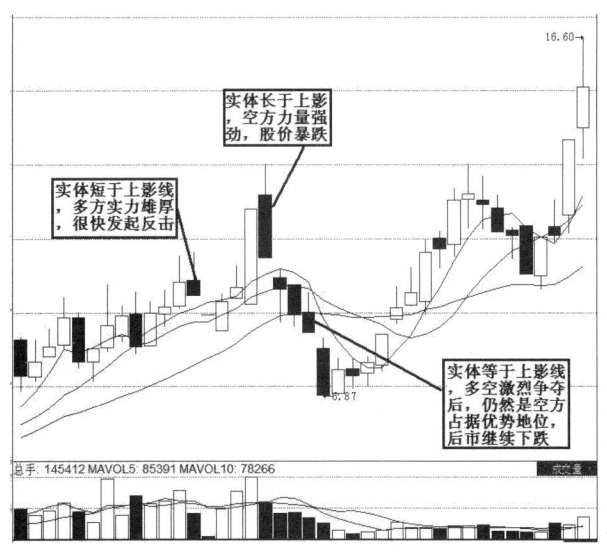

图 1 – 13 带上影线的阴线图解

（1）实体长于上影的光脚阴线，说明多方虽有推高意图，但空方的打压更坚决，力量更强大。

（2）实体等长上影的光脚阴线，说明多空经过交战，空方占据着主动地位。

（3）实体短于长上影的光脚阴线，说明空方虽然略占优势，但多方也蕴藏着反扑的力量，当然这还要看 K 线所处的高低位置而定。

光脚阴线常常出现在下跌趋势的中途和盘整末期的破位，均表示后市继续下跌的可能性较大，因为空方占据的主动优势地位；但若是出现在持续大幅下跌之后的低价区，尤其是出现实体短于上影的光脚阴线，不排除多方在试探空方的抛压实力，后市再次上攻若有量的配合，股价的走向趋势可能会出现转势。

通过次日开盘价和开盘后多空的交战区域（即对昨日 K 线的切入程度），我们可对当天多空双方交战的结果，做个简明快速的预期判断，便于次日实时操盘决策。如果次日开盘价和交战的区域在影线的上端，多方一扫失地发动总攻占据绝对优势，次日报收中大阳线的概率较大；如果次日开盘和交战区域在影线的部分，多方卷土重来再次发动主动性攻击，报收阳线的概率仍然较大；如果次日开盘价和交战区域在实体的部分，多空双方短兵相接旗鼓相当，但这并不表示空方处于劣势，还需进一步观察"中心值"的得失；如果次日开盘和交战的区域在实体的下端，说明借势乘胜追击往往再度收阴。

【特别提醒】

空方优势的大小与上影线和实体的长度有关。上影线和实体的长度越长，越有利于空方，也就是空方优势越大；上影线和实体的长度越短，也就是空方优势越小，越不利于空方。

7. 十字星 K 线

十字星 K 线（见图 1 - 14）表示开盘价与收盘价相同，而上下影线基本相同，这说明多方力量构成的支撑力与空方力量的压力差不多。这种形态可能出现在上涨或下跌过程中，可能说明趋势的延伸，也可能是反转的信号。

【K 线小辞典】

十字星是指收盘价和开盘价在同一价位或者相近，没有实体或实体极其微

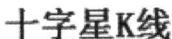

十字星K线

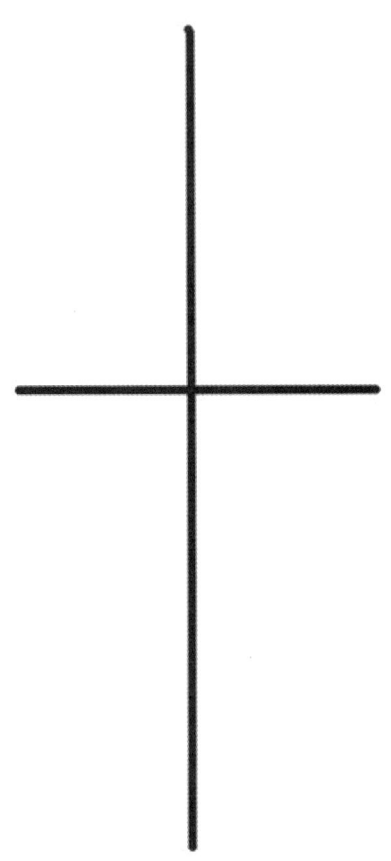

图 1-14 十字星 K 线示意图

小的特别的 K 线形式，其虽有阴阳之分，但实战的含义差别不太大，远不如十字星本身所处的位置更为重要。

出现在持续下跌末期的低价区，称为"希望之星"，这是见底回升的信号；出现在持续上涨之后的高价区，称为"黄昏之星"，这是见顶转势的信号（见图 1-15）。十字星往往预示着市场到了一个转折点，投资者需密切关注，及时调整操盘的策略，做好应变的预备。

如果出现十字星的第二天，股价能够收阳，并且收盘价格高于收出十字星时的收盘价格，那么第二天收出的这根阳线，就是一个验证信号，或者说是确认信号。也就是说，这跟阳线验证或者确认了前一天收出的十字星形态是有效的，说明这颗十字星是代表市场跌势已经接近尾声的信号，这个时候投资者可

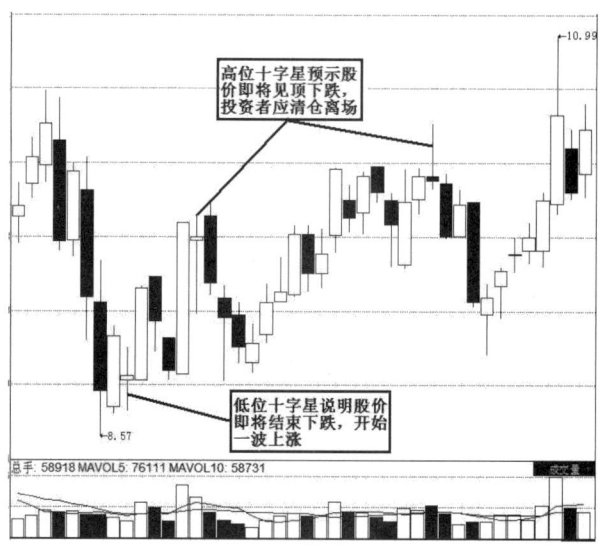

图1-15　十字星K线示意图

以进场操作了。如果第二天没有出现这种确认信号，那么投资者就不要忙于进场操作，而是应该先观察股价接下来几天的走势。如果股价能企稳的话，方可进场操作，否则还是少动为好。

相反，如果这种十字星形态出现在市场走势的顶部时，操作策略上就应该谨慎了。在这个时候出现十字星形态，股价行情反转的可能性极大。同样，出现十字星形态的第二天，股价的走势也是相当重要的。如果第二天收出一条阴线的话，那么这条阴线就是前面这根十字星形态的确认信号，也就是市场走势要反转的确认信号。此时，投资者应该果断卖出手中的筹码，获利了结。如果出现十字星形态的第二天，股价能收出阳线，那么接下来的走势中，股价可能还会有一个上冲的过程。但这时投资者也应该时刻谨慎，一旦股价上涨无力的情况，也应该果断地卖出。如果这种十字星形态出现在股价刚启动不久的中部时，那么此时所代表的市场含义是股价上涨会暂停，但不是反转的信号，还有一种市场含义是股价上涨开始加速。在操作上，投资者关键是要把握好节奏。如果出现十字星后的几天里，股价小幅度震荡，那么一旦股价下探回拉时，就可以进行操作。如果出现十字星形态的第二天，股价开始加速上涨，那么应该立即买进。

在行情中一般我们会遇到：大十字星；小十字星；长下影十字星；长上影

十字星；T 形光头十字星；倒 T 形光脚十字星和一字线等（见图 1 – 16）。

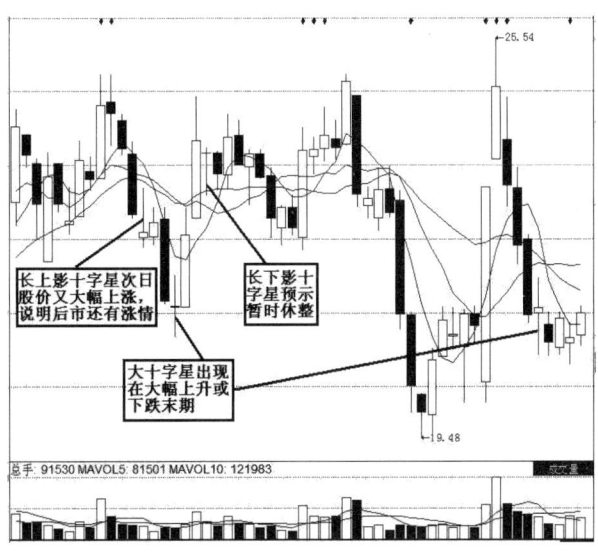

图 1 – 16　不同意义十字星图解

（1）大十字星出现在大幅持续上升或下跌之末的概率较大，盘整区间出现的机率不多见，往往意味着行情的转势。

（2）小十字星是指十字星的线体振幅极其短小的十字星，这种十字星常常出现在盘整行情中，表示盘整格局依旧；出现在上涨或下跌的初期中途，表示暂时的休整，原有的升跌趋势未改；出现在大幅持续上升或下跌之末，往往意味着趋势的逆转。

（3）长下影十字星如果出现在上升趋势中途，一般均表示暂时休整上升趋势未改；如果是出现在持续下跌之后的低价区，则暗示卖盘减弱买盘增强，股价转向上升的可能性在增大，但次日再次下探不能创新低，否则后市将有较大的跌幅。

（4）长上影十字星如果出现在下降趋势中途，一般均表示暂时休整下降趋势未改；如果是出现在持续上涨之后的高价区，股价出现反转的可能性较大；但若出现在上涨趋势中途，次日股价又创新高的话，说明买盘依旧强劲股价将继续上升。

（5）T 形光头十字星的市场意义与长下影十字星差不多，常常出现在高位盘整中，表示次日盘整依旧；若是出现在出现在大幅持续上升或下跌之末，是升跌转换的信号。

（6）倒 T 形光脚十字星的市场意义与长上影十字星差不多，若是出现在持续上涨之后的高价区，这是见顶回落的信号；若是出现在其他的位置，一般均表示暂时休整原有趋势未改。

（7）一字线是指开盘价和收盘价相同，这种形态在 60 分钟的 K 线中出现的多一点，不代表什么意义；最多的就是出现在比较小的周期 K 线中，比如 1 分钟，就是行情在这一分钟内没有波动，其他也不代表什么意义！

【特别提醒】

十字星的 K 线形态出现后，不管是在底部还是在顶部，或者在股价上涨的途中，投资者都应该引起注意。如果出现在股价下跌一波行情时，操作策略上应该注意股价第二天的走势。

8. 带上下影线的阳线

带上下影线的阳线（见图 1 - 17），表明该日开盘后，买方力量曾使交易价涨过开盘价，但是卖方势力也曾将价位打压到开盘价以下，双方交锋之后，多方略胜一筹，但受空方影响并没能以最高价收盘。这种情况下如果在上涨了一段时间后出现，表明空方力量有所增强，涨势快到头了；如果在跌了一段时间后出现，表明多方力量在逐步凝聚，跌势很可能被止住。

【K 线小辞典】

在实战中，我们可以将带上下影线的阳线，分为实体长于上下影的阳线、实体短于上影长于下影的阳线和实体短于下影长于上影的阳线三种。实体同时短于上下影线的阳线，由于实体过于短小近似于十字星，所以它归于十字星类（见图 1 - 18）。

（1）实体长于上下影的阳线，这是比较常见的阳线形态，此阳线说明多空双方进行了全面的接触，所以带有上下的影线，阳线的实体较大说明多方占据优势，若是出现在上升趋势中，次日后市稳步上攻继续收阳的可能性较大；但若是出现在大幅扬升之后的高价区，伴随着巨量，次日开盘后若不能在最高价上影之上站稳，说明走势有出现逆转的征兆。

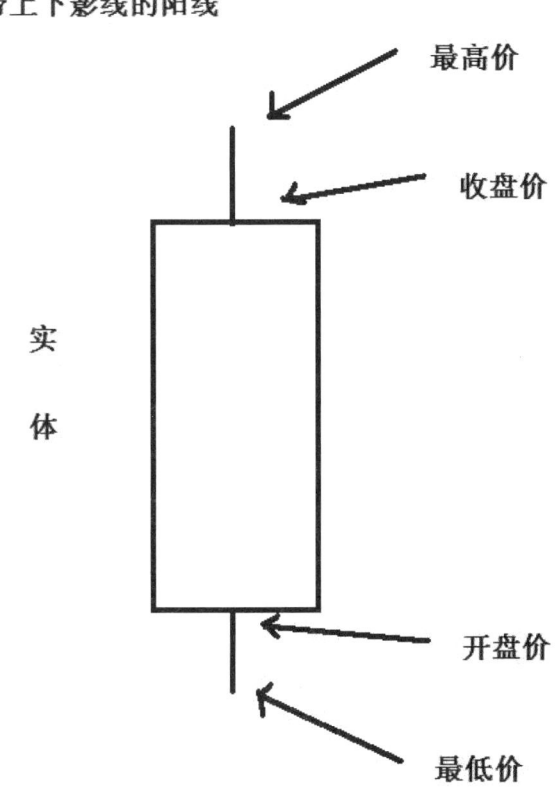

图 1 – 17　带上下影线的阳线示意图

（2）实体短于上影长于下影的阳线，此阳线往往说明多方心有余而力不足，逢高的获利抛压盘较重，多方虽然略占上风，但卖方的力量正在增加，除非次日可以攻克上影的最高价，否则收阴线的概率较大；如果出现在大幅扬升之后的高价区，往往意味着趋势逆转；若是出现在经过持续下跌之后的低价区，常常表示多方在试探空方的卖压，后市若能得到成交量的配合，股价将有逆转上升的可能。

（3）实体短于下影长于上影阳线，出现此阳线说明买卖双方交战激烈互不相让，股价探低之后稳步上涨，多方略占优势，后市行情继续看涨，但次日仍有接受卖方考验的可能，以不跌破"中心值"，即重新开始续涨的走势较佳；若是收盘在"中心值"附近偏下，说明短期进行小幅整理的可能性较大。

通过次日开盘价和开盘后多空的交战区域（即对昨日 K 线的切入程度），我们可对当天多空双方交战的结果，做个简明快速的预期判断，便于实时操盘

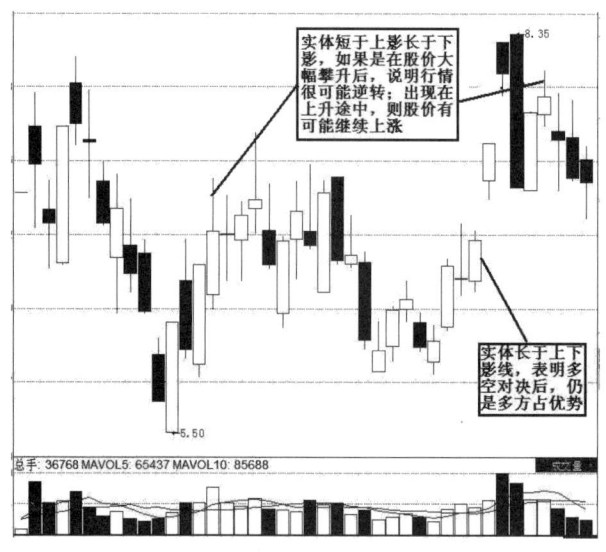

图1-18　带上下影线的阳线图解

决策。如果次日开盘价和交战的区域在上影线的上端，空方毫无反攻之力，次日续拉中大阳线的概率较大；次日开盘价和交战的区域在上影线部分，空方虽想反攻但多方解盘能力较强，后市收阳线的机会仍然较大；如果次日开盘和交战区域在实体的部分，说明多空双方进入胶着战，强弱胜负取决于双方力量的增减和收盘对"中心值"的争夺；次日开盘价和交战的区域在下影线部分，说明空方再度发力力量较强，后市报收阴线的机率较多；次日开盘价和交战的区域在下影线的下端，说明空方借着利空因素迅速打压，后市往往收出中大阴线。

【特别提醒】

实战中可能会遇到实体同时短于上下影线的阳线，这种K线由于实体过于短小近似于十字星，所以它归于十字星类，其实战应用可按照十字星线来判别。

9. 带上下影线的阴线

带上下影线的阴线（见图1-19）表明该日开盘后，买方力量曾使交易价涨过开盘价，但是卖方势力也曾将价位压制在开盘价以下，双方交锋之后，空方略胜一筹，但受多方影响并没能以最低价收盘。这种情形如果是在跌了一段时间后出现，表明多方力量在逐步凝聚，有力地牵制了跌势，后市可能出现反转；如果在上涨了一段时间后出现，表明空方力量已经较强，涨势快到头了。

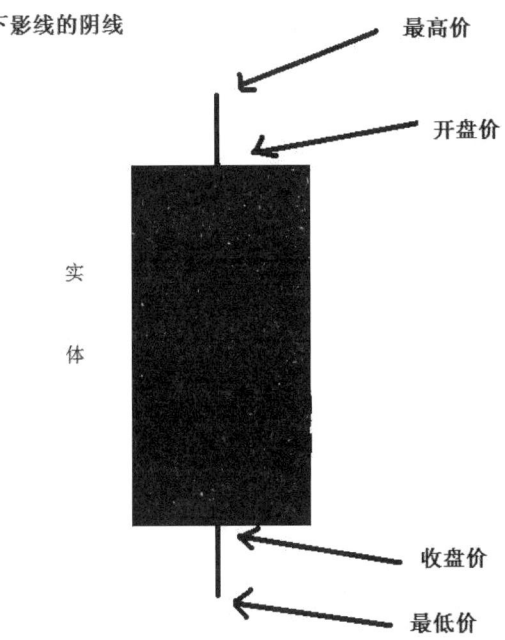

图 1-19　带上下影线的阴线示意图

【K 线小辞典】

带有上下影线的阴线，根据实战经验可以将带上下影线的离阴线分为实体长于上下影的阴线、实体短于上影长于下影的阴线和实体短于下影长于上影的阴线三种。

（1）实体长于上下影的阴线，这是比较常见的阴线形式，常常出现在下跌的中途，此阴线说明多空双方进行了全面的接触，所以带有上下的影线，阴线的实体较大说明空方占据明显优势，股价次日继续下跌的可能性较大，。但若是出现在股价持续下跌之后的低价区，次日没有创出新低，第三日又带量上攻的话，则要注意股价趋势的逆转。

（2）实体短于上影长于下影的阴线，此阴线往往说明多方虽有心上攻，但遭到空方的强大抛压，多方下档的抵抗十分微弱，空方把握着全局。此阴线经常出现在持续上升的高价区转向下跌的转势位置上，标志着一波下跌趋势的开始；但若是出现在股价持续下跌之后的低价区，特别是这根阴线的线体较小，次日多方带量再次上攻的话，也要注意股价趋势的逆转可能。

（3）实体短于下影长于上影的阴线，此阴线说明多空双方分歧较大交战激烈，空方的打压有所遇阻，只是略占优势，多方也有蓄势的可能。此阴线常常出现在下降趋势的中途，次日继续收阴的可能性较大；如果是出现在持续下跌的低价区或是上涨趋势的中途，次日下跌又未创出新低收孕线，那么后市上涨的概率较大。

【实战案例】

复星医药（600196）（见图 1－20）：2014 年 1 月末，该股开始了长达 1 个月的上涨，股价拉抬到 24.41 元，到了 2 月下旬该股开始下跌，2 月 28 日，股价在跌幅中拉出了一条下影超长的上下影阴线，这条长下影阴线的下影线是实体长度的 1 倍，形态成立后跌势已成，投资者不应再抱有幻想，及早离场为宜。

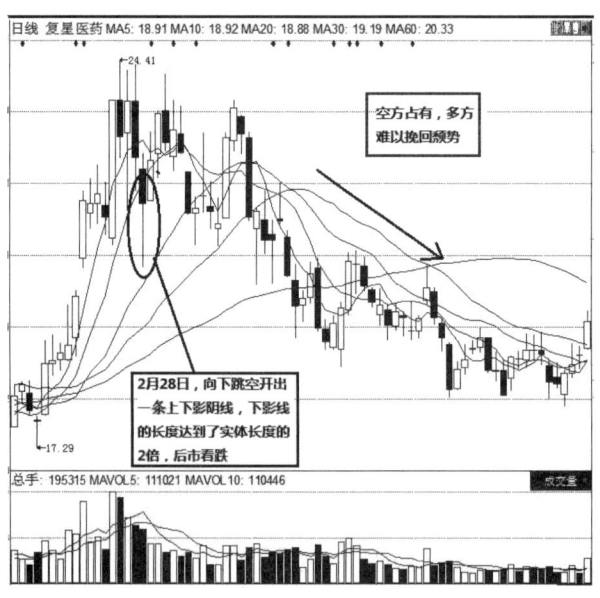

图 1－20　复星医药上下影阴线图解

通过次日开盘价和开盘后多空的交战区域（即对昨日 K 线的切入程度），我们可对当天多空双方交战的结果，做个简明快速的预期判断，便于次日实时操盘决策。如果次日开盘价和交战的区域在上影线的上端,多方借助利多老虎发威,次日拉出中大阳线的概率较大;次日开盘价和交战的区域在上影线部分,空方失去主控制权,多方反攻有收阳的要求和能力;如果次日开盘和交战区域在实体的部分,说明多空双方再次进入正面交锋,胜负强弱取决于双方后续力量的增减,和收盘时对"中心值"的占领。

【实战案例】

金马股份(000980)(见图 1-21):2007 年 9 月 7 日,经过 50% 以上拉升后的股价在高位收出跌幅为 4.55% 的带上下影的长阴线,阴线实体中心线对应的位置在 10.305 元,第二个交易日(09 月 10 日),股价低开高走,形成小阳线,收在 10.29 元,由此便形成了高位"插入线"。此后股价最低探至 7.31元,跌幅达 30%。

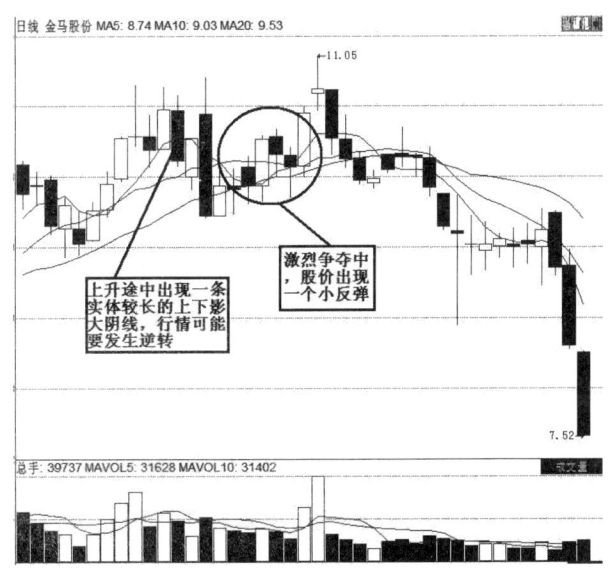

图 1-21　金马股份图解

【特别提醒】

一般说来,次日开盘价和交战的区域在下影线部分,说明空方再度发力,后市创新低报收阴线的可能较大;次日开盘价和交战的区域在下影线的下端,说明多方无心恋战溃不成军,后市往往报收中大阴线。

第二章　常见 K 线组合分析与应用

1. 十字星形态

十字星形态（见图 2 - 1）是由两根蜡烛线组成的，第一天是一条大阳线或大阴线，第二天是一条十字星线，且为价格跳空。

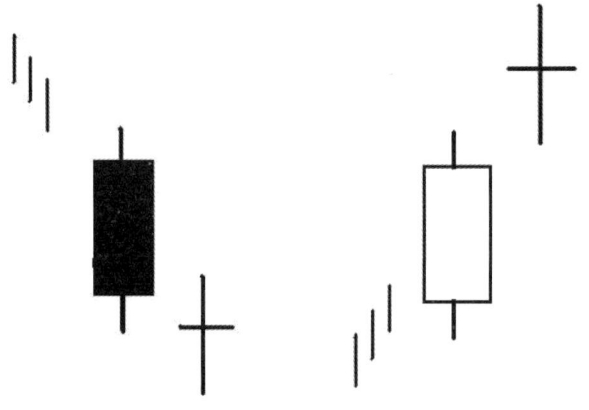

十字星形态

图 2 - 1　十字星形态示意图

【K 线小辞典】

十字星形态的识别方法如下：

（1）第一天是一条大阳线或大阴线。

（2）第二天的价格跳空是沿着以前的市场发展趋势。

（3）第二天是一条十字线。

（4）十字线的上下影线不能太长，特别是对牛市反转信号来说。

一般说来，十字星形态往往是反转形态的主要信号。我们可以从心理层面来分析其出现的原因：市场在已经确定的上升趋势中运行，一条大阳线的出现更坚定了这种市场发展趋势，第二天市场向上跳空开盘，但是全天价格波动不大，最后价格又回到开盘价。这种价格变动实际上消耗了市场做多方或空方的信心，投资者会重新考虑应该持有的头寸，这使得看跌十字星形态出现。第三天，如果市场以较低的价格开盘，说明市场趋势的反转过程已经开始了。

（1）十字星形态是市场趋势即将发生变化的预警信号，建议对该形态进行确认。

（2）如果第二天的跳空十字星带有一定的影线，说明趋势改变的可能性较大，第一天蜡烛线实体的颜色反映以前的市场发展趋势。

具体细分的话，十字星形态主要包括上涨初期跳空十字星、上涨中期十字星、上涨末期十字星、盘中十字星等。

1. 上涨初期跳空十字星

一只长期在底部盘整个股，突然有一天跳空高开，小幅收高后，不巧遇到大盘大跌，但最后还是收了一个有跳空缺口的十字星（见图 2 - 2）。这是一个非常棒的买入信号。一只个股长期盘整，证明庄家在洗盘吸筹阶段，跳空向上就证明有庄家向上拉升之势，不巧遇大盘大跌，只好收一颗十字星。但跳空缺口并没有补上，代表庄家做多的决心，虽然后期可能要多盘整几日，但行情会一路看好！中小投资者可在后期逢低积极介入。

2. 上涨中期十字星

一只个股在正常上涨通道中，一日拉出一条光头阳线，众中小投资者一致看好，谁知第二天平开，只是上下小幅振荡，并没有出现想象中的强势，而第一天追涨的人，又担心有回调的可能，会有很多人逢短期高点卖出（见图 2 - 3）！结果第三日却又收一条长阳线，拉升就此展开，让第二日卖出的投资者痛心疾首。上涨中期的个股，第一天收阳线，第二天收十字星，是庄家一种振荡洗盘的手法，故意做出上涨无力的样子，缩量收十字星是其要点。

3. 上涨末期十字星

一只个股在上涨末期，收一颗十字星，一般有见顶嫌疑！因为一只个股长期大幅上涨后，个人获利都较丰厚。收十字星，就是代表涨不动；涨不动，就意味着下跌的开始！所以不要小视十字星的风险！

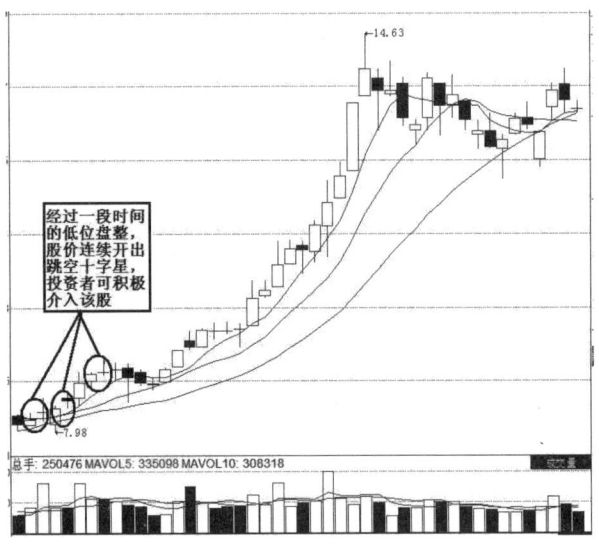

图2-2 上涨初期跳空十字星图解

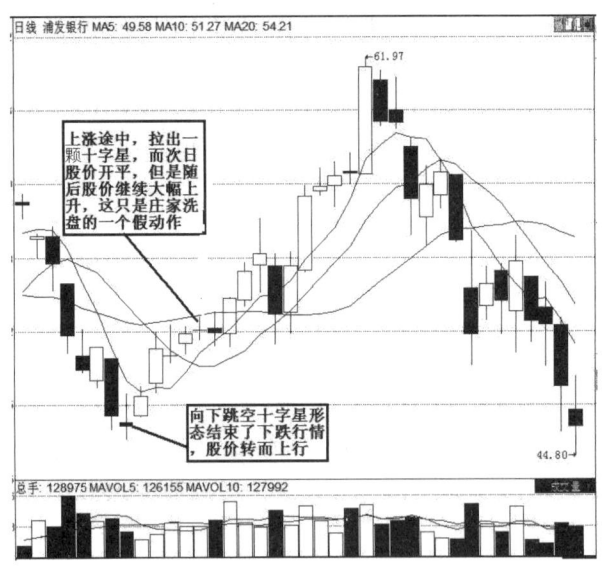

图2-3 上涨途中十字星形态图解

4. 盘中十字星

一只个股在箱体振荡时，老出现十字星，此时的十字星意义不大！只是庄家在振荡洗盘，不过通过洗盘后，如能放量拉升，可以积极参与。

【特别提醒】

在长期下跌走势中，大跌行情中，出现一颗向下跳空十字星，这暗示筑底

已经完成，是一颗"牛星"，是底部信号。一般应在当天出现十字星时，开始
买入。当然，谨慎投资者也可以在第二天开盘时出现放量上涨时买入。

2. 上吊线形态与倒锤子线形态

　　一条 K 线下影线较长，而实体较小，并且在其全天价格区间里，实体处于
接近顶端的位置上。如果出现在上冲行情之后，就表明之前的市场上行或许已
结束，那么这条 K 线称为上吊线形态（见图 2－4）。上吊线由于其形状与绞架
颇为相似，故而因此得名。技术走势上一旦出现这种 K 线形态，股价便会如高
山坠石滚滚而下。

上吊线形态

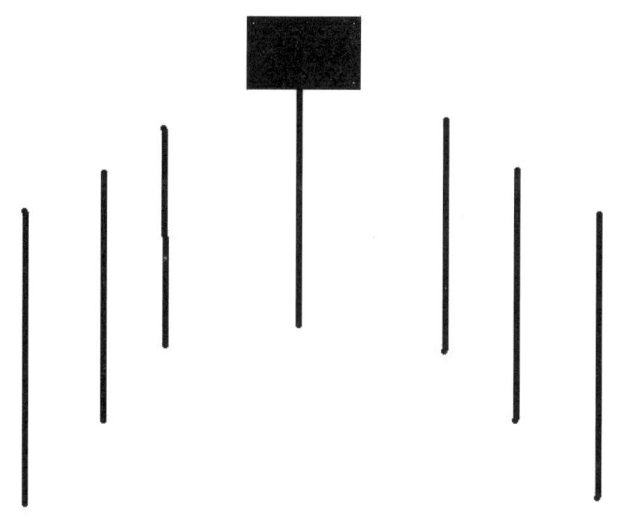

图 2－4　上吊线形态示意图

【K 线小辞典】

判别 K 线图是否为上吊线主要有以下三个依据：

一是，实体处于整个价格区间的上端，而实体本身的颜色是无所谓的，但

是阴线比阳线效果好。

二是，下影线的长度至少达到实体高度的 2 倍以上。

三是，在这类 K 线中，应当没有上影线，即使有上影线，其长度也是极短的。

应用上吊线形态测市时，投资者应注意三个问题：

（1）若上吊线实体部分与前一条 K 线形成跳空缺口，则说明追高一族的成本高于前一天，此时多为散户行为。

（2）上吊线出现后的第二条 K 线一般为阴线，阴线的长度越长，新一轮跌势开始的概率就越大。

（3）上吊线出现时，若当时成交量萎缩，则要等待出现下一个确认信号才能做出最后的判断。

还有一点要提醒投资者注意，上吊线也常常会出现在主力盘中震荡洗盘的时候，而判断顶部形态的上吊线和整理形态的上吊线通常可用以下两点进行区分：

其一，上吊线出现的位置。如果股价在高位出现上吊线形态，则形成顶部的可能性较大；相反，如果股价刚脱离底部，则其成为整理形态的可能性较大。

其二，上吊线形成时的成交量。如果上吊线伴有巨大的成交量，尤其是出现近期天量的时候，投资者要特别警惕股价可能会出现单日反转。

上吊线形成时的成交量。如果上吊线伴有巨大的成交量，尤其是出现近期天量的时候，投资者要特别警惕股价可能会出现单日反转。相反，如果上吊线形成时，成交量大幅萎缩，投资者应等待出现另一个确认信号，以免落入陷阱。

上吊线形态的应用法则如下：

（1）如果上吊线出现在上升趋势之后，则构成一个看跌的 K 线图形态。

（2）在分析上吊线时，有一点非常重要：当上吊线出现后，必须等待下一个时间单位的看跌信号对它加以验证。上吊线的验证信号可能采取下面这样的形式：上吊线次日的开盘价向下跳空缺口越大，验证信号就越强烈。

（3）还可能采取另外一种形式：上吊线次日是一条阴线，并且它的收盘价格低于上吊线的实体，则完成了看跌的验证信号。

【实战案例】

粤电力（000539）（见图 2 - 5）：2008 年 11 月 7 日，该股跳空开盘，并以一条光头光脚长阳线报收，股价开始一路上涨。到了 12 月 11 日，股价以锤子线形式探顶 6.90 元。期间累积涨幅达到了 31% 。

而接下来的这条 K 线请投资者务必要注意：因为它就是今天我们所讲的上吊线。我们可以看到，在 12 月 16 日这天，该股股价小幅回落，在成交量比前两日萎缩的同时，K 线形态上还留下了长长的下影线。此时，投资者应该提高警惕，逢高出局。

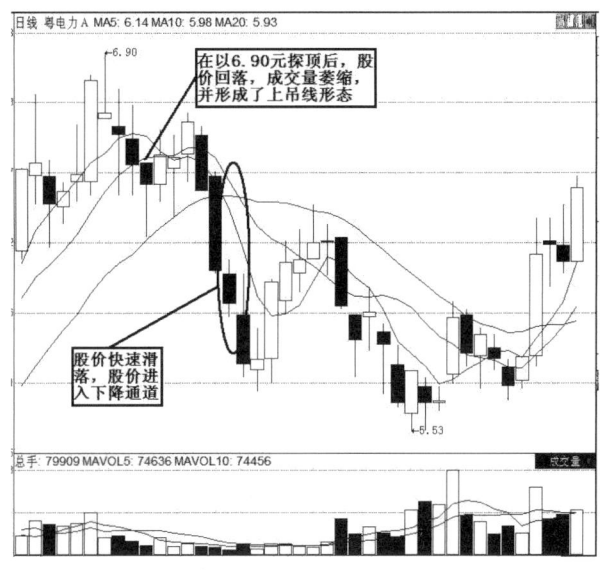

图 2 - 5　粤电力图解

【特别提醒】

在一个连续上涨的牛市中，忽然出现上吊线就要引起警惕，市场有见顶的可能。相对于锤子线，当上吊线出现时需要其他看跌信号的验证，这样投资者才可安全的入场做空。

倒锤子线形态（见图 2 - 6）是由单一的蜡烛线组成，有较长的上影线，实体部分相对较小，并主要集中在当日交易价格区间的顶端。倒锤子线出现，意味着期价经过一段时间的下跌以后，动能慢慢耗尽。当天市场的开盘价接近当日最低位，后来市场上涨，但买方无力将上涨行情延续，维持下去。最终以接近开盘价价位收盘。意味着价格底部已开始引起买方兴趣，有一些投资者觉得该股股价过低，或看技术指标处于严重"超卖"状态，愿意吸纳，也预示着看多一方逐步介入的可能性较大。

倒锤子线

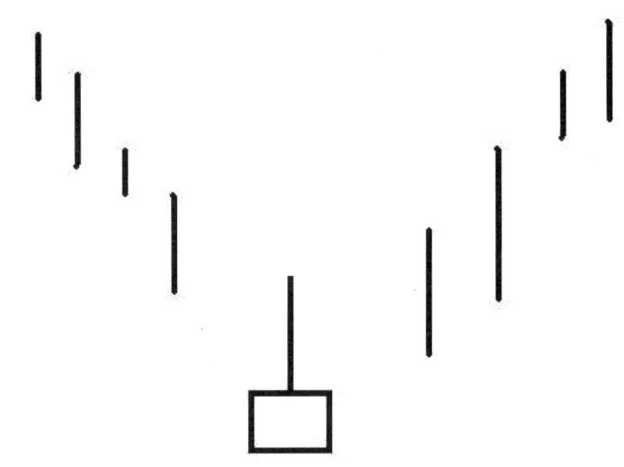

图 2-6　倒锤子线形态示意图

【K 线小辞典】

从心理层面分析，倒锤子线出现的原因是：市场原本在已经确定的下降趋势中运行，可是突然在某个交易日内，市场的开盘价同前一日的收盘价形成了一个向下的跳空缺口，市场人气涣散，报收于较低的价格。

对于倒锤子线形态的识别，我们主要要注意以下四点：

（1）在全天价格范围的底部出现了小实体。

（2）在向下的趋势中，图形中不必出现向下的跳空缺口，只要整个形态向下就可。

（3）上影线的长度通常不超过实体部分长度的 2 倍。

（4）蜡烛图上不存在下影线。

从形态上来讲，对倒锤子线的分析如下：

首先，倒锤子线是一种判断市场是否处于底部的重要形态，通常出现在下降趋势中，它的出现意味着市场趋势可能会发生反转。

其次，形态的强度由影线的长短确定，上影线的长度至少应该是实体长度的 2～3 倍，且不该有下影线，即使有下影线，其长度也不应该超过实体长度的 5%～10%。

倒锤子线和锤子线具有相反的形态特征，它的下影线很长，实体部分很短。当实体部分消失时，倒锤子线就变成了 T 字线。因此，T 字线在很大程度上和倒锤子线是相通的。但这种相通性与锤子线和倒 T 字线的相通性比要略逊。锤子线的要点在上影线，倒锤子线不仅下影线重要，实体部分也具有意义。

倒锤子线出现的位置不同，其操作手法也有很大不同：

（1）底部倒锤子线。低价区的倒锤子线往往被看成股价见底的较强烈信号。如果倒锤子线和下影线下穿原有的低位线，则这种信号更加可靠。底价区出现倒锤子线，表明空方的压力已式微，虽然空方一度仍占上风，但由于低位的多方承接盘有力，空方最终败下阵来。乐于抄底的投资者可以将倒锤子线视为试探性和建仓信号，但稳健的投资者还应观察，看看是否还有其他的买入信号出现。与其他 K 线形态一样，成交量对倒锤子线的预示作用也有参考价值，底部的放量也会强化倒锤子线见底意义。

（2）顶部倒锤子线。一般来说，在中期或历史和股价天价区内出现倒锤子线和情形比较少。在天价区出现倒锤子线（见图 2-7）可能有如下几种情况：一是利好消息刺激，股价跳空高开，但由于多方跟风盘不足，最终导致股价下沉，只是在收盘时，多方才重新取得优势，形成了一个小的阳线实体；二是主力作最后上拉，跳空高开后即开始派发，但这种派发并不是以跳水的形式完成，而是以振荡的形式来实现。盘中主力在尾市还主动上拉，形成小阳线实体，给人留下想象空间。天价区和倒锤子线并非都是见顶信号，是否形成顶部要看其后股价运行位置。如果股价运行在倒锤子线阳线实体部分以上，其后股价还有潜力。如果走平或运行于下通常就是顶。不过，不愿冒险的投资者可以将天价区倒锤子线视为一般卖出信号，见倒锤子线即派发。

在分析倒锤子线时，有一点非常重要：当倒锤子线出现后，必须等待下一个交易日的看涨信号对它加以验证。倒锤子线的验证信号主要有两种形式：一是倒锤子线次日，股票开盘价向上跳空，超过了倒锤子线的实体，向上跳空的距离越大，验证信号就越强烈；二是倒锤子线次日是一根阳线，并且它吞没了

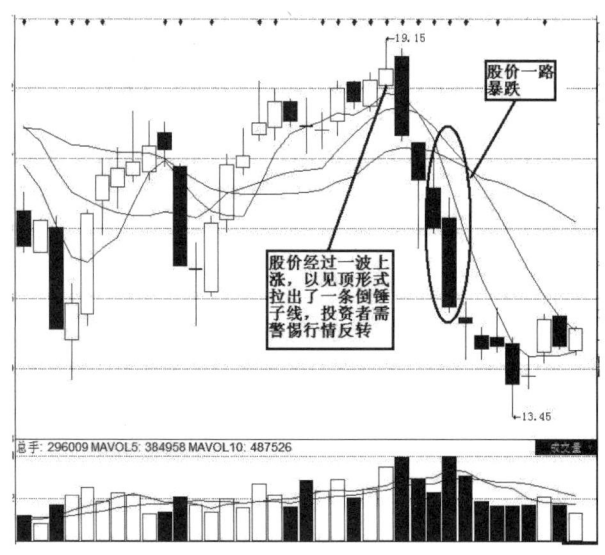

图2-7　倒锤子形态图解

"倒锤子"，完成了看涨的验证信号。

【实战案例】

ST九发（600180）（见图2-8）：2008年10月29日，该股出现倒锤子线，此前8个交易日，该股出现7个跌停，可谓极其惨烈。单凭一个倒锤子线无法证明该股已调整的到位，但第二天出现的缩量涨停，却让倒锤子线的反转信号

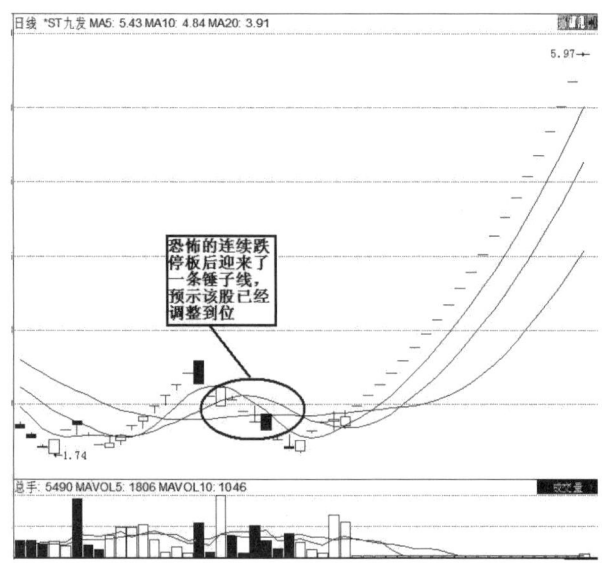

图2-8　ST九发倒锤子线图解

变得真实。在对 7 个跌停板进行洗盘整理、吸纳筹码之后，该股出现 20 个涨停。按倒锤子线发现的反转股，介入的最佳时机，应是出现倒锤子线次日临近收盘、涨势确立之时，或是第三个交易日。

【特别提醒】

实战中，见到倒锤子线就一定要重点关注其动向，往往市场可能见底，要做好平空单、建多单的准备。重要的一点，是要结合整体技术面来看，切记，孤立地看 K 线是错误的。

3. 包线形态

包线（见图 2 - 9）又被称为穿头破脚、吞并线或者包覆线，包线与孕线的形态相反，包线右方的 K 线包覆了左方的 K 线，不论右方 K 线是否只包覆左方一条 K 线或者包覆左方好几条 K 线，都一律视为包线。

包线形态

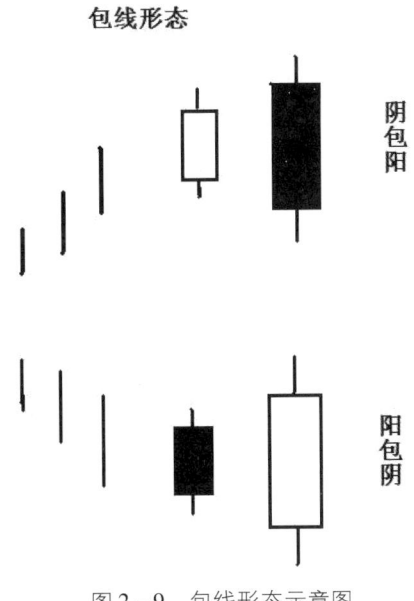

图 2 - 9　包线形态示意图

【K 线小辞典】

包线一般是这样形成的，大盘经过长时间的下跌之后，突然有一天，股价跳空低开，空方的力量非常凶猛，但是股价在低开后并没有继续下探而是出现了快速的上涨，并一举吞没了前面的 K 线，形态上好像这条阳线完全包住了前面的 K 线一样。形同一个人抱着一个孩子，是一种典型的见底信号。它经常出现在下跌末端，但有时也出现在整理形态快结束的时候。出现在下跌末端往往预示着空方力量的衰竭，如果出现在整理形态的末端，往往意味着最后一次洗盘。

包线必须发生在波段循环的高点或低点才有意义，它是一个反转信号。股价经过一段时期的上涨，突然间成交量大增，并且以一条大阴线，包覆了左方的 K 线，这种现象被视为上升波段结束的信号。相反地，股价经过一段时期的下跌，突然间以一条大阳线包覆了左方的 K 线，这种现象被视为下跌波段结束的信号，而此时的成交量不需要大幅增加。

包线是一种极为强烈的反转信号，不仅信号明显，而且暗示其力道非常强劲。如果在包线之后，更紧接着连连击出数条大阴线或大阳线，那么，这种情形都表示后市是一个大跌势或大涨势。当然，第一条大阴或大阳线是最重要的，其长度的大小及吃掉左方 K 线的多寡，都可以用来衡量其力度的大小。

下面我们以阳包阴形态为例，讲一下形态判别及后市操作：

第一，右边的阳线一定要放量。这个放量有两个概念：一是绝对放量；二是，相对放量，绝对放量和相对放量两个条件都要满足。绝对放量是指换手率不能低于 2%，低于这个换手率的即使形态上符合包线也要给予打折处理。相对放量是指这根阳线的成交量一定要大于最近 5 日平均成交量的 2 倍以上，一定是那种突然放量的感觉。

第二，右边的阳线必须是低开的，开盘价一定低于前一天的最低价，低开的幅度越大越好。

第三，右边放量阳线很有可能会包住左边的多根 K 线，这种情况也属于包线，包住的 K 线越多越可信。

第四，最好是光头光脚的大阳线，当然也可以带有一定的上下影线，但是 K 线的实体部分必须要包住前面 K 线，也就是说，前面的 K 线的所有价格区间都要在右边阳线的实体之内。

第五，如果周线上或者月线上出现这样的形态，成交量如果很配合，可以确认底部真正到来，往后的任何振荡或者回调都要敢于买进。

【实战案例】

上汽集团（600104）（见图 2 – 10）：2013 年 12 月 5 日起，该股从 16.16 元高位一路跌至 12.22 元，2014 年 3 月 20 日、21 日两天，股价在底部形成标准的"阳包阴包线"，随后颓势被多方扭转，后市股价一路拉升至 20 元以上。

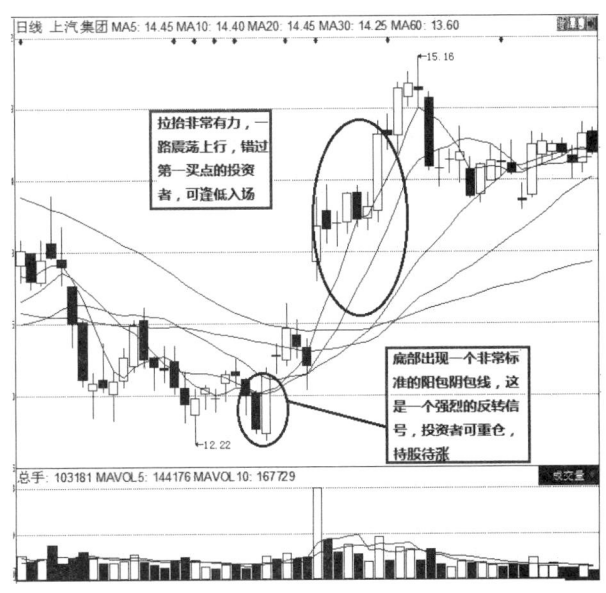

图 2 – 10　上汽集团包线形态图解

阴包阳形态与此类似，也可以进行相反的陈述。

值得警惕的是，包线经常在股价趋势进行的中途出现骗线，也就是俗称的假阴线或假阳线。出现"假包覆线"的原因，不外乎以下两种：

（1）庄家刻意做线，意在摆脱跟风的散户。

（2）纯属技术巧合。例如，股价在行进途中，恰巧遭遇平均线压力、大自然数字的压力区、前波密集套牢区等状况。

这些情况都是因为股民心中，对后市的看法仍有疑虑，因此，一有风吹草动，立刻引发庞大的卖压，形成一条超长的大阴线。注意！假阴线是出现在多头趋势，而假阳线则是出现在空头趋势。

假阴线及假阳线还有一个技术名词，叫"反打前三"。为什么叫作"反打前三"呢？它的意思是说，在多头趋势中，前面连涨了三条阳线，今天一条大阴线就把前面三条阳线吃掉；在空头趋势中，前面连跌了三条阴线，今天一条大阳线就把前面三条阴线吃掉。

【特别提醒】

虽然最标准的包线不经常出现，但是非标准包线会出现的概率很大，有时往往会有骗线，为了提高准确率，包线的形态越标准越好。如果非标准包线出现后，次日股价继续上涨或者3天之内股价没有回到右边阳线实体的一半以下位置，基本就可以确认。

4. 孕育线形态

孕育线（见图2-11）是指阳线缩在较长的阳线之内连续数天扬升之后，隔天出现一条小阳线，并完全孕育在前日之大阳线之中，表示上升乏力，是暴跌的前兆。孕育线有一个突出的特点是：后一条K线的最高价与最低价，均未超过前一根K线的最高价与最低价。其看上去就好像是长K线怀中的胎儿，故而该形态又称身怀六甲形态。该形态的出现，一般预示着市场上升或下跌的力量已趋衰竭，随之而来的很可能就是股价的转势。

孕育线形态

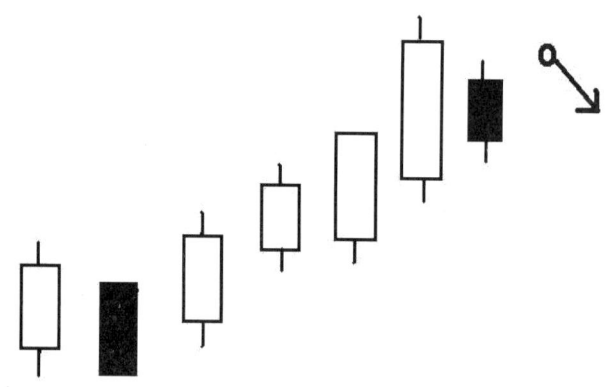

图 2-11　孕育线形态示意图

【K线小辞典】

孕育线也是由两条K线组合成的图形，但是其组合形态与包线相反，形似怀有生孕的妇女一样，所以称为孕育线。

　　孕育线的形态组合也要满足几个特点：

　　（1）第一天的 K 线的颜色代表市场的趋势。

　　（2）第二天的 K 线一定要在前一天的 K 线中（第一天 K 线一定要覆盖第二天的 K 线实体和影线部分）。

　　（3）两天的 K 线颜色一定是相反的。

　　孕育线可以分为三种形态：

　　（1）前一条图线是一条长大的阳线，第二条图线是一条短小的阴线，称为阴孕阳孕育线，简称阴孕育线。

　　（2）前一条图线是一条长大的阴线，第二条图线是一条短小的阳线，称为阳孕阴孕育线，简称阳孕育线。

　　（3）前一条图线是一条长大的阳线（或阴线），第二条图线是一条十字星线，为十字星孕育线，简称星孕育线。

　　孕育线（见图 2－12）分为见顶反击和见底反击两种，孕育线反击不如包线强烈，高位孕育线是明显的见顶信号，在上涨趋势中，收出一条大阳线，反映出多头的趋势，次日开盘股价下行，当天的股价在一个较小的范围内波动，收出一根小阴线，且全部被前一天的大阳线所覆盖，此时的可能是一个纺轴线，而纺轴线就代表了行情的不确定性，这个也是孕育线不如包线反击的力度大的原因之一，次日还不能说明行情就转头了，如果第三天的收盘价更低，说明了孕育线反击意义的成立。

　　投资者在操作包线和孕育线时应注意以下几条：

　　（1）操作孕育线与操作包线一样，也是说要区别孕育线所处在的位置。如果位置判断不准，不论是做多或是做空都会造成不应有的损失。在区分包线位置时，要特别注意处于上升途中的包线和处于高位顶部的包线，这两处的包线最不容易区别开来，不是将上升途中的包线判断为高位的见顶包线卖出了造成踏空损失，就是将高位的包线当成了上升途中的包线持有不动而耽误了最佳卖出时间，同样造成损失。区分这两处的包线没有一个绝对可靠的办法，如果行情已经出现大幅上涨的包线，不管后市是涨是跌，一律按高位的包线对待，迅速卖出。如果上涨的幅度不足时，而当时的趋势又不太坏，则可按上升途中的包线对待，持有待涨或追加买入均可。处于低位的包线和下降途中的包线的区分则和高位的包线同样。

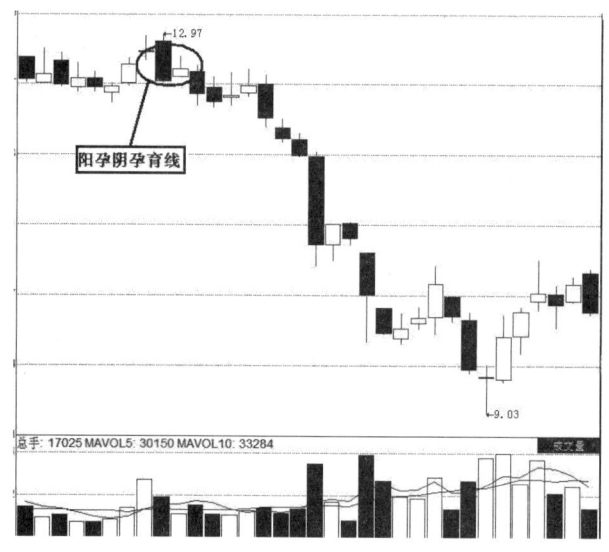

图 2-12 孕育线形态图解

（2）孕育线和包线有时形成连体形态，这不影响对行情的判断，无论是按包线形态进行操作，还是按孕育线形态进行操作，都是可行的。

（3）高位中的阳孕阴孕育线，多为见顶信号，该孕育线出现后，至少要出现一波中级以上的下跌行情，投资者要注意及时卖出。

（4）低位出现的阳孕阴孕育线，多为大底信号，孕育线过后会出现一波中级以上的上涨行情，投资者应多加关注此处的孕育线形态，一旦确认，就应该果断进场，以免错失进货良机。

【特别提醒】

实战中，成交量的变化对确认孕育线操作有较大影响，投资者应注意分析孕育线形态出现时成交量的变化。如果股价放量之后又大幅度萎缩，则市场趋势改变的可能性较大。

5. 乌云盖顶形态

乌云盖顶形态（见图 2-13）是由两条不同颜色及处于图表顶部的阴阳线组成，属于一种见顶回落的转向形态，通常在一个上升趋势后出现。第一条为升势阳线，显示升势持续向上发展，短期向好。第二条则为大阴线，其开盘价须比上日阳线为高，而收盘价则必须低于第一条阳线线身的一半为标准。

乌云盖顶形态

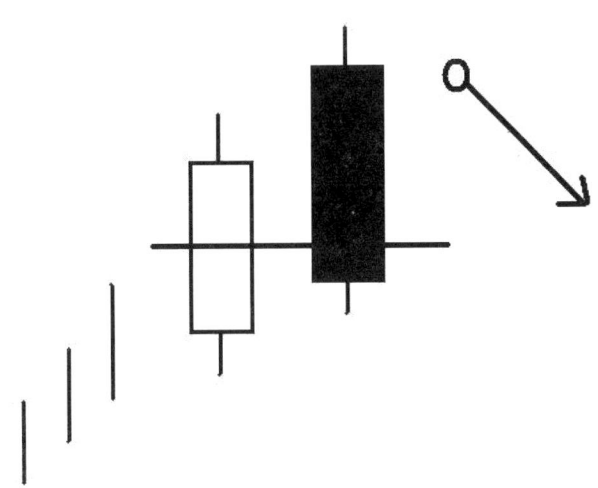

图 2-13 乌云盖顶形态示意图

【K 线小辞典】

市场原本在已经确定的上升趋势中运行，当日大阳线的出现使得市场中处于强烈的买盘中，第二天市场向下跳空开盘更证明了买方的决心，但在整个交易日内，市场人气开始得到聚集，最后以阴线收盘，并且低于前一天阳线实体的中点。

乌云盖顶形态的一般识别法则为：

（1）市场处于上升趋势，第一天是一条大阳线。

（2）第二天是一条大阴线，它的开盘价高于第一天的最高价。

（3）第二天的收盘价应该低于第一天大阳线实体的中点。

这里还要再详细解释一下：

首先，第二条 K 线应高开于第一条 K 线的最高价之上，但收盘价大幅回落，深入到第一条 K 线实体部分一半以下，否则分析意义不大。第二条 K 线实体深入第一条 K 线实体中越多，说明市况见顶回落的可能性越大。

其次，第二条 K 线在开盘阶段曾经向上突破明显的阻力位然后掉头向下，说明多头上攻乏力，大势见顶的迹象已经显露。

第三，第二条K线开盘初段的成交量也是很重要的指标。成交量越大，表示其中潜伏的投资者越多，市势转向的可能性越大。

【实战案例】

大连控股（600747）（见图2-14）：2010年5月20日，该股实施了10送转5的分配方案，除权后其股价震荡走低，直至6月5日的6.53元方才止跌。此后，股价震荡走高，直至7月19日的8.84元，升幅达到35%。

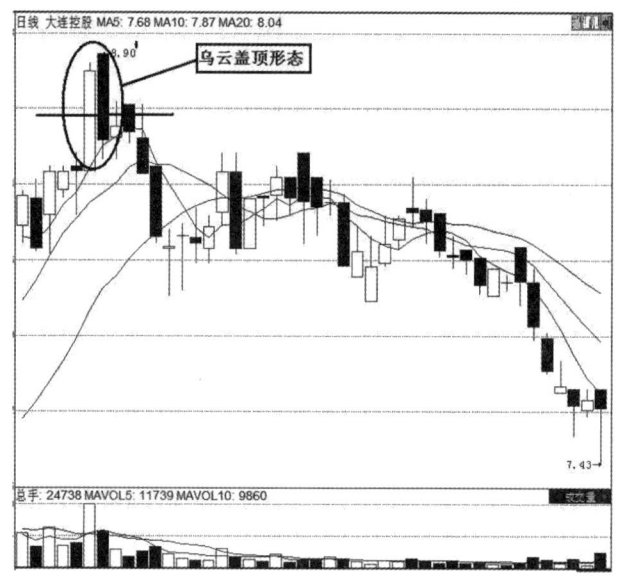

图2-14 大连控股乌云盖顶形态图解

接下来我们留意一下7月22日的这条K线，这是一条高开低走的阴线实体。我们注意到其开盘价8.90元已超过前一个交易日的最高价8.87元，而这条阴线也深深地插入了前一交易日的阳线实体之中，其相应的61 233手的成交量，明显较前期有所放大。

7月19日与22日的这两条K线组合就是典型的乌云盖顶形态。我们清晰地看到：在出现这一形态后，该股便进入无尽跌途，自7月22日的8.90元至8月初，跌幅已近20%，而且意犹未尽。由此可见，这一K线形态在揭示阶段性头部方面，还是有比较现实的意义。

值得投资者注意的是，乌云盖顶形态是较次要的见顶信号，因此其可靠性也因其出现的位置不同而大相径庭。一般来说，如果该形态出现在反弹行情顶部，股价快速拉升之后，那么其可靠性较高；反之，若该形态出现在股价突破颈线之后，涨幅也相对较小时，则庄家洗盘的可能性较大。

【特别提醒】

乌云盖顶是一个见顶标志，预示价格可能会见顶回落。我们可以制定初始的空单策略，轻仓建空。在一段上涨趋势中，不要被第一天的大阳线所迷惑，但也要观看第三天走势是否下跌，确定下跌形态。在乌云盖顶做空时候，一种设定止损的方法，是在第二天形成的 K 线高点之上设立止损单。

6. 刺透形态

刺透形态即斩回线形态（见图 2－15），是底部反转信号。刺透形态是由两条 K 线组成，第一天是一条阴线，第二天是一条阳线，第二天的实体穿过第一天的实体，深入一半以上。

刺透形态

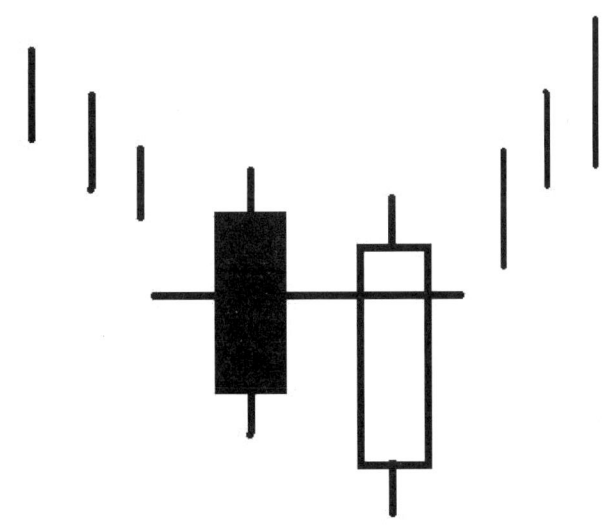

图 2－15　刺透形态示意图

【K 线小辞典】

刺透形态的识别法则为：

（1）市场处于下降趋势，第一天是一条大阴线。

（2）第二天是一条大阳线，它的开盘价低于第一天的最低价。

（3）第二天的收盘价应该高于第一天大阴线实体的中点。

关于刺透形态背后的心理过程，我们可以作如下理解：市场本来处于下降趋势中，刺透形态第一天的疲弱的阴线加强了这种市场预期。第二天，市场以向下跳空的形式开盘。到此为止，熊方观察着行情的发展，感觉诸事顺遂。可是后来，到当日收盘的时候，市场却涨了回去，结果收盘价不仅完全回到了前一天收盘价的水平，而且变本加厉地向上大大超越了这个水平。现在，熊方开始对手上的空头头寸忐忑不安起来。有些市场参与者一直在寻找买进的机会，他们据此推断，市场不能够维持这个新低价位，或许这正是入市做多的大好时机。

关于刺透形态，也有四项参考性因素，如果刺透形态兼具这些特征，那么它的技术分量将大为增强。

（1）在刺透形态中，阳线的收盘价向上穿入前一条阴线的程度越深，则该形态构成市场底部的机会越大。

（2）刺透形态发生在一个超长期的下降趋势中，它的第一天是一条坚挺的阴线，其开盘价就是最低价（就是说光脚的），而且其收盘价就是最高价（光头）；它的第二天是一条长长的阳线，其开盘价位于最高价，收盘价位于最低价。

（3）在刺透形态中，如果第二条阳线的开盘价低于某个重要的支撑水平，但是市场未继续下行，那么肯定能证明熊方已经无力控制市场了。

（4）如果在第二天开盘的时候，市场的交易量非常大，那么这里就猛涨。

【实战案例】

四川圣达（000835）（见图 2 - 16）：2007 年 6 月 13 日，股价在 18.40 元见顶后便勾头向下，至 7 月 4 日收盘价为 12.45 元，已下跌了 32%，7 月 5 日至 7 月 6 日，日线图上出现标准的"斩回线"，股价随后雄起，由 10.09 元拉升至 21.24 元，升幅达到了 110%。

【特别提醒】

待入线形态、切入线形态和插入线形态的构造与刺透形态是相似的，但是这三种形态第二条 K 线深入的程度不足阴线的一半，在跌势中，它们被看作是继续看跌信号；在涨势中，是上涨信号。待入线形态，其阳线的收盘价在阴线收盘价的下方附近；切入线形态，其阳线刚刚切入阴线；插入线形态，其阳线插入阴线，但比切入线要大一些。

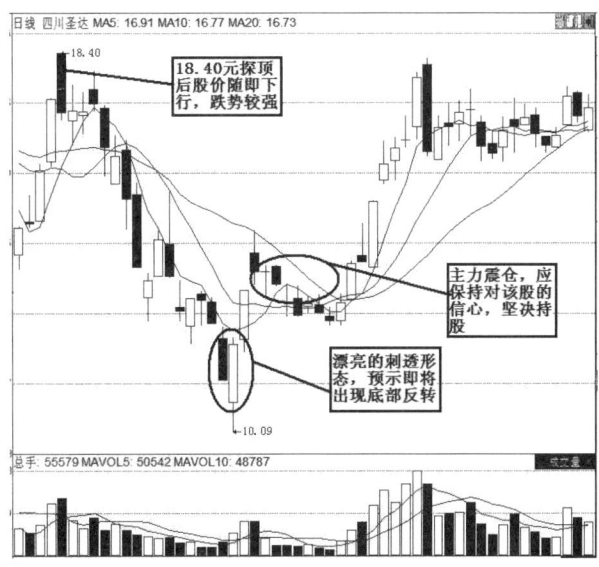

图 2 - 16　四川圣达刺透形态图解

7. 高位切入线形态

高位切入线（见图 2 - 17）是由一条长阴线和一条小阳线组成，小阳线的收盘价渗入阴线实体 1/4 左右的位置，呈进入状态。该形态出现的位置是股价经过拉升的高位，是一种见顶的 K 线形态。

【K 线小辞典】

股价经过拉升后已经进入顶部区域，此时或者股价还在继续上行，或者已出现了高点，有勾头向下的迹象了。某日股价大幅下挫，收出大阴线，说明上升趋势已经动摇或下跌的意愿开始浮现，次日收出一条小阳线，可看出多方在极力抗争，但力度已经大不如前，收出的小阳线已无法创出新高，有点"回光返照"的味道，此时嗅出风险的持仓者会开始减仓，使下跌力加剧，最终演变成一轮下跌行情。

在一般情况下，看跌形态与看涨形态相比，前者的可靠性更强。因此，应用高位切入线形态卖出股票时，应该坚持宜速不宜缓的原则，切入的阳线成立当日，收盘前 20 分钟我们就应该判断这种形态并及时卖出。如此时错过了这次卖出时机,次日开盘便可抛售,这是高位切入线最佳的卖出机会。

高位切入线形态

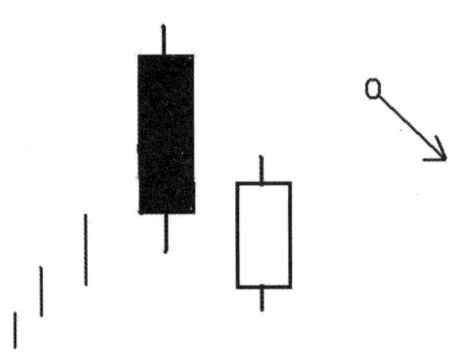

图 2 – 17 高位切入线形态示意图

【实战案例】

广发证券(000776)(见图 2 – 18):2014 年 2 月 18 日、19 日两天,股价在相对高位收出了前大阴后小阳的高位切入线,阳线收盘价深入阴线实体小部分。多方在 28 日极力反抗,收出大阳线,但跌势已成。

图 2 – 18 广发证券高位切入线图解

【特别提醒】

切入线可以出现在任何位置,所以较难辨别,只要出现前股价拉升的幅度超过 10%，均可视为高位切入线并卖出。高位切入线与"插入线"K 线组合相似，但后者的阳线要深入阴线实体内，收在长阴线实体的 1/2 附近。

8. 低位切入线形态

该形态要求出现在经过回落后的相对低位，由一条大阴线和随后的一条小阳线组成。形成"切入线"的小阳线，其收盘价应高于前一条大阴线的收盘价，收在大阴线的实体内，靠近大阴线实体的下端（大约渗入阴线实体的 1/4），显示"进入"状态（见图 2 – 19）。

低位切入线形态

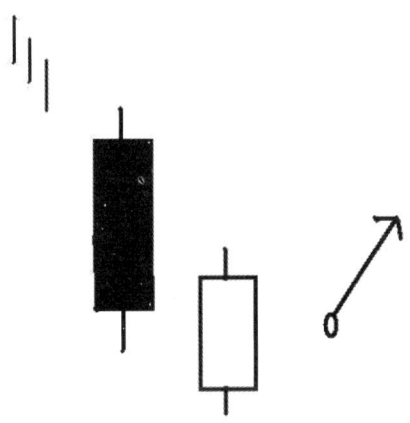

图 2 – 19　低位切入线示意图

【K 线小辞典】

股价经过回调后再次收出长阴线杀跌，显示空方掌握主动权，但随后股价低开高走，收出小阳线并重新站稳长阴线的收盘价，表明经过下跌后空方力量已经得到释放，在力竭之际遇到了多方的顽强抵抗，最终收出的小阳线表明在这场较量中多方已取得优势。在此情形下，本想杀跌的空头有可能"叛变"，转为补仓，股价随后在各路资金的推动下一举走强，因此低位切入位是看涨信号。

实战中，"切入线"在低位出现后，不必心急买入，可观望一两天，待确认行情真正转好时再买入。最佳的买入时机是股价上涨的高度超过切入阳线的最高点时跟进。

低位切入线形态出现频率较高。例如,深天地于2006年4月24~25日出现过。又如,招商地产2007年1月4日创出阶段性新高31.22元后便开始下跌,2月27~28日,股价探至20.77元后形成低位切入线形态触底回升,随后一路拉升至102.89元。

【实战案例】

泰达股份(000652)(见图2-20):在2007年11月22~23日收出了低位切入线,随后股价一路飙升。

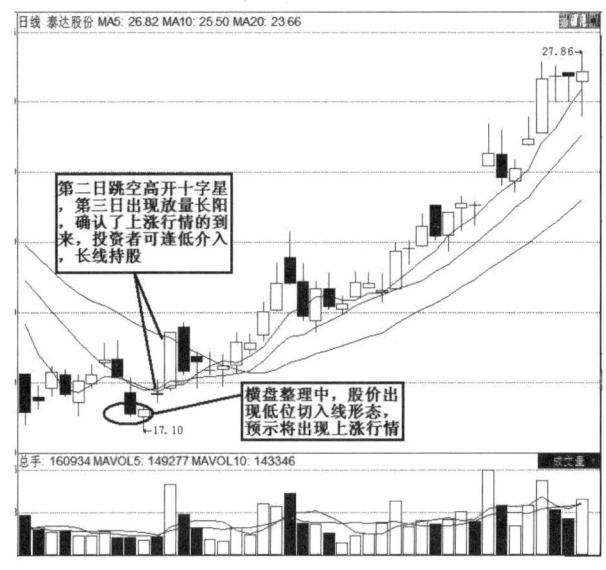

第二日跳空高开十字星,第三日出现放量长阳,确认了上涨行情的到来,投资者可逢低介入,长线持股

横盘整理中,股价出现低位切入线形态,预示将出现上涨行情

图2-20 泰达股份低切入线图解

【特别提醒】

切入线与刺透形态K线组合容易混淆,区别是后者的第二条阳线要深入阴线的实体内,几乎达到阴线实体的1/2。切入线可在任何位置出现,但只有低位和高位出现才有预测意义。

9. 启明星形态

启明星形态(见图2-21)属于底部反转形态。在此形态中,先是一条长阴线，随后是一条小阳线，并且在这两条线的实体之间形成了一个向下跌空，第三天是一条长阳线，它明显地向上推进到了第一天的长阴线之内。

启明星形态

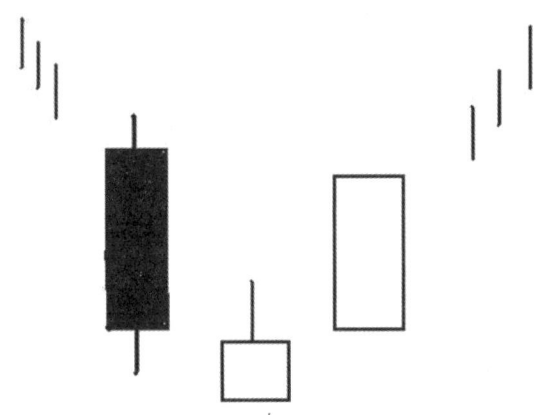

图 2 - 21　启明星形态示意图

【K 线小辞典】

启明星形态的识别方法如下：

（1）启明星的走势意味着下跌行情的结束，市场开始见底反弹，所以第一条线必须是阴线，承接前势，而第三条线必须是阳线，表明上升行情开始，而中间的那一条线是阴线还是阳线并不重要。

（2）理论上讲，启明星第二条 K 线，应该是跳空低开，这样的启明星最为标准，所提供的见底信号最为强烈，而后市上扬行情的延续时间可能较长。

（3）如果中间那条 K 线为十字星，也就是当天开盘价与收盘价相等，见底信号十分明显。

当第一条 K 线出现时，市场处于下降趋势中，卖方占优。第二天，是一个较小阴线或阳线的实体，意味着卖方失去了将市场进一步打压的能量。第三天，市场形成一条坚挺的阳线，证明买方已经夺取了统治权，价格转而上扬。

启明星是一个见底标志，预示价格下跌动能耗尽，后市可能转而上扬。我们可以适时适量地制定建多策略，最初形态未明朗时要注意轻仓。也不要被第二天的跳空低开所迷惑，关键还要观看第三天走势是否上涨收阳，确定反转势头。如果形态成立，后市在支撑位，止损位可以设在前期跳空位上，或是第 2 根实体上沿处。

【实战案例】

神州泰岳（300002）（见图 2 – 22）：2010 年 1 月 22 日、25 日、26 日三条 K 线出现了经典的启明星形态组合，随后第四天（即 2 月 1 日）股价出现了一个经典的底部天量天价大阳线，这样我们至少有 80% 的概率确认底部成立，此时作为短线激进投资者大可放手一搏，但作为稳健的趋势投资者却是在 2 月 5 日（即图中越过下降压制线涨停板那天）进场，这个涨停板可以追，而且必须追。

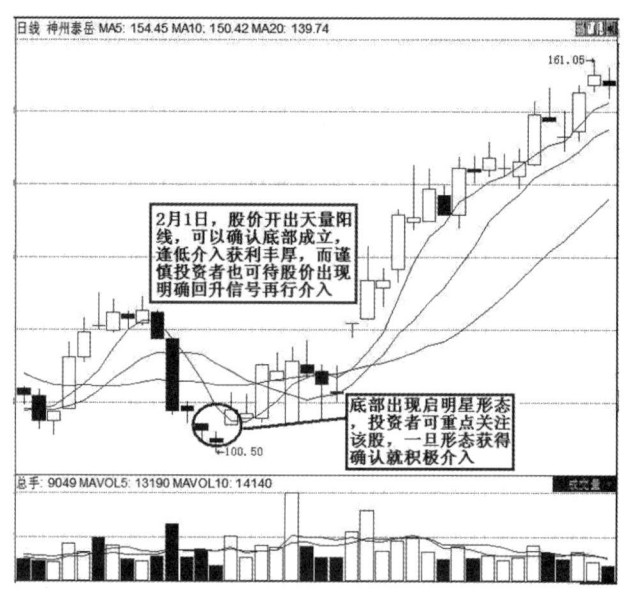

图 2 – 22　神州泰岳启明星买入图解

在底部出现启明星形态时，KDJ、RSI、MACD 等技术指标往往也都明显处于底部位置，这里虽然没有提出分析，但投资者在实战中也要注意这些技术指标，它们也是底部成立的参考要素。

【特别提醒】

在这里要特别提醒投资者的是，理想的启明星形态中，中间的 K 线实体，与它前、后 2 个实体之间均有跳空缺口。另外，启明星有变体形态，中间是包含了好几条小星线，依然可以看作是启明星形态。

10. 黄昏星形态

黄昏之星（见图 2 – 23）属于于顶部反转形态。在本形态中先是一条长阳线，后是一条小阴线，并且在这两个实体之间形成了一个向上跳空，第三条是一条长阴线，它剧烈地向下扎入第一天的长阳线之内。

黄昏星形态

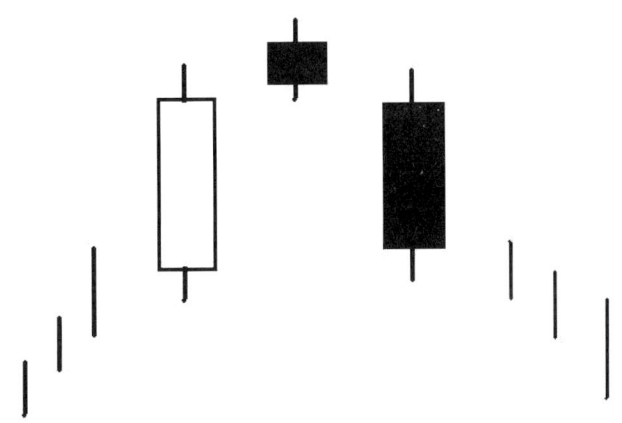

图 2 – 23 黄昏星形态示意图

【K 线小辞典】

黄昏星是启明星的顶部对等形态，是显而易见的，是看跌的。它的名称的由来也因为黄昏星（金星）恰好出现在夜幕即将降临之际。黄昏星是顶部反转形态，那么，它只有出现在上升趋势之后，才能发挥其技术效力。

那么，实战中怎样识别黄昏星形态呢？

（1）在上升走势中，当走势发展至极端的境界时，黄昏星形态出现一条顺势的长阳线。

（2）如出现第二条实体很小的线形，则代表先前的涨势转变为"寂静"。

（3）由先前的寂静状态出现一条长阴线。

（4）黄昏星组合线形的上影线愈长，它的空头气氛愈浓，反转的可能性就愈大。

当第三条线的阴体部分超过阳体，组合线形变为阴体，空头控制了全局。实体愈大，空头愈强。把3天的成交量加在一起就可计算出换手率。换手率愈高，庄家出货的可能性就愈大。

在这个排列中，务必等待第三条长阴线的确认。因为在前条根线形完成时，我们只知道先前的涨势已经转变为多空僵持局面，唯有第三条长阴线出现，才能确认空头已经掌握大局。

【实战案例】

浙江东日（600113）（见图2-24）：在2000年4月的日K线和成交量走势图是黄昏星典型。4月14日，该股的日K线是一条放量长阳线。4月14日，股价向上跳空高开，当日收出一条带长上影线的纺锤线，成交量达到天量。第三个交易日（4月17日）该股向下跳空低开，收出一条放量长阴线。这3天的日K线走出了一个标准的黄昏星的形态。放天量的纺锤线说明庄家在天价处采用掼压手段大量派货，股价即将反转，投资者应尽快离场。4月13日、4月14日和4月17日三天黄昏星的成交量分别是391万股、764万股和327万股，3天的总成交量达到1 482万股，换手率高达37%。这是庄家因派货需要所设置的多头陷阱，在这里接货的投资者均掉进了庄家的多头陷阱。

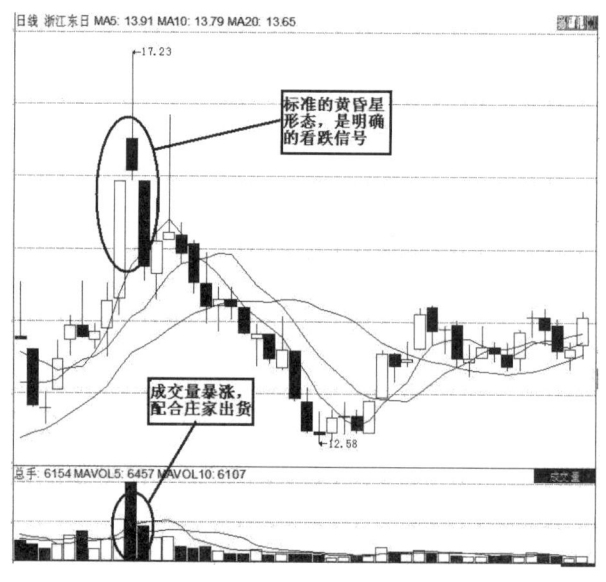

图2-24 浙江东日黄昏星图解

为了帮助投资者更好地判断，下面列出一些参考性因素，如果黄昏星形态兼具这样的特征，则有助于增加它们构成反转信号的机会。这些因素包括：

（1）如果在第一条蜡烛线的实体与星蜡烛线的实体之间存在价格跳空，并且在星线的实体与第三条蜡烛线的实体之间也存在价格跳空。

（2）如果第三条蜡烛线的收盘价深深地向下扎入第一条蜡烛线的实体之内。

（3）如果第一条蜡烛线的交易量较轻，而第三条蜡烛线的交易量较重。这一点表明了原先趋势力量的衰减，以及新趋势力量的增长。

【特别提醒】

从原则上说，在黄昏星形态中，首先在第一条实体与第二条实体之间，应当形成价格跳空；其次在第二条实体与第三条实体之间，再形成另一个价格跳空。但在实际操作中，第二条实体的价格跳空并不常见，而且对于本形态的成功来说，可有可无，不是必要条件。本形态的关键之处在于第三天的阴线向下穿入第一天的阳线的深浅程度。

11. 十字黄昏星形态和十字启明星形态

在下降趋势中，如果在一条阴线之后，跟随着一条十字星线，第三条 K 线是一条坚挺的阳线，并且它的收盘价显著地向上穿入第一条阴线之内，那么，该底部反转信号就得到了第三条 K 线的验证，这形态称为十字启明星形态（见图 2-25）。

在上升趋势中，如果在十字星线后跟随着一条长长的阴线，并且它的收盘价深深地向下扎入十字星之前的阳线的内部，那么，这条阴线就构成了市场顶部反转过程的验证信号，这样的形态就称为十字黄昏星（见图 2-26）。

【K 线小辞典】

说到十字启明星与十字黄昏星形态，我们先在这里复习一下十字星线的知识。如果在上升趋势中出现了一条十字线，并且这条十字线与前一个实体之间形成了向上的价格跳空，或者在下降趋势中出现了一条十字线，并且这条十字线与前一个实体之间形成了向下的价格跳空，那么这条十字线就称为十字星线。

十字启明星形态

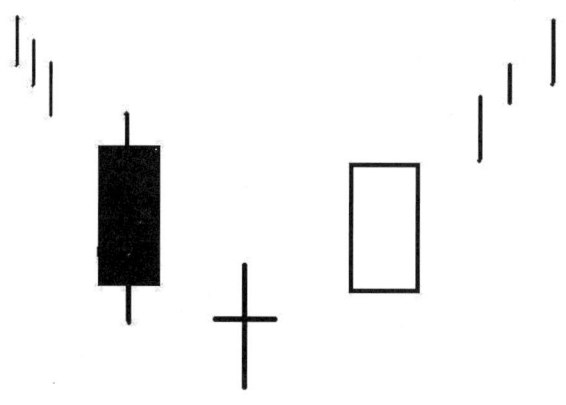

图 2 - 25　十字启明星形态示意图

十字黄昏星形态

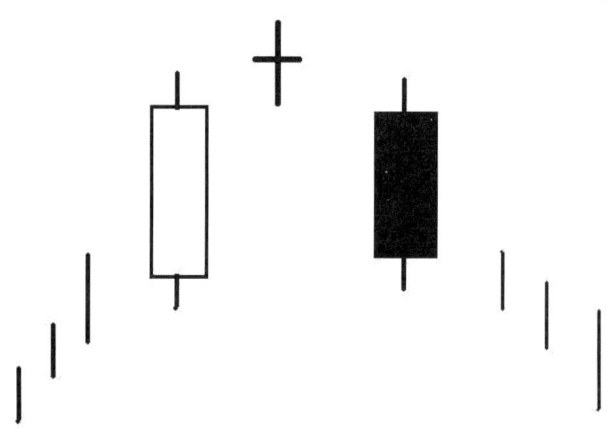

图 2 - 26　十字黄昏星形态示意图

　　下面我们就将详细讲述一下十字启明星与十字黄昏星的判别方法与应用，先来看一下十字启明星。

　　十字星形态（见图 2 - 27）是市场可能出现反转的信号，它的出现意味着市场中多、空双方正处于胶着状态，还没有真正确定下一步的走势。十字星的出现是一个信号：市场前一段的走势将要停止，或者说至少要发生些变化。市场在十字星蜡烛线出现次日的走势很可能即将发生反转趋势。十字启明星形态和十字黄昏星形态与启明星形态和黄昏星形态类似，但是要注意，十字星反映市场将在原有的趋势上发生重大的转变，因此它们的反转信号就更强烈。

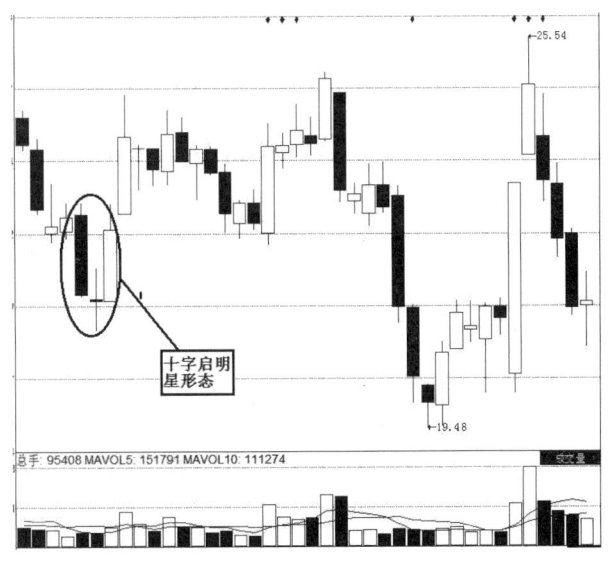

图 2-27　十字启明星形态图解

市场开始处在下降趋势中，第一天是一条大阴线，第二天是一颗十字星。同启明星形态一样，第三天的走势将确认市场是否已经发生反转。启明星形态和十字启明星形态都是典型的市场反转信号，而且十字启明星形态的市场反转意义比启明星形态更强。

十字启明星形态的识别方法如下：

（1）同许多反转形态一样，第一天蜡烛线的颜色代表市场本来的发展趋势。

（2）第二天的图形必须是十字星（同时存在跳空缺口）。

（3）第三天的蜡烛线同第一天蜡烛线的颜色相反。

而十字黄昏星（见图 2-28）出现于市场开始处于上升趋势中，第一天的大阳线表示出市场的这种走势；第二天出现一颗十字星；第三天突然出现一条大阴线，并且收盘价进入了第一天蜡烛线的实体范围内，这是一种明显的顶部反转信号。一般来说，黄昏星形态中的星线还有一小段实体，而在十字黄昏星形态中，星线演化成了十字星。黄昏十字星形态更重要，它具有更强的市场反转意义。十字黄昏星形态也被称为南方十字线形态。

十字黄昏星的识别方法如下：

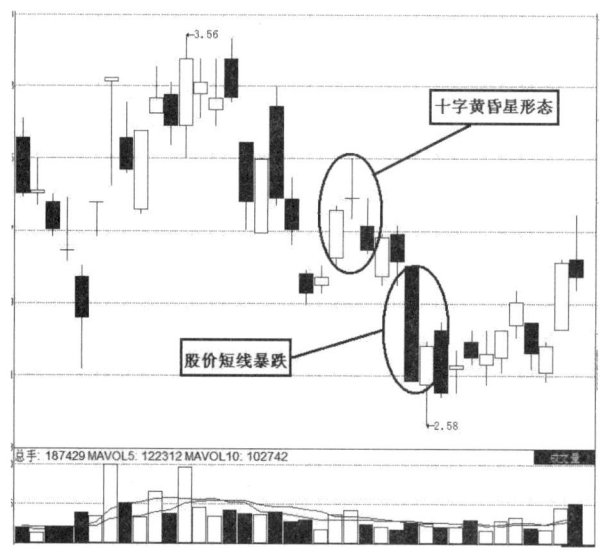

图 2 - 28　十字黄昏星形态图解

（1）上涨的趋势很明显。

（2）第一条蜡烛线的实体为阳线，并且为当前趋势的延续。第二条蜡烛线处于不确定的状态。

（3）第三天的市场表明市场已经进入空头，当天的收盘价必须位于第一天的阳线实体的中部之下。

【特别提醒】

如果在十字星线之后出现的是一条阴线，并且这条阴线向下跳空到来十字星线之下，那么这条十字星线潜在的看涨意义就不复存在了。这一点就是为什么在十字星线出现之后，我们必须等待下面一两个时间单位的验证信号的原因。

12. 向上跳空两只乌鸦形态

向上跳空两只乌鸦形态（见图 2 - 29）仅在市场处于上升趋势时出现。同大多数的熊市反转形态一样，在该形态中，第一条线是阳线，它反映市场当时还是处在上升趋势中。但是随后的两条线都同第一天的阳线产生向上的跳空缺口，而且这两条线都是阴线，看上去就好像出现了两只黑色的乌鸦。第三天（出现第三条阴线）股价高开低走，最后在第二天的收盘价之下收盘。虽然第

三条阴线收在第二条阴线之下，但是它依然与第一天的阳线之间有一个向上的
跳空缺口，简单地说就是第二条阴线吞没了第一条阴线。

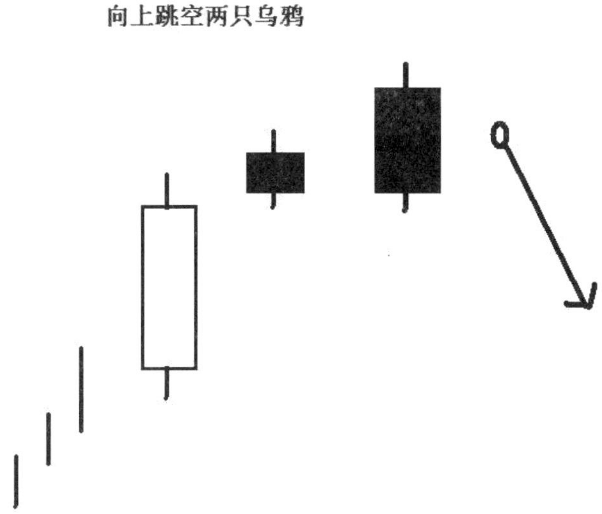

向上跳空两只乌鸦

图 2 - 29 向上跳空两只乌鸦示意图

【K 线小辞典】

同大多数的熊市反转形态一样，第一天的阳线通常表示市场当时处于上升
趋势中。第二天市场高开，但是多方的力量遭到打压，最后高开低走，形成阴
线。市场内的并未因此而出现恐慌，因为市场依然是在第一天收盘价之上结
束了当日的成交。第三天市场仍然高开，可是盘中迅速回落，最后在第二天
的收盘价之下报收，但是这时的成交价仍然高于第一天的收盘价。多方的力
量得到了释放。在这种情况下，投资者的信心开始出现动摇，大家开始怀疑
市场能否继续走高，还会不会出现新的下降。这一切预示着市场可能会出现
反转(见图 2 - 30)。

向上跳空两只乌鸦形态的识别方法如下：

(1) 第一天的大阳线反映市场处在上升趋势中。

(2) 随后的两条阴线同第一天的大阳线之间都要形成向上的跳空缺口。

(3) 第二条阴线与第一条阴线之间存在一个向上的跳空缺口，并且最后收
于第一条阴线的实体部分之下。它的实体部分完全吞没了第一条阴线。

(4) 第二条阴线的收盘价仍然高于第一天收盘价。

一般来说，如果第三天阴线的开盘价未能略低于第二天的开盘价，而且第

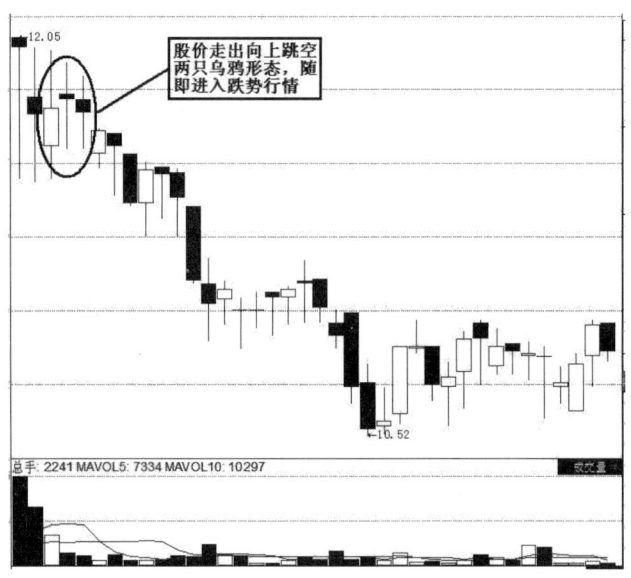

图 2-30 向上跳空两只乌鸦形态图解

三天的阴线实体不能同第一天的实体形成跳空缺口，它将变成持续形态中的铺垫形态。铺垫形态是牛市持续形态的一种。另外，向上跳空两只乌鸦形态中的前两条蜡烛线可以演化为黄昏星形态，以取决于第二天的走势。

【特别提醒】

不要将向上跳空形态与铺垫形态弄混。铺垫形态发生在牛市中是一种持续的看涨形态，在这个形态中，头三条 K 线与向上跳空两只乌鸦形态相似（区别是：在铺垫形态中，阴线可以有 2 根、3 根、甚至 4 根，后一条阴线实体并不需要一定包住前一条阴线实体，并且第二条阴线实体与前面阳线实体也无须出现价格跳空），但是此后，又跟了一条阴线。如果接下来的阳线，并且向上跳空超过了前面阴线的上影线；或者这条阳线的收盘价高于最后一条阴线的最高价，则就完成了铺垫形态，构成买入信号。

13. 反击线形态

当两条颜色相反的蜡烛线具有相同的收盘价时，就形成反击线形态，也称约会线形态（见图 2-31）。

反击线形态

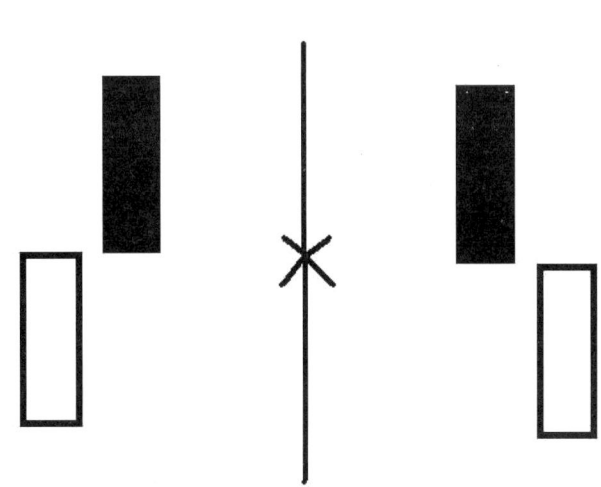

图 2 - 31　反击线形态示意图

【K 线小辞典】

反击线形态既可以出现在下降趋势中，也可以在上升趋势中。在下跌趋势中，第一条蜡烛线是一根长长的阴线。在第二条蜡烛线上，市场的开盘价急剧地向下跳空。到此刻为止，卖方觉得信心十足。但是马上，买方发动了反攻，把市场推了上来，使价格重新回到了前一天收盘价的水平。于是，先前的下降趋势的马头就被勒住了。而在上升趋势中，正好相反，第一条为阳线，第二条则为阳线，开始一路走高，可到收盘时重新回到前一天的收盘价的水平。

反击线形态的特征如下：

（1）反击线形态也发生在上升趋势或下降趋势中。

（2）收盘价并没有推进到前一天的 K 线实体内部，而仅仅回升到前一天收盘价的位置。

（3）反击形态的反转意义不如吞没形态、乌云盖顶等形态，它的出现意味着市场看法不统一，股价发展有可能反转，也有可能形成调整阶段。

（4）反击形态形成后，应结合第二天 K 线的开、收盘价以及其他的指示对走势进行综合判断。

看涨反击线形态（见图2-32）出现在下降行情中。在这个形态中，第一条蜡烛线是一条长阴线。在第二根蜡烛线上，市场的开盘价急剧地向下跳空。到此刻为止，熊方觉得信心十足。但是马上，牛方发动了反攻，把市场推了上来，使价格重新回到了前一天收盘价的水平。于是，先前的下降趋势的马头就被勒住了。

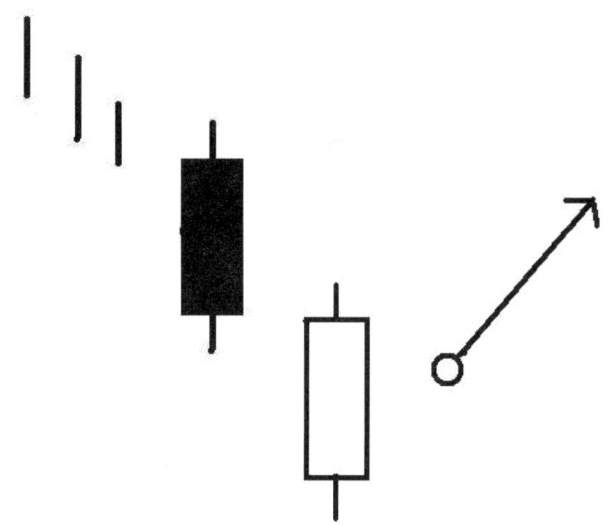

图2-32 看涨反击线形态

看涨反击线形态同看涨刺透形态之间的区别是，看涨反击线形态通常并不把收盘价向上推进到前一天的阳线实体内部。而仅仅回升到前一天的收盘价的位置。而在看涨刺透形态中，第二条蜡烛线深深地向上穿入了前一个阴线实体之内。因此，看涨刺透形态与看涨反击线形态更具有反转意义。

而看跌反击线形态（见图2-33）属于顶部反转形态，当它出现时，将阻止之前的上涨行情。在这种反击线形态中，第一条蜡烛线是长阳线，保持了牛市一贯的上升动力。在下一条蜡烛线上，市场在开盘时向上跳空。但从此时起，熊方挺身而出，发起反击，将价格拉回到前一天的收盘价的水平。

看跌反击线形态与乌云盖顶形态之间的区别是，在看跌反击线形态中，第二天的开盘价高于前一天的最高点，这一点与乌云盖顶形态是一致的。与乌云盖顶形态不同的是，这一天的收盘价并没有向下穿入前一天的阳线之内。由此看来，乌云盖顶形态发出的顶部反转信号，比看跌反击线形态更强。

反击线形态下降趋势

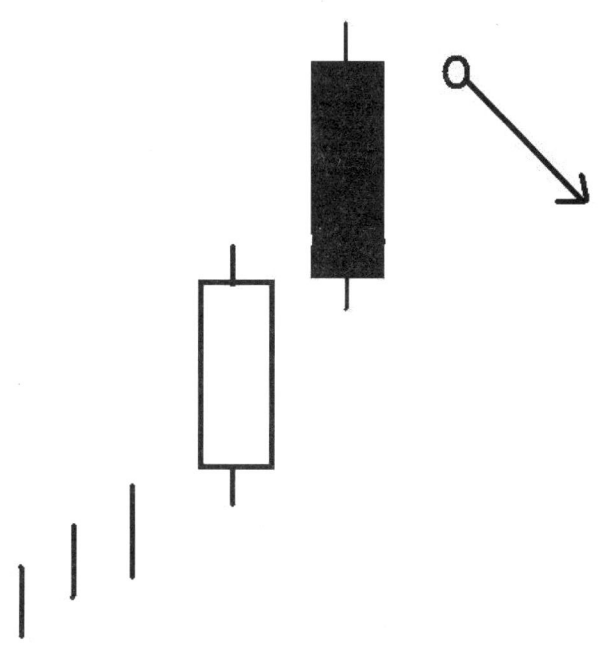

图 2－33　看跌反击线形态

【特别提醒】

在反击线形态中，一项重要的考虑因素是，第二天的开盘价是否强劲地上升到较高的水平（在看涨反击线形态中）；或者是否剧烈地下降到较低的水平（在看跌反击线形态中）。其核心思想是，在该形态第二天开盘时，市场本来已经顺着既有趋势向前迈了一大步，但是后来，却发生了意想不到的变故！到当日收盘时，市场竟然完全返回到前一天收盘价的水平！

14. 上升三法形态和下降三法形态

三法是最常见的阴阳线连续形态之一，根据所处位置不同，它可分为多头上升三法与空头下降三法。它表示价格趋势的暂时中断，但其力量太弱还不足以造成趋势反转。三法是通常趋势延续过程中的喘息时间，就像上山或下山中的平缓地带，这种情况一般不会改变原有运行趋势，因此，投资者可以积极追加投资仓位。

【K线小辞典】

上升三法形态（见图2-34）在上升趋势中，出现一条长阳线，在此长阳之后，出现一群实体短小的阴/阳线，显示先前趋势所面临的一些压力。一般而言，这些盘整的线形大多为阴线，但最重要的一点是，这些线形的实体必须处在第一天长阳线的高、低价范围内，包括影线在内。最后一条阴/阳线（通常为第五天）的开盘价位于前一天收盘价之上，并且收盘价创出新高。

上升三法形态

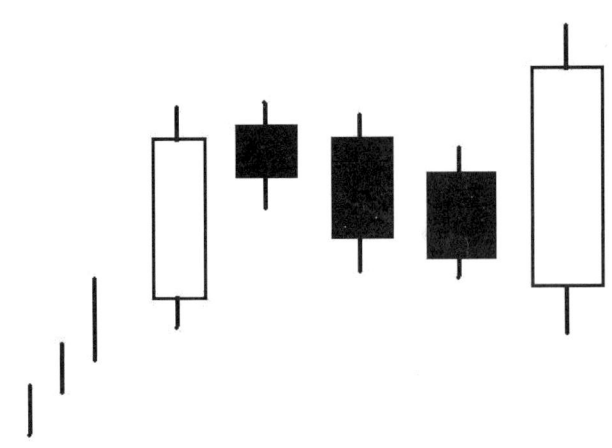

图2-34　上升三法形态示意图

下降三法形态（见图2-35）为上升三法形态的对应形态。市场处于下降趋势，一条长阴线的出现使其跌势得到加强。随后三天则为实体短小的线形，其走势与既定趋势相反。如果这些盘整线形的实体为阳线，则情况最佳。必须注意，这些短小的实体全部位于第一条长阴线的高、低价范围内。最后一天开盘价应该在前一天的收盘价附近，收盘则创出新低，宣告市场休息时间结束。

上升三法形态与下降三法形态的一般识别方法为：

（1）一条长阴/阳线反映出当前的趋势。

（2）在此阴/阳线之后，出现一群实体短小的阴/阳线。这群阴/阳线最好颜色相反。

（3）这群短小阴/阳线呈逆势走势，而且位于第一天的高、低价范围内。

下降三法形态

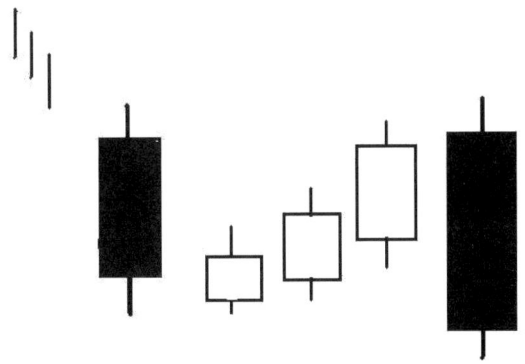

图 2 – 35　下降三法形态示意图

（4）最后一天出现强劲的盘势，其方向则顺着原来的趋势，其收盘价则超越第一天的收盘价。

三法形态可视为暂停交易或休整期间。我们通常将这种情况称为盘整期。这种走势的心理背景是市场对于趋势的持续力产生怀疑。当市场出现窄幅波动的盘整走势时，怀疑会递增。然而，一旦多头或空头察觉价格无法创新低或新高，多头或空头就会恢复原来的气势，价格也迅速创新高或新低。

投资者一定要注意，不要在价格形态的演变过程中过早采取行动，只有在形态完成后才能有的放矢。请看下面实例（见图 2 – 36）。在下跌途中，市场形成了一条长阴线。随后，出现了三条上升的小实体。在这群小蜡烛线的后面，又是一条长阴线，形成了一个下降散发形态。这个形态暗示当前的下降趋势将会继续。

再次提醒投资者，一定要等到价格形态确实已经完成时，或者得到了其他信号的验证后，才能按照其预测意义采取行动。

【实战案例】

深发展（000001）（见图 2 – 37）：2001 年 3 月 2 日，该股因股权转让及 B 股投资收益等因素影响，突然放量拉升。3 月 8 日，再次拉出一条大阳线，但随后 3 天股价没有继续上涨，相反却逐步盘跌，一些跟风的投资者开始抛出，市场多头前景不明。3 月 14 日，深发展又拉出了一条大阳线，与 3 月 8 日的大阳线相得益彰，重新树立了市场的多头气势。

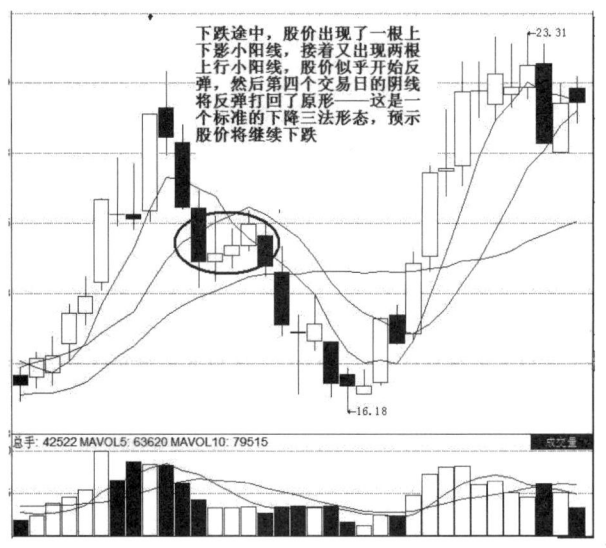

下跌途中，股价出现了一根上下影小阳线，接着又出现两根上行小阳线，股价似乎开始反弹，然后第四个交易日的阴线将反弹打回了原形——这是一个标准的下降三法形态，预示股价将继续下跌

图 2 - 36　下降三法形态图解

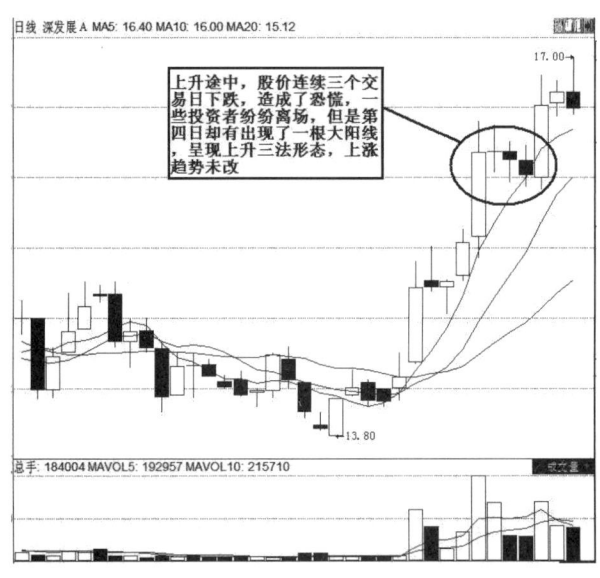

上升途中，股价连续三个交易日下跌，造成了恐慌，一些投资者纷纷离场，但是第四日却又出现了一根大阳线，呈现上升三法形态，上涨趋势未改

图 2 - 37　深发展上升三法形态图解

【特别提醒】

一是形态中间的三条小阴/阳线。如果上升三法形态的三条小阴/阳线击穿了第一条长阳线的最低价，或下降三法形态中的三条小阴阳线击穿了第一条长阴线的最高价，形态即宣告失败。二是第五条阴/阳线的长度。原则上第五条线越长越有效，收盘价最好是能创出新高或新低。如果第五条阴/阳线的收盘

价不能突破第一条阴/阳线的收盘价,则形态难以成立。

15. 向上跳空缺口形态

当某日股价向上跳空高开,在昨天的最高价下方留下没有成交的价格区域,一直到收盘这个区域应仍然保留或部分保留,这就是向上跳空缺口形态(见图 2 – 38)。

向上跳空开缺形态

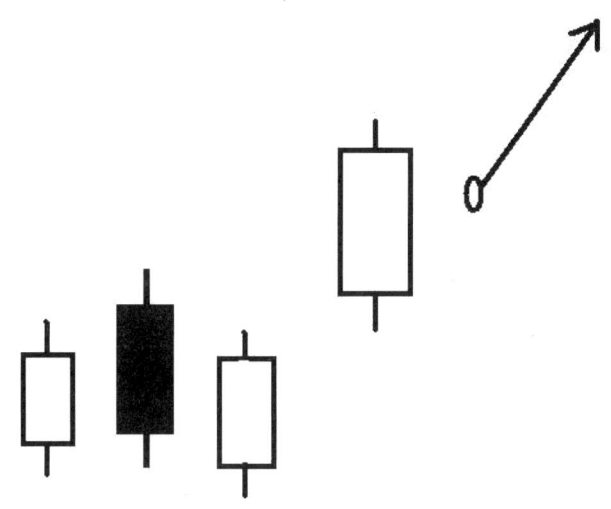

图 2 – 38 向上跳空缺口形态示意图

【K 线小辞典】

在技术分析中,缺口占有相当重要的地位。由于向上的跳空缺口发生在不同阶段,因此它的技术含义也完全不一样。在股价突破阻力开始上升时出现的缺口,对日后股价上升具有决定性的影响,因此人们把它形象地称为"突破缺口"。突破即势如破竹,足见多方发动的攻势之强大。一般而言,形成突破缺口时都伴有圈套的成交量,这时成交量越大,说明日后股价上升的潜力越大。

在上涨趋势中,根据出现的时间不同,缺口又可以分为三种(见图 2 – 39):

(1)向上突破缺口:股价突破阻力开始上升时出现的跳空高开缺口,形成时都伴有较大的成交量，而且成交量越大说明以后股价涨升的潜力越大。

（2）向上持续缺口：股价上升时出现的第二个缺口，表明多方力量十分强大，持续上涨的空间至少与到第一个缺口起点等长，所以又叫量度性缺口。向上持续缺口可以有多个。

（3）向上竭尽缺口：股价上升时的最后一个缺口，这是多方的最后一次冲刺，常跳得比前面的缺口更高，表明推动股价上升的力量发挥将尽，后市即将逆转。

出现向上跳空缺口时，往往都伴有较大的成交量，而且成交量越大说明以后股价涨升的潜力越大。此外，形成向上竭尽缺口前后常出现价量顶背离。

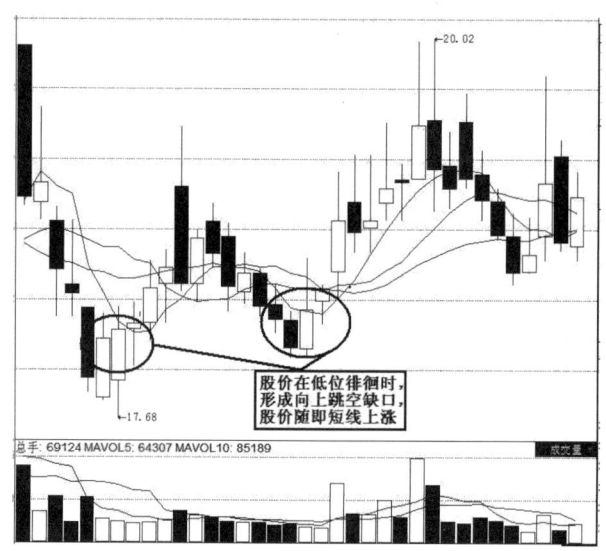

图 2 - 39　向上跳空缺口形态图解

出现向上跳空缺口后，投资者可遵循以下原则操作：

（1）当向上跳空缺口出现并伴有较大的成交量时，应毫不犹豫地买进。

（2）当向上持续缺口出现时，应继续做多，持股待涨。

（3）当向上竭尽缺口出现时，要谨慎持股，空仓的不能再追涨，持股的可以适当减仓，如发现股价掉头向下填补缺口，应立即停损出局。

【特别提醒】

在特别强大的多头市场或强庄股中，有时向上跳空缺口不止 3 个，而是 4 个甚至更多。这时最后一个缺口才能称为竭尽缺口，而这之前的缺口，除第一个缺口外，都是持续缺口。同时，缺口空档越大，信号就越强。

16. 向下跳空缺口形态

当某日股价向下跳空低开，在昨天的最地价上方留下没有成交的价格区域，一直到收盘这个区域应仍然保留或部分保留，这就是向下跳空缺口形态（见图 2 – 40）。

向下跳空缺口形态

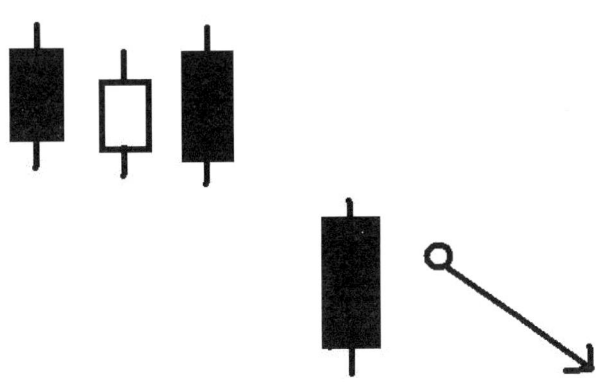

图 2 – 40　向下跳空缺口形态示意图

【K 线小辞典】

一般而言，只有在极度恐慌的情况下，才会产生向下跳空缺口，大盘或者个股，在技术上会形成共振，也就是说，当大盘跳空向下时，大部分个股都有可能出现向下跳空缺口。

因为它们发生在不同时段，又分别叫作：向下突破缺口、向下持续缺口和向下竭尽缺口。这三个缺口的技术含义是完全不同的（见图 2 – 41）。

（1）向下突破缺口的出现，说明市况已发生逆转，原来的升势已经结束，接下来的就是一轮跌势，而这个跌势还刚刚开始，下跌的空间还很大。因此投资者见到向下突破缺口要及时做空，尽量做到退出观望为宜。

（2）向下持续缺口在形态上往往是第二天接着出现跳空向下缺口，股价继续大幅下跌，持续缺口出现后，个股基本处于绝望无助的下跌中。这种形态的个股，往往与板块脱节。一般无视板块个股的上涨，依然大幅下跌的主要原

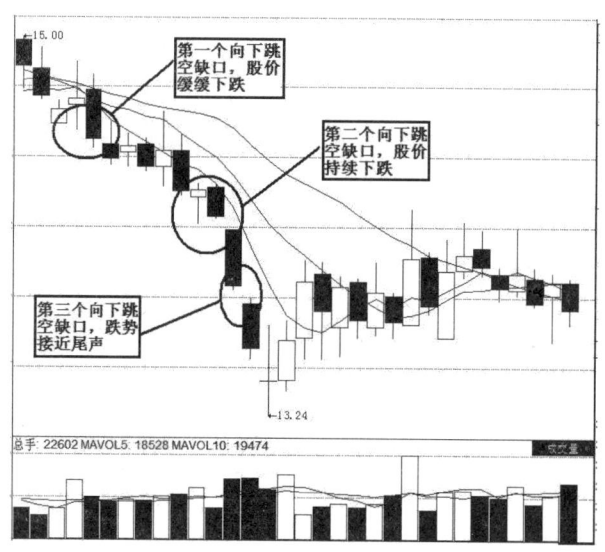

第一个向下跳空缺口，股价缓缓下跌

第二个向下跳空缺口，股价持续下跌

第三个向下跳空缺口，跌势接近尾声

图2-41 向下跳空缺口形态图解

因，是主力正在逼筹或者撤退。出现持续缺口的个股，往往会走极端，要么是基本面出现极度恶化，主力不顾一切出逃；要么是有可能公布重大利好消息，主力利用先知消息疯狂打压吸筹。总之，出现持续缺口的个股，在日后会是极端的表现，要么是一泻千里，要么是V形反转并持续走强。对持续缺口个股的走势，基本面分析强于技术分析。只要确定个股基本面较好，业绩有持续保障，有潜在利好或者重大重组，就有可能是利好消息泄露，被主力提前利用打压吸筹。对这种基本面较好的个股，只要出现了损耗缺口，就可能吸引更多的投资机构的注意。

（3）向下竭尽缺口在大多数情况下是对持续缺口的确认，也就是说，大部分持续缺口之后，都会出现损耗缺口，也就是通常在盘中K线图上看到的第三个跳空缺口。向下竭尽缺口出现后，意味着盘中杀跌的主要动力已经消失，个股的下跌已经接近尾声。由于跳空缺口的持续出现，场外资金不敢入场接底，基本处于观望状态，主力可以很轻松地将股价控制在想要的价位上。

【特别提醒】

与向上跳空缺口不同的是，向下跳空缺口并非都是多空搏杀所产生，像除息、除权都会产生向下缺口。这点投资者必须认真区别，千万不要搞错，以免对自己的投资行为造成不利影响。

17. 红三线思考星形态

红三线思考星形态（见图 2－42）是由两条小阳线和中间的一条大阳线组成的图形，这是一种可靠的卖出信号。这种形态有人把它看作是"红三兵"中的特殊形态。

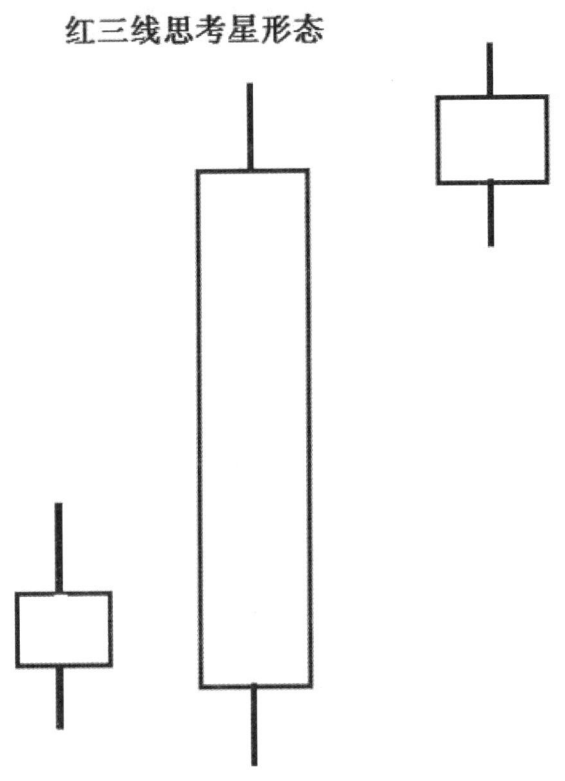

图 2－42　红三线思考星形态示意图

【K 线小辞典】

红三线思考星形态多数出现在高位，表示行情超买，上涨无力，获利回吐的压力在增加，市场将要进行调整，应卖出股票。该形态有时也在低位或上升途中出现，此时多显示买入信号，可加码做多。但需要在股价经过回调后才可介入，因为第三条星形小阳线是一条不确定的线形，价格是上升还是下降难于捉摸，在这种情况下，就应慎重行事。

其形态特征一般为：

（1）中间的一条大阳线的实体不得小于该股市价的 3%，越大越好。

（2）两条小阳线的实体不能超过中间大阳线实体的 1/4，小阳线的实体越小，有效性越高。

（3）两头小阳线与中间大阳线的组合比较自由，只要小阳线不成为大阳线的包线或中线就行。

出现红三线思考星形态时，投资者可按以下策略操作：

其一，红三线思考星无论出现在什么位置，均是可信的见顶信号，应坚决卖出股票。

其二，红三线思考星形态股票的最佳卖出时间，就是第三条线出现的当日。第三条线的形态多为长上影或长下影小阳线，而长上影线又多于长下影线，所以投资者在操作，就注意第三条图线的走势，一旦发现将要出现长上影线的走势迹象时，就应及时卖出股票，一般可多获得 1~2 个百分点的收益。

【实战案例】

中江地产（600053）（见图 2-43）：该股 2000 年 3 月初开始了一波震荡上涨，到 4 月 11 日，其 K 线图上出现了红三线思考星形态，而红三线思考星形态形成的第二天就是最佳卖出点，随后股价开始了大幅下跌行情。

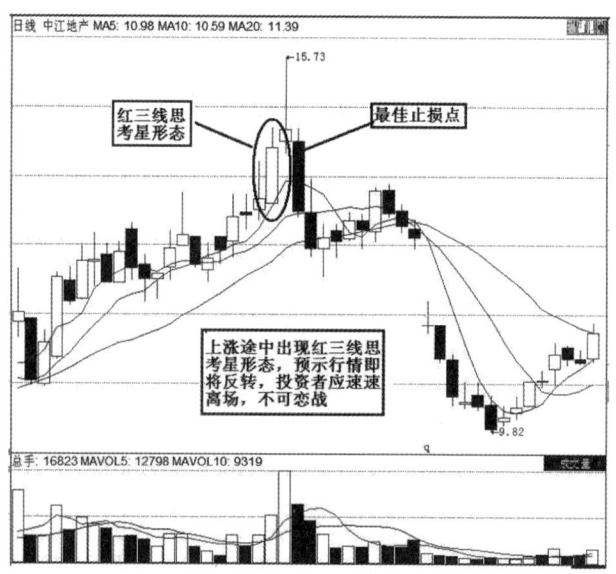

图 2-43　中江地产红三线思考星形态图解

【特别提醒】

在个别情况下，红三线思考星形态出现后，股价还会出现再升一程的走势，但不能贪图这最后的一涨，这一涨势是无法判断的，有可能出现，有可能不出现，凡是存在两种可能的情况下，投资者应坚决放弃，这不仅仅是在卖出股票时应这样操作，即使是买进股票时也应如此。

第三章 K 线技术图形运用技法

1. 三重顶形态

三重顶形态又称为三尊头形态（见图 3 – 1），它是以三个相约之高位而形成的转势图表形态，通常出现在上升市况中。典型三重顶形态通常在一个较短的时期内击穿破支持线而形成。此外，确认三重顶讯号，可从整体的成交量中找到。当图形形成过程中，成交量随即减少，直至价格再次上升到第三个高位时，成交量便开始增加，形成一个确认三重顶讯号。

三重顶形态

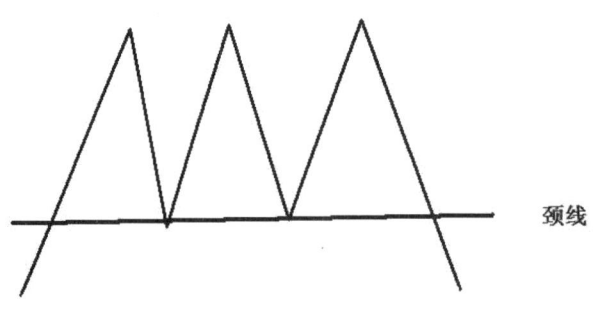

颈线

图 3 – 1 三重顶形态示意图

【K 线小辞典】

三重顶形态是头肩形态的一种小小的变体，它是由三个一样高或一样低的顶组成。另外，三重顶形态的颈线和顶底线是水平的，这就使得三重顶具有矩形的特征。比起头肩形态来说，三重顶形态更容易演变成持续形态，而不是反转形态。另外，如果三重顶是三个顶的高度依次从左到右是下降（上升）的，则三重顶形态就演变成了直角三角形形态。这些都是我们在应用三重顶形态时应该注意的地方。

为了帮助投资者更好地辨认三重顶形态，现将其形态特征总结如下：

（1）三重顶形态之顶峰与顶峰的间隔距离与时间不必相等，同时三重顶形态之底部不一定要在相同的价格形成。

（2）三个顶点价格不必相等，大至相差3%以内就可以了。

（3）三重顶的第三个顶，成交量非常小时，即显示出下跌的征兆。

（4）从理论上讲，三重顶形态的最小涨幅或跌幅，顶部愈宽，力量愈强。

在三重顶形态的要素中，最关键的是最低点的形成，投资者通常以它作为主要支持线，当价格出现双顶后回落至接近颈线（支持位），然后再次反弹至原先双顶的位置，并遭遇阻力后回落。若价格跌破颈线，便会大幅滑落，三重顶图形已被确认（见图3-2）。

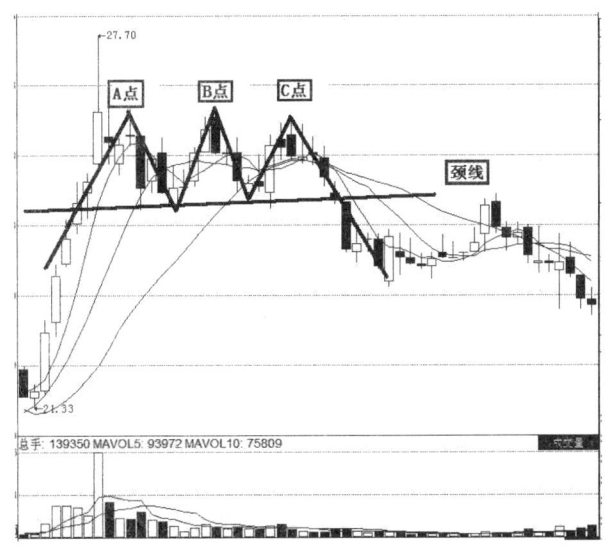

图3-2　三重顶形态图解

图3-2显示，当价格上升到A点，交易徘徊在这区域数个交易日后，仍未成功穿破B点与C点之阻力位。因没有需要之情况下，价格开始回落，而且跌破三重顶图形的支持位，确认了下跌趋势图形。随后再升回此价位，尝试穿破这图形形成的阻力位（前市的支持位）。

在这里要提醒投资者注意两个问题：

（1）三重顶形态结合MACD和均线一起运用，更能提高实战中投资的准确性和安全性。

（2）它可以在顶部或底部的震荡中做些短线，入、出场时机可参考支撑与阻力，即震荡区间中的明显高位或低位。

三重顶形态完成后，股价未跌破颈线前，并不适于做卖出委托，因为反转时间尚未成熟，主力与做手尚未抛出手中持有的大部分股票或尚未买足预定之数量前，仍欲使股价继续整理，直到三重顶形态完成后，方才进行反转，突破颈线下跌。此时便是卖出时机。

【特别提醒】

三重顶形态形成后，持有多头部位的投资者，大多会在此平仓。与此同时，也有人会在三重顶形态出现时做空两股空头力量汇集在一起，价格就会向下跌落，所以第三个顶部出现后，第四个顶部是很少见到的，持有多头部位的投资者，应在第三个顶部出现时平仓，平仓后，还可以反手做空。

2. 三重底形态

三重底形态（见图 3 - 3）是三重顶形态的倒影，在跌市中以三点相约之低点而形成。在价格向上摆动时，发出重大转向讯号。与三重顶形态相比，三重底形态通常拖延数月时间及穿破阻力线才被确认。此外，确认三重底讯号也可从成交量中找到。当图形形成过程中，成交量会减少，直至价格再次上升到第三个低位时，成交量便开始增加，形成一个确认三重底讯号。

【K 线小辞典】

投资者必须明确这一点：三重底形态不是依据有三个低点就能形成的，三针探底的形态只能表示股价的走势图形具有三重底的雏形，未来发展极有可能向三重底演化，至于最终是否能构筑成三重底形态，并形成一轮上升行情，还需要进一步的检验。

（1）三重底形态的三次低点时间，通常至少要保持在 10 ~ 15 个交易日以上，如果时间间隔过小，往往说明行情只是处于震荡整理中，底部形态的构筑基础不牢固，即使形成了三重底形态，由于其形态过小，后市上攻力度也会有限。而近期的三重底形态的第一形态和第二低点之间间隔 9 天，第二低点和第三低点之间间隔 11 天，只是勉强符合标准。

三重底形态

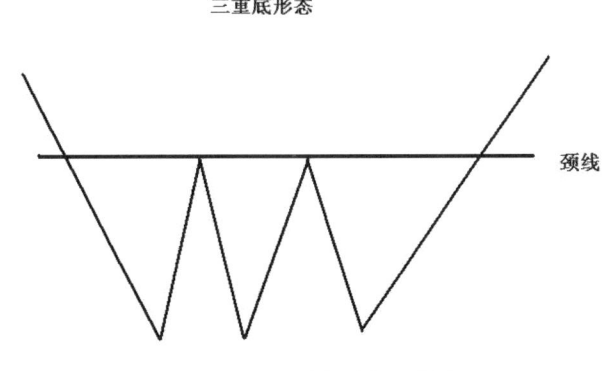

颈线

图 3 - 3 三重底形态示意图

（2）三重底形态的三次上攻行情中，成交量要呈现出逐次放大的势态，否则极有可能反弹失败。如果大盘在构筑前面的双底形态时，在期间的两次上升行情中，成交量始终不能有效放大的话，将极有可能导致三重底形态的构筑失败。

（3）在三重底形态的最后一次的上攻行情中，如果没有增量资金积极介入的放量，仍然会功败垂成。所以，三重底形态的最后一次上涨必须轻松向上穿越颈线位时才能最终确认。股价必须带量突破颈线位，才能有望展开新一轮升势。

【实战案例】

大连控股（600747）（见图 3 - 4）：该股分别在 2003 年的 3 月 27 日、4 月 9 日、4 月 29 日三天形成了三次探底过程。该股的三次探底动作，在相互之间的时间跨度大致相等，而且三次探底的低点位置也比较接近，分别是 6.23 元、6.19 元、6.25 元，高低仅有 0.06 元的差距，完全符合三重底的基本技术要求。5 月中旬，大连控股放量突破三重底形态的颈线位置。此后，该股逆势强劲上涨，在股指下跌 100 多点的期间，该股竟然上涨了 30% 多。

投资者在实际操作中不能仅仅看到有三次探底动作，或者已经从表面上形成了三重底形态，就一厢情愿的认定是三重底形态而盲目买入，这是非常危险的。因为，有时即使在走势上完成了形态的构造，但如果不能最终放量突破其颈线位的话，三重底形态仍有功败垂成的可能。

所以三重底形态的最佳买入时机是：

图3-4　大连控股三重底形态图解

（1）在股价有突破颈线位的确定性趋势并且有成交量伴随时是激进型投资者买入时机。

（2）在股价已经成功突破颈线位时是成熟型投资者买入时机。

（3）在股价已经有效突破颈线位后的回档确认时是稳健型投资者买入时机。

投资者在正确把握好三重底形态的介入时机买入股票后，就需要掌握三重底形态的最佳卖出价位。这需要研判三重底形态的上涨力度并推算大致的上涨力度。

一般说来，三重底形态的上涨力度，主要取决于以下因素：

（1）股价从三重底形态的第三个底部上升时，成交量是否能持续性温和放大。

（2）股价在向上突破颈线位的瞬间时成交量是否能够迅速放大。

（3）三重底形态的低点到颈线位的距离。距离越远，形态形成后的上攻力度越强。

（4）股价在底部的盘旋时间，通常股价在底部盘旋的越久，其上涨力度越大。

【特别提醒】

投资者需要耐心等待三重底形态彻底构筑完成，股价成功突破颈线位之后，才是最佳的建仓时机。大可不必在仅有三个低点和形态还没有定型时过早介入，虽然有可能获取更多地利润，但从风险收益比率方面计算，反而得不偿失。

3. 头肩顶形态

头肩顶形态（见图 3 - 5）是最出名、最可靠的走势反转形态之一。它主要由三个波峰组成：第一个波峰是上升趋势的延伸，市场走势仍然强劲（左肩），头部一般有一个或两个波峰组成，上升趋势开始放缓，但波峰仍比上一波峰高。价格回落至上一波谷附近或更低水平，然后展开新一波的上升，但动量不足，通常只能回升上与左肩相约高度的位置便掉头回落，形成右肩。当价格跌穿前两个波谷连线的延伸（颈线）时，头肩顶形态正式确立，说明大势已经反转。

头肩顶形态

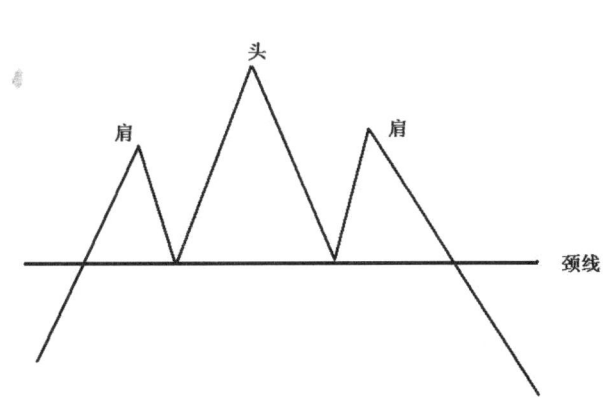

图 3 - 5　头肩顶形态示意图

【K 线小辞典】

从图 3 - 5 我们可以清楚地知道，头肩顶形态是由一个左肩，一个右肩，一个头部和一根颈线所构成的。在该形态中扮演重要角色的还有成交量、突破、目标价以及支撑转化阻力等概念。

我们先来说一下头肩顶形态的形成步骤（见图 3 - 6）：

（1）股价经过长期上升后，成交量大增，此时获利回吐压力亦增加，股价回跌一段，成交量下降，比先前最高价附近的成交量减少许多，此时头肩顶的左肩形成。

（2）股价回升，突破左肩之顶点，成交量亦可能因大换手而创纪录，接手与持有股票者恐慌，相继抛售，股价回跌至前一低点水准附近，有时高些，有时低些，但是绝对低于左肩的顶点，头部完成。

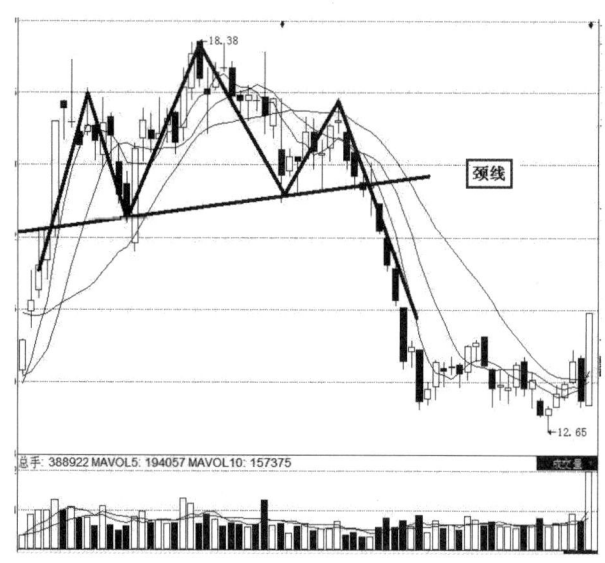

图 3 - 6　头肩顶形态图解

（3）第三次上升，已不再出现过去庞大成交量，涨势亦不再凶猛，到达头部股价水准前就向下跌，这是右肩。

（4）第三次下跌时，急速穿过经由左肩和头部之间的底部以及头部和右肩之间底部的延长线（即颈线），再回升时股价仅能达到颈线水准附近，然后变为下跌趋势，反转下跌形态完成。

（5）颈线之突破，收盘价突破颈线幅度超过该股市价 3% 以上，是有效之突破。

接下来，我们再来细述一下头肩顶形态的构造及应用：

（1）先前的趋势：对于头肩顶形态来说，此前应有一个上升趋势的存在，如果此前没有上升趋势，那么就不存在反转的说法，形态不成立。

（2）先前趋势的趋势线：左肩回落的低点一般仍能保持在此前上升趋势线的上方，没有破坏趋势。而头部形成后的下跌要跌破先前趋势的上升趋势线。

（3）颈线：两个折返点的低位所联结而成的线称为颈线，颈线为重要趋势线。在上升趋势中，一旦价格跌破颈线，或在下降趋势中，价格突破颈线，则为趋势反转讯号。头肩顶形态为技术分析上十分明显且可靠的讯号。颈线可能向上倾斜，向下倾斜或者为水平状态。颈线的倾斜方向和陡度提供了一些暗示的信息，一个向下倾斜的颈线比向上倾斜的颈线更加熊性。只有颈线被跌破或者升破，我们才能说趋势被反转。

（4）成交量：在理想情况下（不一定必须这样），左肩上升时的成交量高于头部上升时的成交量。这个股票价格创新高而成交量萎缩的现象给出了一个警告信号。另外一个警告信号是从头部的下跌会出现放量，如果右肩下跌时的成交量继续放大，那么可以作为一个确认信号。头肩底也如此，只是方向相反。头肩底的一个重要特征为，右肩下跌时的成交量将明显缩小。这是判断头肩底的重要依据。一旦头肩底完成，且价格穿越颈线，配合成交量爆量，则称为讯号被确认，趋势开始反转。成交量的变化以及颈线的支撑作用是判断头肩顶形态的关键因素，两者结合起来判断将相当可靠。

（5）对称：如果左肩和右肩能保持对称则更好，但这不是必须的要求。左肩和右肩在高度和宽度上都可以不同。

（6）回抽：颈线被突破后经常发生回抽，但是有时候根本就不会发生回抽。

（7）目标价：一旦颈线被突破，则目标涨（跌）幅将是头部与颈线之间的距离。目标价只能作为一个粗略的指南，其他因素也应该给予考虑，如前方的支撑阻力位、长期均线等。目标价的预算有帮助作用，但是不能将它作为终极目标。

此外，实战中头肩顶形态操作上还要注意的事项：

（1）头肩顶形态完成后，向下跌破颈线时，成交量不一定扩大，但日后继续下跌时，成交量会扩大。

（2）一旦头肩顶形态完成，就应该相信图上所表示的意义。

（3）若头肩顶形态确定，从图上头部的顶端画一条垂直线到颈线，然后再从右肩完成后突破颈线的那一点开始向下量出同样的长度，则这段价格距离是股价将要下跌的最低程度。也就是说，至少股价要跌完所测量之差价方有再反转上升的可能。

【特别提醒】

头肩顶形态在少数情况下，股票价格跌破颈线后会立刻再回升到颈线之上，并不发生趋势反转，这就会影响投资者的判断。对此的补救措施是，以跌破颈线的3%作为真正的趋势反转讯号，其他则视为假跌破。

4. 头肩底形态

头肩底形态（见图3-7）顾名思义，图形以左肩、头、右肩及颈线组成。三个连续的谷底以中谷底（头）最深，第一谷底及最后谷底（分别为左、右肩）较浅、接近对称，因而形成头肩底形态。头肩底形态跟随下跌市势而行，并发出市况逆转的讯号。当价格一旦升穿阻力线（颈线），则出现较人幅上升。

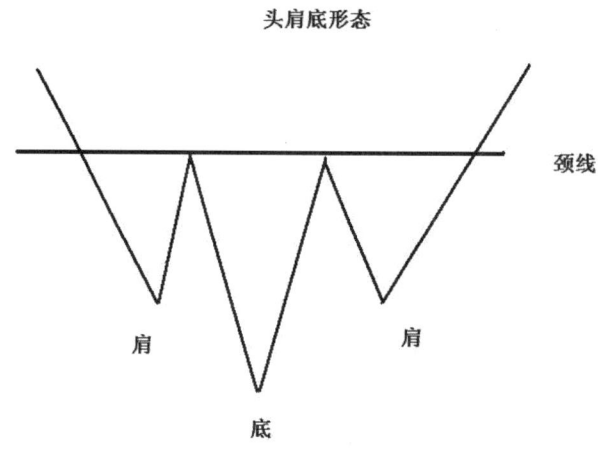

图3-7 头肩底形态示意图

【K线小辞典】

头肩底形态的分析意义和头肩顶形态没有什么两样，它告诉我们过去的长期性趋势已扭转过来，股价一次再一次的下跌，第二次的低点（头部）显然较先前的一个低点为低，但很快地掉头弹升，接下来的一次下跌股价未跌到上次的低点水平已获得支持而回升，反映出看好的力量正逐步改变市场过去向淡的形势。当两次反弹的高点阻力线（颈线）打破后，显示看好的一方已完全把对方击倒，买方代替卖方完全控制整个市场（见图3-8）。

头肩底形态的判别特征是：

（1）急速的下跌，随后止跌反弹，形成第一个波谷，这就是通常说的"左肩"。形成左肩部分时，成交量在下跌过程中出现放大迹象，而在左肩最低点回升时则有减少的倾向。

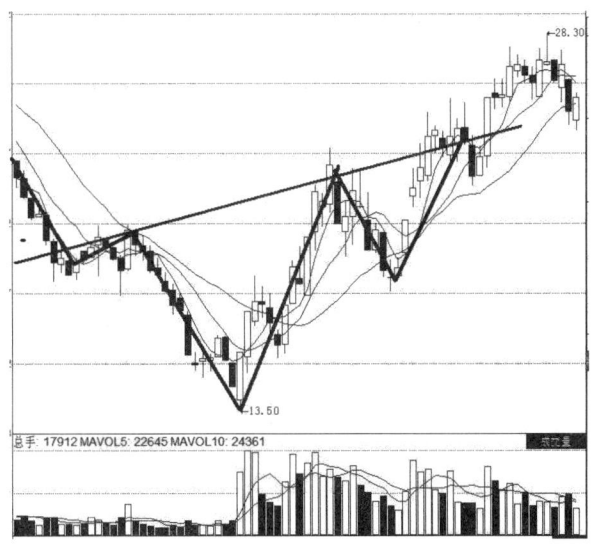

图3-8　头肩底形态图解

（2）第一次反弹受阻，股价再次下跌，并跌破了前一低点，之后股价再次止跌反弹形成了第二个波谷，这就是通常说的"头部"。形成头部时，成交量会有所增加。

（3）第二次反弹再次在第一次反弹高点处受阻，股价又开始第三次下跌，但股价跌至第一个波谷相近的位置后就不下去了，成交量出现极度萎缩，此后股价再次反弹形成了第三个波谷。这就是通常说的"右肩"。第三次反弹时，成交量显著增加。

（4）第一次反弹高点和第二次反弹高点，用直线连起来就是一根阻碍股价上涨的颈线，但当第三次反弹时会在成交量配合下，将这根颈线冲破，使股价站在其上方。投资者见到头肩底这个图形，应该想到这是个底部回升的信号，此时不能再继续看空，而要随时做好进场抢筹的准备。

一旦股价放量冲破颈线时就可考虑买进一些股票。这通常称为第一买点。如果股价冲破颈线回抽，并在颈线位附近止跌回升再度上扬时可加码买进，这通常称为第二买点。值得注意的是，若是股价向上突破颈线时成交量并无显著增加，很可能是一个"假性突破"，这时投资者应逢高卖出，考虑暂时退出观。

当头肩底形态颈线突破时，就是一个真正的买入信号，虽然股价和最低点比较，已上升一段幅度，但升势只是刚刚开始，尚未买入的投资者应该继续追入。其最少升幅的量度方法是从头部的最低点画一条垂直线相交于颈线，然后在右肩突破颈线的一点开始，向上量度出同样的高度，所量出的价格就是该股将会上升的最小幅度。另外，当颈线阻力突破时，必须要有成交量激增的配合，否则这可能是一个错误的突破。不过，如果在突破后成交逐渐增加，形态也可确认。

【特别提醒】

在升破颈线后头肩底形态可能会出现暂时性的回跌，但回跌不应低于颈线。如果回跌低于颈线，又或是股价在颈线水平回落，没法突破颈线阻力，而且还跌低于头部，这可能是一个失败的头肩底形态。

5. M 头形态与 W 底形态

一只股票上升到某一价格水平时，出现大成交量，股价随之下跌，成交量减少。接着股价又升至与前一个价格几乎相等之顶点，成交量再随之增加却不能达到上一个高峰的成交量，再第二次下跌，股价的移动轨迹就像 M 字。这就是 M 头形态，又称双重顶形态（见图 3 - 9）。

M头形态

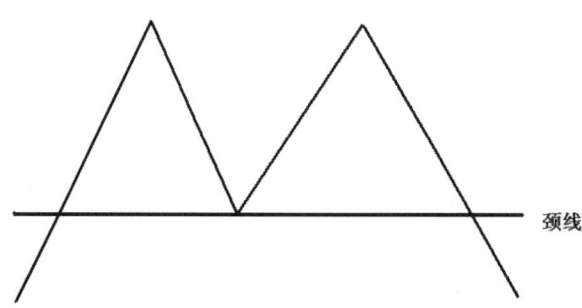

图 3 - 9　M 头形态示意图

一只股票持续下跌到某一平底后出现技术性反弹，但回升幅度不大，时间亦不长，股价又再下跌，当跌至上次低点时却获得支持，再一次回升，这次回升时成交量要大于前次反弹时成交量。股价在这段时间的移动轨迹就像 W 字，这就是 W 底形态，又称双重底（见图 3 - 10）。

W底形态

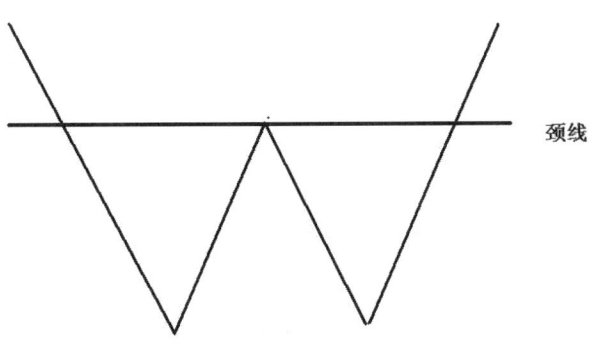

图 3 - 10 W 底形态示意图

【K 线小辞典】

投资者要牢记的一点是，无论是 M 头还是 W 底，都必须突破颈线（M 头的颈线是第一次从高峰回落的最低点；W 底之颈线就是第一次从低点反弹之最高点），形态才算完成。

首先，我们来分析一下 M 头和 W 底的形态特点（见图 3 - 11）。

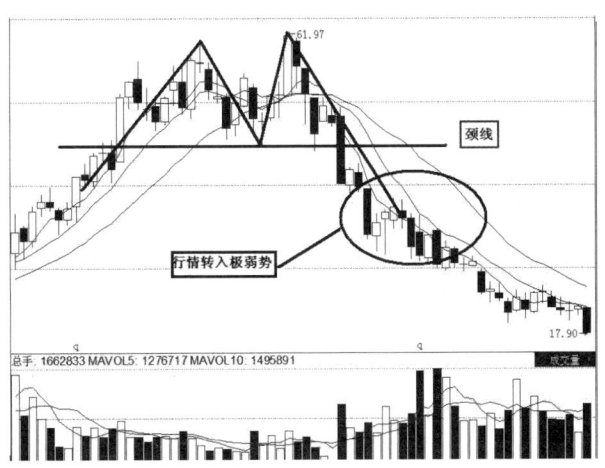

图 3 - 11 M 头形态图解

M 头形态（见图 3 - 11）的特征如下：

（1）M 头双顶是当某一只股票急速上升至某价格水准时，必会回跌，而在峰顶处留下大成交量，然后成交量随股价下跌而萎缩，然后再度上升时，股价又回至前一峰顶附近（价位相同、低于或高于），成交量再度增加，却不再出现先前在第一峰所留下之成交量水准，上升阻力产生，随后造成第二次下跌，突破颈线后，形成原始下跌趋势或中级下跌趋势，而向下突破颈线时，成交量亦不一定扩大，日后继续下跌时，成交量会扩大。

（2）颈线之所在，是画一条平行线通过双峰间之低点。双重顶完后突破颈线，从图形可看出，类似英文字母M。

W底形态（见图3-12）的特征如下：

（1）W底形态只是将双顶倒转过来，形成W字母状，也就是下跌趋势结束前出现反弹，然后再度下跌，跌势趋于缓和，在前次低价附近止住，开始向上涨升。

（2）突破颈线时出现大成交量，也就是双重底从第二个底部上升时的成交量会高于第一底部上升时的数量，W底得以确认。

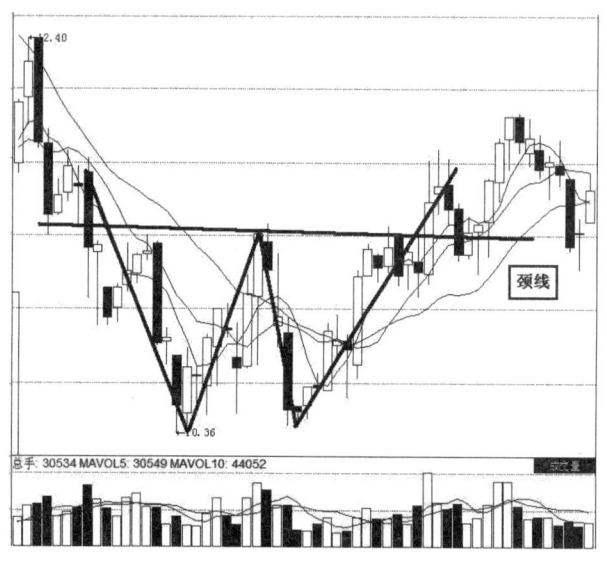

图3-12　W底形态图解

其次，在操作M头和W底时，应注意以下要点：

（1）M头的两个最高点并不一定在同一水平，两者相差少于3%是可接受的。通常来说，第二个头可能较第一个头高出一些，原因是看好的力量企图推动股价继续再升，可是却没法使股价上升超逾3%的差距。一般W底的第二个底点都较第一个底点稍高，原因是先知先觉的投资者在第二次回落时已开始买入，令股价没法再次跌回上次的低点。

（2）M 头最少跌幅的量度方法，是由颈线开始计起，至少会再下跌从 M 头最高点至颈线之间的差价距离。W 底最少涨幅的量度方法也是一样，W 底之最低点和颈线之间的距离，股价突破颈线后至少会升高相当长度。

（3）形成第一个头部（或底部）时，其回落的低点约是最高点的 10% ~ 20%（底部回升的幅度也是相若。）

（4）M 头和 W 底不一定都是反转信号，有时也会是整理形态，这要视二个波谷的时间差决定，通常两个高点（或两个低点）形成的时间相隔超过 1 个月为常见。

（5）M 头的两个高峰都有明显的高成交量，这两个高峰的成交量同样尖锐和突出，但第二个头部的成交较第一个头部显著为少，反映出市场的购买力量已在转弱。W 底第二个底部成交量十分低沉，但在突破颈线时，必须得到成交量激增的配合方可确认。M 头跌破颈线时，不须成交量的上升也应该信赖。

（6）通常突破颈线后，会出现短暂的反方向移动，称之为反抽，W 底只要反抽不低于颈线（双头之反抽则不能高于颈线），形态依然有效。

（7）一般来说，M 头或 W 底的升跌幅度都较量度出来的最少升/跌幅为大。

【特别提醒】

M 头和 W 底不一定都是反转信号，有时也会是整理形态，如果两个顶点（底点）出现时间非常近，在它们之间只有一个次级下跌（或上升），大部分属于整理形态，将继续朝原方向进行股价变动。相反地，两个顶点（底点）产生时间相距甚远，中间经过几次次级上升（或下跌），反转形态形成的可能性大。

6. 圆弧顶形态

圆弧顶形态（见图 3 - 13）是指股价或股指呈现出圆顶走势，当股价到达高点之后涨势趋缓，随后逐渐下滑，是见顶图形，预示后市即将下跌。圆弧顶形态整个形态完成耗时较长，常与其他形态复合出现。市场在经过初期买方力量略强于卖方力量的进二退一式的波段涨升后，买力减弱而卖方力量却不断加强，中期时，多空双方力量均衡，此时股价波幅很小，后期卖方力量超过买方，股价回落，当向下突破颈线时，将出现快速下跌。

圆弧顶形态

图 3－13　圆弧顶形态图解

【K 线小辞典】

从形态上来看，在到达圆弧顶的顶点之前，股价呈弧形上升，虽不断创出新高，但涨不了多少就回落，只是比前一个高点稍高而已，随后涨升到顶点附近时卖压加大，高点走平，出现盘局，最后是每波回升点都略低于前点，把这些短期高点连接起来，就形成了圆弧顶，在成交量方面是逐级减少，表明追涨乏力，当突破颈线时，技术派会止损出局，成交量会稍有放大，个股出现圆弧顶，则要警惕庄家水煮青蛙式的出货（见图 3－14）。

一般说来，圆弧顶形成的特征及条件如下：

（1）在形态形成的初期市场中往往弥漫着极度乐观的气氛。

（2）成交量没有固定明显的特征，盘面上有时出现巨大而不规则的成交量，一般呈 V 形，有时也呈圆顶形状。

（3）圆顶反转的理论目标点位价格很难确定，一般只有通过支撑压力、百分比、黄金分割等方法来预测价格。

（4）有时当圆形头部形成后，股价并不马上快速下跌，只是反复横向发展形成徘徊区域，当股价一旦向下突破这个横向区域，就会有加速下跌的趋势。当出现圆弧顶走势后我们可以遵循以下的操作策略：由于圆形顶没有像其他图形有着明显的卖出点，但其一般形态耗时较长，有足够的时间让投资者依照趋势线、重要均线及均线系统卖出逃命。

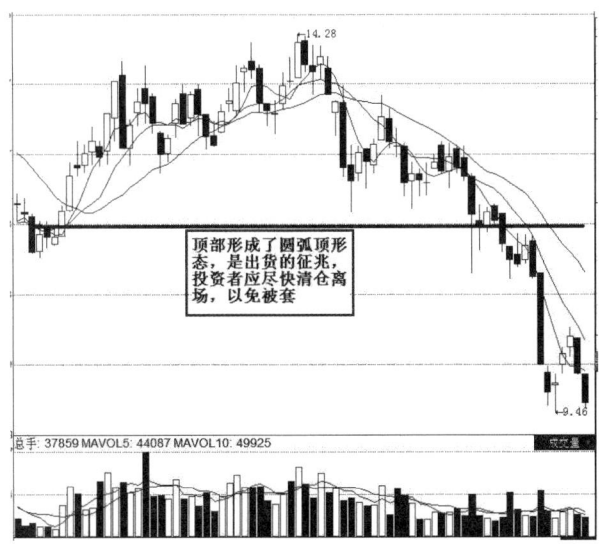

图3－14　圆弧顶形态图解

在实战操作中，投资者应注意以下要点：

（1）圆弧顶突破后的最小跌幅一般是圆弧颈线到圆弧顶最高点之间的垂直距离。

（2）圆弧顶的理论下跌目标位很难确定，一般只有通过支撑位、百分比、黄金分割等方法来预测。

（3）成交量没有固定特征，一般呈逐级递减，在开始股价上升时成交量增加，在升至顶部时显著减少，在股价下滑时，成交量又开始稍放大，有时也出现巨大而不规则的成交量，有时也会呈圆顶形状或V形。

（4）圆弧顶多出现于绩优股中，由于持股者心态稳定，多空双方力量很难出现急剧变化，主力在高位慢慢派发，K线易形成圆弧顶。

圆弧顶形态一般在沪市中出现较多，一旦出现这种形态，投资者就可以按照以下操作策略操作：

（1）由于圆弧顶形态耗时较长，没有像其他图形有着明显的卖出点，但其有足够的时间让投资者依照趋势线、重要均线系统及其他指标在形成之前及早退出。

（2）圆弧顶最小跌幅为圆弧顶至颈线的垂直距离，在跌破颈线3%，向下突破确立后，可采取卖出策略。

（3）圆弧顶成交量多呈现不规则状，一旦圆顶右侧量小于左侧量甚为明显时，圆弧顶形成的机率就高。投资者应随时关注，当感觉有风险时，可考虑提前卖出。

【特别提醒】

有时当圆弧顶形成后，股价并不立刻下跌。而是反复横向发展，形成徘徊区域，称作碗柄。一般来说碗柄很快便会被突破，股价会继续朝着预期中的下跌方向发展，但却提供给了投资者在下跌之前的一个退出机会。

7. 圆弧底形态

圆弧底形态（见图 3 - 15）是指呈圆弧状的一种不太常见的底部反转形态，又称为蝶形、圆形、碗形等形态。圆弧底形态属于一种盘整形态，多出现在价格底部区域，是极弱势行情的典型特征。

圆弧底形态

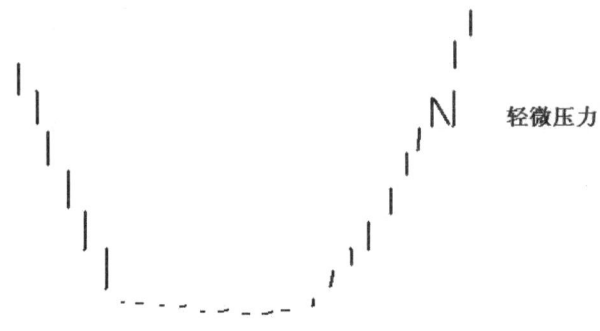

图 3 - 15　圆弧底形态图解

【K 线小辞典】

圆弧底形态的形成是由于价格经过长期下跌之后，卖方的抛压逐渐消失，空方的能量基本上已释放完毕，许多的高位深度套牢盘，因价格跌幅太大，只好改变操作策略，继续长期持仓不动。但由于短时间内买方也难以汇集买气，价格无法上涨，加之此时价格元气大伤，价格只有停留在底部长期休整，以恢复元气，行情呈极弱势。持仓人不愿割肉，多头也不愿意介入，价格陷入胶着，振幅小的可怜，此时，价格便会形成圆弧底形态，该形态也被称之为价格"休眠期"。

单纯从形态上来分析，圆弧底形态股价呈弧形上升，价格变动简单且连续，先是缓缓下滑，虽不断创出新低，但跌不了多少就弹升，比前一个低点稍低，随后在回落到弧底附近时，多空平衡，低点走平，出现盘局，最后是每波回落点都略高于前点，把这些短期低点连接起来，就形成了圆弧底。

在此期间，成交量变化与股价同步，先是逐渐减少，随后伴随股价回升，成交量渐次增加，也呈圆弧状，由于圆弧底形成耗时较长，多空换手充分，所以当带量突破颈线位，形成向上有效突破后，股价迅速上扬，涨升迅猛，往往很少回档整理（见图 3 – 16）。

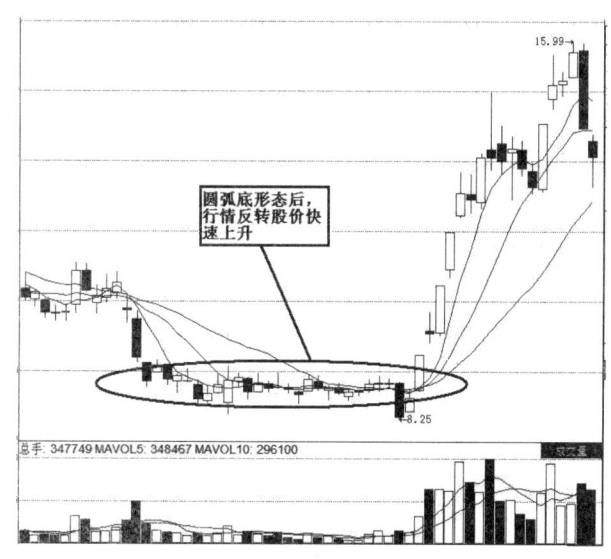

图 3 – 16　圆弧底形态图解

了解了圆弧底的市场含义后，投资者还应进一步掌握其操作要点：

（1）有时当圆弧底部形成后，股价并不随即上涨，而是先走出一个来回窄幅拉锯的平台，也称进货平台，此处买进较佳。

（2）在圆弧底形成中，由于多空双方皆不愿意积极参与，成交量极小，价格显得异常沉闷，这段时间显得很漫长，所以不要过早介入，可选择在突破颈线时买入。

（3）圆弧底形态通常是机构庄家吸货区域，由于其炒作周期长，故在完成圆弧底形态后，其涨升的幅度也是很大的，投资者如在圆弧底形态内买进，则要注意在启动前的震仓洗盘。因为在涨升初期，会吸引大量散户买进，给机构庄家后期拉抬增加负担，清扫出局一批浮动筹码与短线客后，机构才会大幅拉抬股价格，在上涨途中，还会不断地利用旗形、楔形等多种整理形态调整上升角度，延续涨升，所以圆弧底形态从某种角度上也可说是黎明前的黑暗，在形态内价格貌似平静如水，实际上是在酝酿着一波滔天巨浪。

（4）圆弧底形态的最终上涨高度往往是弧底最低点到颈线距离的3~4倍，但是圆弧底如果距离前期的成交密集区太近，尽管底部形成的时间足够长了，后市上涨高度也有限，因为原有的股票持有者没有经历一个极度绝望的过程，导致底部的换手率不高，限制了未来的涨升空间

（5）圆弧底形态常见于低价股中，呈现一种平底延伸状，通常需要数月才能完成。在圆弧底形成期间，有时还常伴随蝶形底。

（6）在所有的底部技术形态中，圆弧底形成的概率较低，这是因为形成圆弧底的条件严格，首先它要求股价处于低价区；其次低价区的平均价格应该至少低于最高价的50%以上，距离前期成交密集区要尽可能的远；最后在形成圆弧底之前，股价应该是处于连续下跌状态。

【实战案例】

攀钢钢钒（000629）（见图3-17）：2006年5月至2008年1月，该股的周线走势图如下：这是在上涨一浪后，股价经过32周的时间形成圆弧底，同时成交量配合良好，在突破颈线后，迎来了一波超级上涨行情。

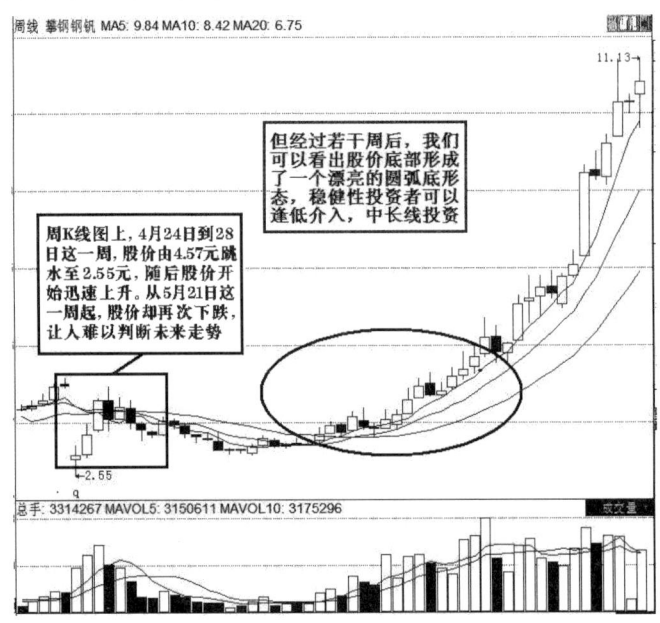

图3-17　樊纲钢钒圆弧底形态买入图解

【特别提醒】

由于圆弧底易于辨认，有时太好的圆弧底反而被主力利用来出货形成骗线。像某些个股除权后在获利丰厚的情况下，庄家就是利用漂亮的圆弧底来吸引投资者。因此，如果公认的圆弧底久攻不能突破或突破后很快走弱，特别是股价跌破圆弧底的最低价时，投资者仍应止损出局观望。

8. 岛形反转形态

岛形反转即在一个向上（或向下）的大跳空缺口之后不久又出现一个向下（或向上）的大跳空缺口，这是后势强烈反转的信号。

【K线小辞典】

岛形反转的形态得名源于股市持续上升一段时间后，有一日忽然呈现缺口性上升，接着股价位于高水平徘徊，很快价格又再缺口性下跌，两边的缺口大约在同一价格区域发生，使高水平争持的区域在图上看来就像是一个岛屿的形状，两边的缺口令这岛屿孤立于海洋之上。成交量在形成的岛形期间十分巨大。股价在下跌时形成的岛形也是一样。

从市场心理来讲，股价不断的上升，使原来想买入的投资者没法在预期的价位追入，持续的升势令他们终于忍不住不计价抢入，于是形成一个上升缺口。可是股价却没有因为这样的跳升而继续向上，在高水平明显呈现阻力，经过一段短时间的争持后，股价终于没法在高位支持，而缺口性下跌。股价不断地下跌，最后所形成的岛形和上升时一样。

岛形反转经常在长期或中期性趋势的顶部或底部出现。当上升时，岛形反转明显形成后，这是一个沽出信号；反之若下跌时出现这形态，就是一个买入讯号。

而根据岛形反转所处的位置的不同，可分为上岛形反转与下岛形反转。

上岛形反转形态（见图3-18）是指股价处于上升行情中，在经过持续上升一段时间后，某日出现跳空缺口加速上升，但随后股价在高位徘徊一段时间，不久却以向下跳空缺口的形式展开下跌，而下跌缺口和上升缺口基本处在同一价格区域的水平位置附近，使高位争持的区域。从图形上看，该形态就像是一个远离海岸的孤岛形状，一般在形成上岛形反转形态期间的成交量十分巨大。

上岛形反转形态

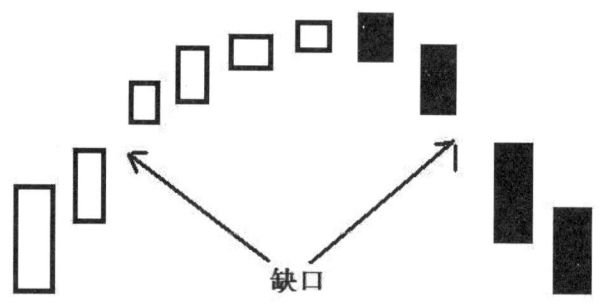

图 3 - 18　上岛形反转形态示意图

下岛形反转形态（见图 3 - 19）是指股价处于下跌行情中，在经过持续下跌一段时间后，某日突然跳空低开留下一个下跌缺口，随后几天股价在缺口之下的某一低位波动或继续下跌，但下跌到某低点又突然峰回路转，股价向上跳空并以缺口形式开始急速回升，而向上跳空缺口与前期下跌跳空缺口，基本处在同一价格区域的水平位置附近，使低位争持的区域。从图形上看，该形态就像是一个远离海岸的孤岛形状，成为多头主力在吸货时制造的最大空头陷阱。

下岛形反转形态

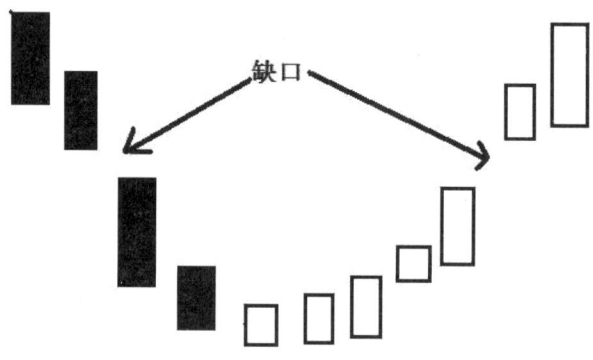

图 3 - 19　下岛形反转示意图

　　上岛形往往在市场一片看好股价时出现，想买入股票但又没法在预期价格上买进，而平缓的升势又使投资者按捺不住高价买进，于是出现上涨缺口。但股价却无法继续上涨，看好看淡的开始相互易手，但多空争斗的结果无法维持高股价，出现跳空缺口向下转折，开始一轮跌势。而下岛形反转正好与之相反。岛形经常在长期或中期性趋势的顶部或底部出现。当上升过程中，岛形明显形成后，这是一个沽出讯号；反之若下跌过程中出现，就是一个买入信号。因此一旦形成岛形，投资者必须当机立断做出判断：上岛形出现后应做空，而下岛形出现时应做多。

　　【实战案例】

　　大江股份（600695）（见图3－20）：该股在2003年6月19日和20日从K线组合上形成了穿头破脚，而在6月19日又形成了向上竭尽缺口，6月23日又形成了向下突破缺口，为典型的伴随着K线组合的上岛形反转形态。

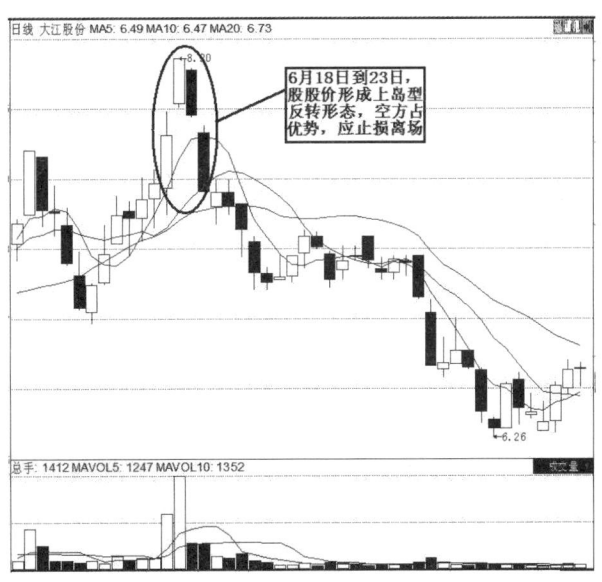

图3－20　大江股份岛形反转形态图解

　　岛形形态最佳的买卖点为跌破上升或下降趋势线和第二个缺口发生之时，因为在这之前无法确定发展的方向，而一旦形态确立操作上要快刀斩乱麻，坚决做多或做空，不要迟疑。

　　【实战案例】

　　冀中能源（000937）（见图3－21）：2001年11月7日，该股向下跳空低开低走留下向下突破缺口，成交量开始极度萎缩，一天成交量仅有几万股。8 天后（11 月 16 日），该股向上大幅跳空高开低走，但仍留下一个向上突破缺口，与左边缺口构成底部岛形反转。这是条假阴线，成交量开始明显放大，但不足百万手，此处的第一买点应为短线行为。

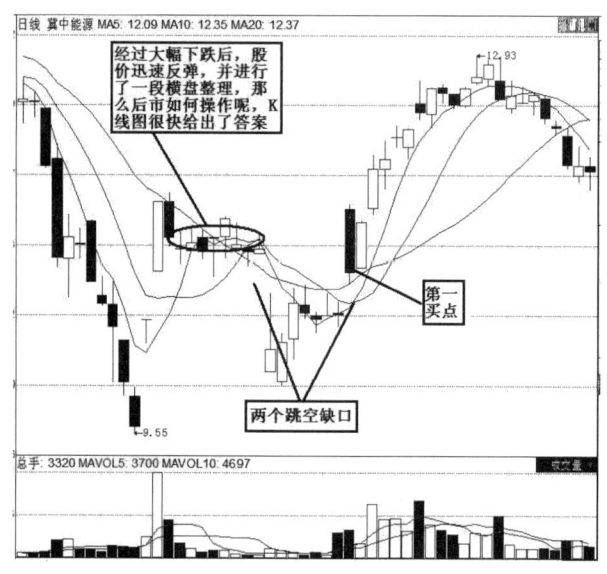

图 3 – 21　冀中能源岛形反转形态图解

【特别提醒】

短时间如一两天内出现岛形反转，往往结合典型见顶的 K 线组合一同出现，如穿头破脚、黄昏之星、早晨之星等；长时间如数周内出现岛形反转，往往结合典型的其他形态一同出现，如头肩形、圆顶（底）、平顶（底）等。其中上岛形反转的顶部一般是一个相对平坦的区域，与两侧陡峭的图形形成鲜明对比，有时顶只是一个伴随天量的交易日构成，这是市场极端情绪化的产物。

9. 平台突破形态

当股价运行一段时间后，因为某些原因而不能延续以前的趋势，进而在一段价格范围内波动，产生横盘或一定幅度的整理，形成一个价格平台。而后，股价突破这个平台（可能是上涨突破，也可能是下跌突破），叫作平台突破（见图 3 – 22）。

平台突破形态

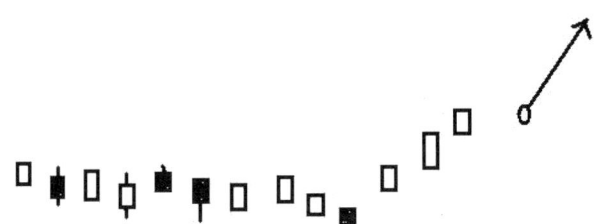

图 3 – 22　平台突破形态示意图

【K线小辞典】

平台突破形态是比较常见的一种形态，根据其所处位置不同，可分为平台向上突破形态和平台向下突破形态。

平台向上突破形态出现于股价上涨的起始，也称为"平地惊雷"；平台向下突破形态出现于股价下跌的起始，也叫"高台跳水"。平台突破形态基本上由两部分组成：第一部分是长期盘整形成的平台部分，该部分成交量比较小，股价波动幅度比较不大；第二部分是平台突破后的上涨或下跌部分，该部分成交量急剧放大，且股价呈单边走势。

平台向上突破形态的形成过程是：股价一直在低位徘徊，成交量稀少，股价呈窄幅波动，由于长期无主力关注，投资者很难从其股价波动中获取差价，因而渐渐被市场遗忘。但经过长期整理，形成了坚实的平台底部，主力也从这个整理中得到了非常丰厚的底部筹码，忽然有一天，成交量急剧放大，股价被迅速推高。

平台向下突破形态是与平台向上突破形态相对应的空头形态，其形成过程与平台向上突破形态有点相似，但不完全相同。在平台向下突破形态中，主力已经控制了非常多的筹码，但由于其他原因，主力已难以维持股价的高位盘整不得已向下突破。其形成过程是：股价经过大幅拉升后，股价逐步回落到某一高位，主力为了达到出货的目的，刻意在这一高位维持股价的横盘整理，形成一个高位平台诱使投资者接受其价位。

而平台突破形态的量度幅度与其平台的长度有关。股谚云：躺下去有多长，站起来就有多高。一般来讲，股价在底部整理的时间越长，股价上涨的幅度就越高，但对平台向下突破形态而言，则没有类似的规律，其下跌幅度一般与其先前的涨幅有关。

【实战案例】

宏盛科技（现名 ST 宏盛）（600817）（见图 3 - 23）：该股是 2000 年表现极为抢眼的大牛股之一，但在大涨之前，经过了 1 年多时间的蓄势整理，股价长期徘徊在 12 - 15 元左右，构筑了一个扎实的大底部平台。2000 年 2 月 14 日春节后第一个交易日，该股突然放量涨停，突破了前期平台的上轨，呈现出明显的突破态势，从此股价一路上涨，在不到 1 个月的时间内股价就涨了 300%。由此可见，股价一旦放量突破了前期平台的上轨，投资者应立即买入。同理，股价一旦突破了前期平台下轨，投资者就应该立即卖出。

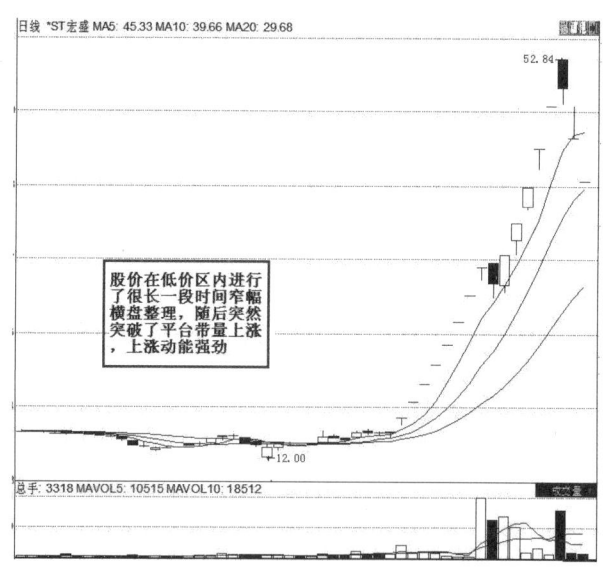

图 3 - 23　ST 宏盛平台突破形态图解

平台突破形态是一种非常有效的形态，但是该形态也有假突破的情况，一般来说，这种假突破一般出现平台向下突破形态中，主力为了达到诱多的目的，常常会使股价不跌反涨，然后再大幅杀跌，所以，投资者遇见这种情况，一定要保持清醒的头脑。

趋向线的突破对买入、卖出时机等的选择具有重要的分析意义，而且即使只市场的造市者往往也会根据趋势线的变化采取市场运作；因此，搞清趋向线何时为之突破，是有效的突破还是非有效的突破，于投资者而言是至关重要的。事实上，股价在趋向线上下徘徊的情况常有发生，判断的失误意味着市场操作的失误，以下提供一些判断的方法和市场原则，但具体的情况仍要结合当时的市场情况进行具体的分析。

一、平台突破类型 1：收盘价的突破

收盘价的突破是真正的突破。收盘价突破趋向线，是有效的突破，因而是入市的信号。以下降趋向线即反压线为例，如果市价曾经冲破反压线，但收盘价仍然低于反压线。这样的突破，被认为并非有效的突破，就是说反压线仍然有效，市场的趋势依然未改。同理，上升趋向线的突破，应看收盘价是否跌破趋向线。在图中常有这样的情况发生：趋向线突破之后，股价又回到原来的位置上，这种情况就不是有效的突破相反往往是市场上的陷阱。

为了避免入市的错误，这里再给出几条判断真假突破的原则：

（1）发现突破后，多观察一天。如果突破后连续 2 天股价继续向突破后的方向发展，这样的突破就是有效的突破，是稳妥的入市时机。当然 2 天后才入市，股价已经有较大的变化：该买的股价高了；该抛的股价低了，但是，即便那样，由于方向明确，大势已定，投资者仍会大有作为，比之贸然入市要好得多。

（2）注意突破后 2 天的高低价。若某天的收盘价突破下降趋向线（阻力线）向上发展，第二天，若交易价能跨越它的最高价，说明突破阻力线后有大量的买盘跟进。相反，股价在突破上升趋向线向下运动时，如果第二天的交易是在它的最低价下面进行，那么说明突破线后，沽盘压力很大，值得跟进沽售。

（3）参考成交量。通常成交量是可以衡量市场气氛的。例如，在市价大幅度上升的同时，成交量也大幅度增加，这说明市场对股价的移动方向有信心。相反，虽然市价飙升，但交易量不增反减，说明跟进的人不多，市场对移动的方向有怀疑。趋向线的突破也是同理，当股价突破线或阻力线后，成交量如果随之上升或保持平时的水平，这说明破线之后跟进的人多，市场对股价运动方向有信心，投资者可以跟进，博取巨利。然而，如果破线之后，成交量不升反降，那就应当小心，防止突破之后又回复原位。事实上，有些突破的假信号可能是由于一些大户入市、大盘迫价所致，如大投资公司入市、银行干预等。但是市场投资者并没有很多人跟随，假的突破不能改变整个面势，如果相信这样的突破，可能会上当。

【实战案例】

泰达股份（000652）（见图 3 - 24）：该股 2006 年连续几个月的盘整形成一个标准的平台，在 2006 年 3 月 24 日出现个股放量突破。一般来说类似这样长期平台出现突破后，短期内突然拉升所面临的抛压都会比较大，除非主力做多非常坚决，否则第一波突破向上空间都是比较有限（从第一个涨停算起一般都在 20% 以内），这种突破多是主力试盘为主。对于这种类型的突破投资者可耐心等待其回调至 10 日或者 20 日均线附近，一旦发现其再次放量启动可人胆追涨杀入！

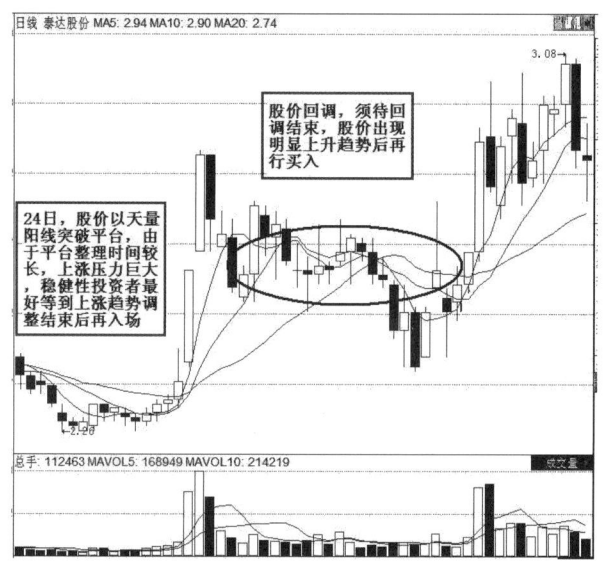

图 3 - 24　泰达股份平台突破形态图解

二、平台突破类型 2：温和放量式突破

【实战案例】

兰花科创（600123）（见图 3 - 25）：该股在 2005 年 12 月初的向上突破就是最经典的案例。向上突破时量价配合良好，主力机构介入明显。具体特征表现为：数条中段期均线收拢后出现上涨，但是上涨幅度并不大（一般大于 3% 以上即可），成交量温和放大，技术走势上一般不会有太大的技术回调。对于这种类型的平台突破，每次靠近 5 日均线或者 10 日均线都是不错的短线买点。

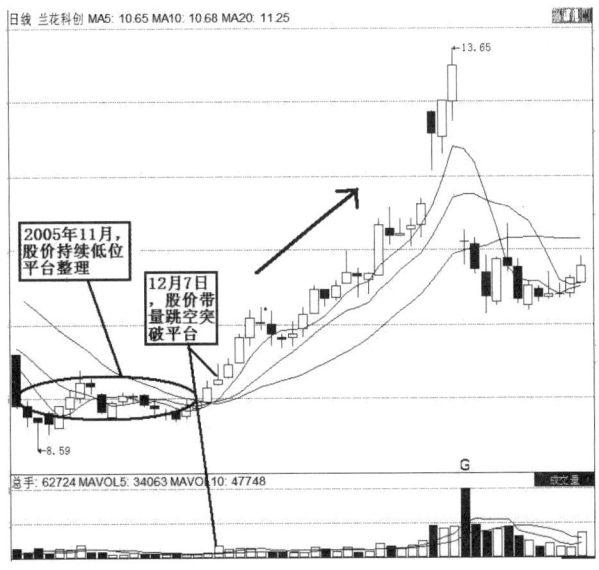

图 3－25　兰花科创平台突破形态图解

三、平台突破类型 3：突破受阻

【实战案例】

哈药股份（600664）（见图 3－26）：该股在 2006 年 9 月 26 日的突破受 20 周均线压制明显，短期下方仍有半年线支撑，但是如果下周成交量继续萎缩的话突破可能将面临失败。这种放量突破和平台突破类型 1 一样，都属于主力试

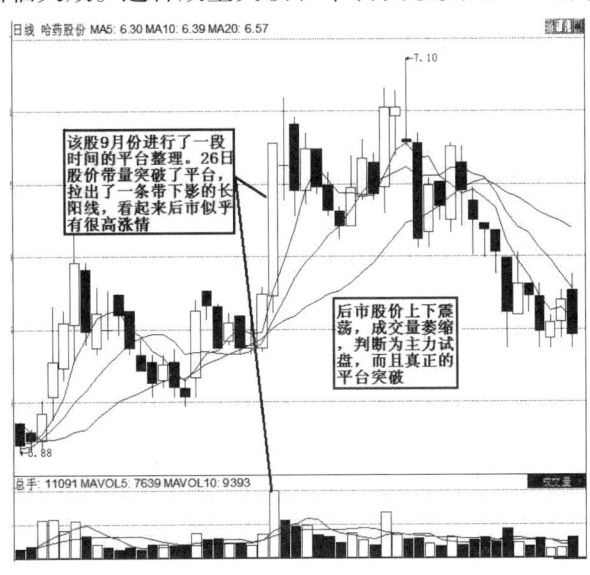

图 3－26　哈药股份主力试盘图解

盘的一种方式。对于这种放量突破之后成交量出现大幅度萎缩的情况，则表面仅仅只是主力试盘，做多并不坚决，暂时还是观望为好。

【特别提醒】

在研究趋向线突破时，需要说明以下情况：一种趋势的打破，未必是一个相反方向的新趋势的立即开始，有时候由于上升或下降得太急，市场需要稍作调整，作上落侧向运动。如果上落的幅度很窄，就形成所谓牛皮状态。侧向运动会持续一些时间，有时几天，有时几周才结束。

10. 三角形整理形态

三角形整理形态（见图 3 – 27）是指股价变动进入密集区，有时上下振荡幅度大，有时则愈来愈窄，渐渐失去弹性，从线路图看，就如三角形状，盘旋时间不会长，当股价走入三角形尖端时，表示整理形态结束。

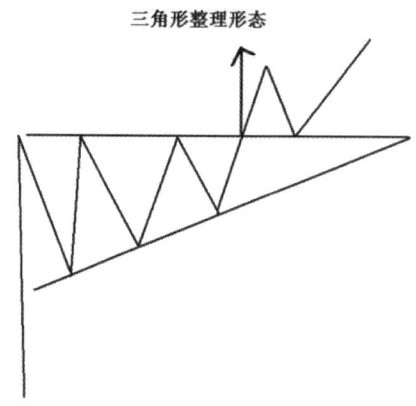

图 3 – 27   三角形整理形态示意图

【K 线小辞典】

由于变动方式不一，三角形又可分为对称三角形、上升三角形与下降三角形。

1. 对称三角形

对称三角形整理形态的特征如下：此种形态由一系列价格变动所组成，变动幅度逐渐下降，成交量亦随着缩小，呈一收敛图形，愈向右边波动，股价愈呈静止状态。与整理形态的对称三角形不同点是，其股价朝过去变动的方向继续上升或下跌，反转形态的对称三角形是将原先上升趋势转为下跌趋势，或将原先下跌趋势转为上升趋势。

对称三角形整理形态的注意事项如下：

（1）此形态大多出现于整理形态，反转形态之机会为1/4。

（2）台湾股票图形出现反转对称三角形，多半为中级上升结束，次级下跌开始，借着盘局予以出货，然后再将行情打下去。

（3）股价变动演变成对称三角形时，供需双方得以在此获得调节，要买的人可用类似价格分天买进较多的股票，要卖的人亦有时间将大笔股票分天出清，而价格相差也不多，等到实力派买进或卖出足够的额子时，股价波动再次兴起，突破对称三角形而上升或下跌。因此，对称三角形完成后的上升或下跌是另一次极佳的买进或卖出时机。

反转形态的对称三角形特性与整理形态的对称三角形相同，股价变动愈接近其顶点或底点，突破力量愈小。向上突破时需要大成交量伴随，向下突破时则不必。

【实战案例】

飞乐音响（600651）（见图3-28）：该股在经过大幅的拉升冲击高点后展开整理，在随后的走势中我们不难发现，该股经过数日的下跌后又企稳反弹，但是每一次的反弹幅度并没有突破前次，之后又再次回落整理，形成对称三角形整理形态。

2. 上升三角形

上升三角形是属于整理形态，大部分的上升三角形都在上升的趋势中出现，且暗示有向上突破的倾向。总的来说，上升趋势中的上升三角形和对称三角形最终向上突破，及下降趋势中的下降三角形最终向下突破，都是以顺势突破为主，可作为比较经典的中继形态。

上升三角形整理形态的操作要把握以下要点：

（1）此图形常出现在涨势初期或上涨途中。

（2）向上突破的时间越早，后劲越足。整理时间过长，有可能是主力设置的多头陷阱。

（3）股价向上突破时，成交量放大，形成价升量增的关系。

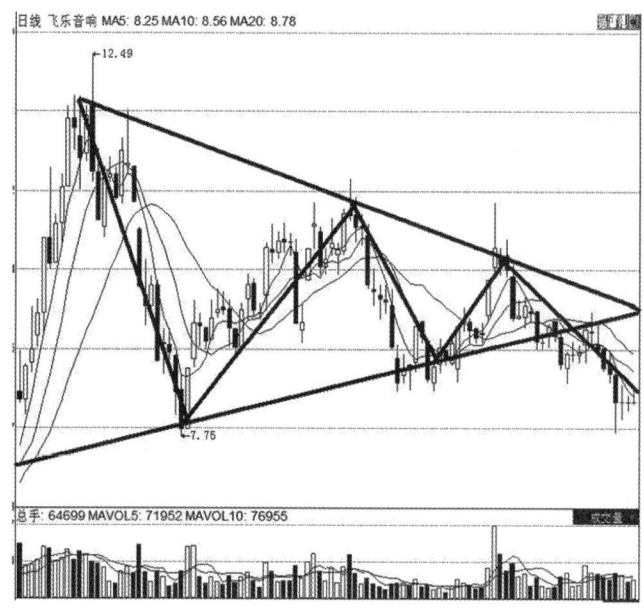

图 3 - 28　飞乐音响对称三角形图解

（4）在实际的形成和观察中，明确地看到在整理时，每一次上涨，成交量相对增大；每一次下探，成交量相对减小。

（5）整理到位后，突破时没有成交量的配合，就是假的突破。

（6）出现此图形时，同时也要考虑到，如果选择向下突破，就会形成双头顶或三头顶。

（7）只有股价站在上边线企稳后，方才介入。

（8）突破后它的两种形态：直接上攻和回挫后上攻。

利用上升三角形把握买卖点在上升三角形中，显著的买入点是三角形整理形态形成过程中的最后一个点，以及有效突破后的介入点，在部分情况下，突破三角形之后会有回抽，回抽突破线时同样是比较理想的介入机会。另外需要说明的是，上升趋势中的上升三角形往往表示短线强势！一般而言，上升三角形在其横向宽度的1/2～3/4的某个位置就会选择突破方向，如果超过该区域仍未突破，则三角形的顺势性突破的力度将减弱，同时突破方向的变数也将增加，换句话说就是，上升三角形越早突破，越少错误发生．假如价格反复走到形态的尖端后跌出形态之外，这突破的信号就不足为信了。在实际操作中还是以等候最终突破方向确定为主！

【实战案例】

陆家嘴（600663）（见图3-29）：该股自2006年11月9日系统给出买入信号提示后，便展开了大幅拉升行情，随后由于股价在12.50元水平呈现强大的卖压，股价从相对高点回落至低点，伴随着市场购买力的增强，股价未回至上次低点即反弹升回，经过短期波动后，连接低点可形成一条向上倾斜的线，这就是上升三角形。

图3-29 陆家嘴上升三角形图解

3. 下降三角形

下降三角形的形状与上升三角形恰好相反，股价在某特定的水平出现稳定的购买力，因此股价每次回落至该水平便告回升，形成一条水平的需求线。可是市场的沽售力量却不断加强，股价每一次波动的高点都较前次为低，于是形成一条下倾斜的供给线．成交量在整个形态的完成过程中，一直是十分低迷！

下降三角形在实战操作中应注意的要点有：

（1）此图形常出现在涨势高位区和下跌途中。

（2）整理时每次上涨，成交量相对减小，下探时成交量相对放大。背离价量关系，价升量不增，是跌势未尽的表现。

（3）形成时间较短，向下突破时，成交量没有太大表现。

（4）突破后它的两种形态：直接下探和反弹至最低位后继续下探。还有一种可能，是向上突破，但是这样的机率太小，风险太高。

【实战案例】

锦江投资（600650）（见图3－30）：2007年，由于该股多空双方在13～19元的价格区域内展开较大争夺，看空的一方不断地增强卖盘压力，股价还没回升到上次高点A点便再度抛售，而多方则是坚守着13元价格的防线，每次回落至低点一相对水平线上时，便会获得一定的支持，直至多方占据主导地位。2007年7月13日，该股发出买入信号，提示建仓机会显现，下降三角形整理结束。

图3－30　锦江投资下降三角形图解

【特别提醒】

三角形最终的突破可以用收盘价距离形态边线的距离3%来做确认。价格如果向上则需要交易量的显著增长为证据。缺少交易量，不能认为是有效的价格运动。但向下突破时，不需要交易量增长加以证实。

11. 喇叭口形态

喇叭口形态（见图3－31）又称扩散形态，是指在某一价格区间价格波动越来越激烈，导致价格形成喇叭口的K线形态。出现这样形态的市场背景是市场参与者心态非常混乱，多空之间缺乏制约效果，导致价格在进攻方进攻时抵御方毫无抵抗，进攻乏力后的价格立刻大幅回转，波动幅度更加强大。

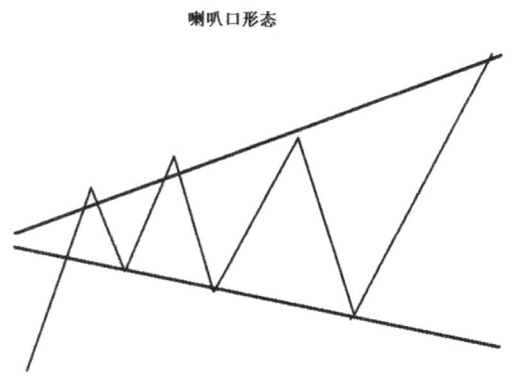

图 3 - 31 喇叭口形态示意图

【K 线小辞典】

当股价或指数运行到相对低位或相对高位时，特别是除权后，经常会出现一种形似喇叭的一种形态，称之为喇叭口形态。而又因其喇叭口形成后上涨和下跌的幅度相当之大，又把此种形态形象地称为"狮吼功"。

一般的说法是喇叭口是一种反转形态，但在调整中途出现喇叭口也非常常见，以简单的形态来确定价格是否反转并不是高明的判断方法。

因此不要见了喇叭口就急于判定价格已经反转，喇叭口形态的出现只能说明市场正处于一种心态毛躁的状态，最终价格会自行选择真正的方向。

喇叭口形态是箱体理论的一个特例。实战中主力经常按照此理论进行图上作业，因而它能够反映主力长期运作模式，显示主力资金意图，可以较准确地预测出股价或指数未来长期走势的目标位。因而，比较适合大资金进行中长期操作，喇叭口形态的形成和运行到目标位置，都要经历相当长的时间，不太适合短线投资。

【实战案例】

武钢股份（600005）（见图 3 - 32）：如果我们能够在 2003 年 9 月 9 日喇叭口的后低点形成后，看出喇叭口的形态，并根据成交量的有效配合，通过公式计算得出喇叭口箱体运行的未来目标位是 9.07 元，这样就可以全仓介入武钢股份，从 4 元左右等到股价运行到 9.07 元左右再抛出，获利近 125%，在这里我们可以看出喇叭口的重要作用。但它的整个过程经历了一段很长的时间，喇叭口从最初的前低点到后低点经历了近 15 个月，即喇叭口形态的形成经历了 15 个月，而从形态形成后到目标位 9.07 元的完成又经历 5 个多月的时间，可见它并不适合短线投资，需要投资者有足够的耐心。

图 3 - 32　武钢股份喇叭口形态图解

【特别提醒】

喇叭口根据其各个高低点位置的不同、形成时间的长短、扩散程度的大小从而形成不同的箱体，该箱体运行的最终位置可以通过其高点、低点的位置和箱体系数进行计算。由于股价走势受系统因素和非系统因素的影响，所以通常用喇叭口箱体计算的股价和指数的最终目标位与现实中的最终股价、指数会有一些偏差，但都不是很大。

12. 箱形整理形态

箱形整理也称长方形或矩形整理形态（见图 3 - 33），就是股价上行到某个区域内出现多空完全平衡的状态。也就是说，当股价上行到某个价位附近时，即遭到主力的打压，强制股价回调；当下行到不远的另一个价位时，即遭到主力护盘或新多头吸纳。这样反反复复震荡把上档形成的高点互相连接形成一条水平阻力线，而把下档的低点也相互连接后形成一条水平支撑线，两条直线形成平行的通道，不上倾，也不下移，而是水平发展，形成长方形走势或箱形走势。市场筹码在箱形或长方形价值区域内震荡换手。这种洗盘方法适合于牛皮市、盘整市里的洗盘方式。

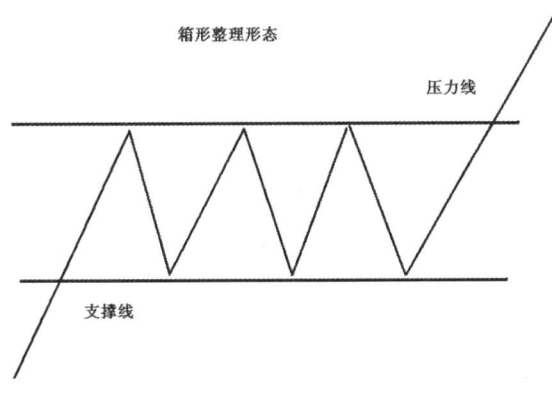

图 3 - 33　箱形整理形态示意图

【K 线小辞典】

箱形整理代表的意义是：股价在股票箱内上下错落，由于散户和小资金持有人在主力的心理战术诱导下，失去了对市场正确的感知能力，见到股价上涨即追涨买入，买入后股价反而下跌，看到股价下跌即割肉出局，但卖出后，股价却又拐头向上。这样不断追涨杀跌，垫高其他投资者的持仓成本，也从而促进信心不坚定分子出局观望，使筹码在股票箱内充分换手，同时也逐步培养铁杆追随分子。

所以，主力进行箱体整理的目的，无非就是让低价位散户出局，最终拉升股价，从而获利。

前面说过箱形整理常常是在主力机构强行洗盘下形成的，上方的水准阻力线是主力预定的洗盘位置，下方的水准支撑线是护盘底线，在盘面上我们有时可以看到股价偶尔会跌破支撑线，但迅速回到支撑线之上，这可能是主力试探市场心态的方法。如果一个重要的支撑位跌破之后，市场并不进一步下挫，这预示着市场的抛压已尽，没有能力进一步下跌（见图 3 - 34）。

那么在实际操作中，箱形整理形态能够给我们提供哪些信息呢？

（1）矩形整理在形成的过程中，除非有突发性的消息扰乱，其成交量应该是不断减少的，如果在该形态的形成期间，有不规则的高成交量出现，形态就可能失效。当股价突破矩形上限水平时，必须有成交量激增的配合；但若跌破下限水平时，就不需大成交量的配合，即上破要大量而下破可少量。

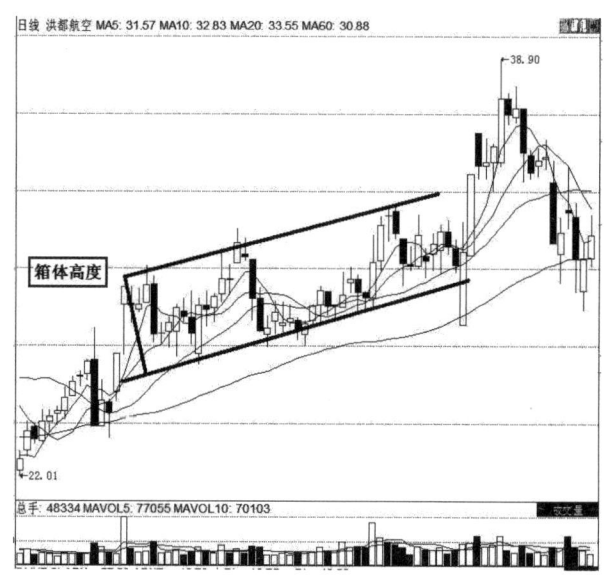

图3-34 洪都航空箱形整理图解

（2）矩形呈现突破后，股价经常出现回抽确认突破的有效性。这种情况通常会在突破后的3天~3个星期内出现，反抽将止于顶线水平之上，往下跌破后的假性回升，将会受阻于底线水平之下。

（3）一个高低波幅较大的矩形，较一个狭窄而长的矩形形态，未来更具突破力。即一旦向上突破，将是迅猛涨升，而一旦下破，也将是快速下跌。

而当股价向上突破箱形之后，根据经典理论，股价的上升空间至少是箱形本身的高度，但实际操作中会有一些出入，但有一点可以肯定，即大的箱形形态比小的可靠得多。股价在股票箱中来回振荡的次数可多可少，这决定于市场的需要。振荡的次数越多，说明市场的浮码清洗得越彻底，但要记住，振荡的尾声必须伴随着成交量的萎缩。

【特别提醒】

在实战中，完全标准的箱形并不是常见的，股价走势常常在整理的末段发生变化，不再具有大的波幅，反而逐渐沉寂下来，高点无法达到上次的高点，而低点比上次低点稍高一些，演变为旗形。这种变形形态比标准矩形更为可信，因为形态的末端说明市场已清楚地表明了它的意愿，即说明整理已到达末期，即将选择方向。因此，真正的突破不一定发生在颈线位置上，真正的看盘高手不必等到颈线突破才进货。当然，这需要更加细致的看盘技巧。

13. 旗形形态

旗形形态通常出现在急速而又大幅波动的市场中，走势的形态就像一面挂在旗杆顶上的旗帜，股价经过一个稍微与原趋势运行呈相反方向倾斜的平行四边形整理运动，这就是旗形整理形态。

【K 线小辞典】

旗形形态又分为上升旗形和下降旗形。

1. 上升旗形（见图 3 - 35）

一波大幅上扬的行情发生后，获利盘大量涌出，做空力量开始加强，单边上扬的走势得到遏制，价格出现剧烈的波动，股价在波动中形成了一个类似于旗面的形态，分析者把调整的高点和低点分别连接起来，就可以画出这样一个向下倾斜的长方形或者有点像三角形的旗面，这就是上升旗形。在旗形的形成过程中，成交量逐渐递减，投资者对后市看好，普遍存有惜售心理，市场的抛压减轻，新的买盘不断介入，直到形成新的向上突破，完成上升旗形的走势。成交量伴随着旗形向上突破逐渐放大，与前一波行情一样再度拉出一根旗杆，开始了新的多头行情。所以说上升旗形是强势的特征，投资者在调整的末期可以大胆地介入，享受新的飙升行情。

上升旗形形态

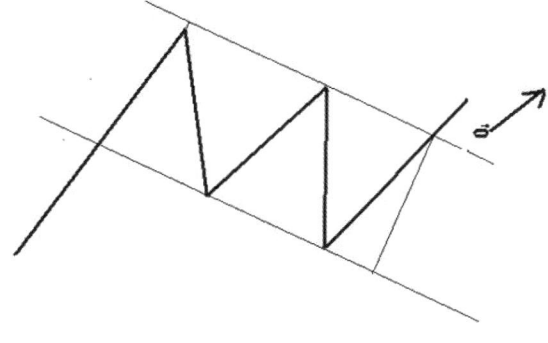

图 3 - 35　上升旗形形态示意图

2. 下降旗形（见图 3 – 36）

下降旗形与上升旗形的市场意义正好相反，股价出现一波下跌后，由于低位的承接买盘逐渐增加，价格出现大幅波动，于是形成了一个稍微向上倾斜的密集成交区域，像一个倒过来的旗杆上的旗帜，这就是下降旗形。在下跌过程中，成交量达到高峰，抛售的力量逐渐减少，在一定的位置有强支撑，于是形成了第一次比较强劲的反弹，然后再次下跌，然后再反弹，经过数次反弹，形成了一个类似于上升通道的图形，但是每次反弹的力度随着买盘的减少而下降，这个倒置的旗形往往会视为看涨，但是经验丰富的投资者根据成交量和形态来判断，排除了反转的可能性，所以每次反弹都是做空的机会。经过一段时间调整，某天股价突然跌破了旗形的下边沿，新的跌势终于形成。

下降旗形形态

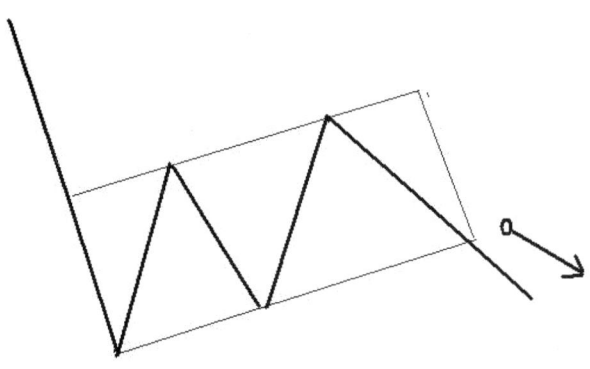

图 3 – 36　下降旗形形态示意图

一般说来，旗形形态的形成与成交量关系密切。比如在形态内的成交量呈递减，由于旗形属强势整理，所以成交量不能过度萎缩，而要维持在一定的水平。但股价一旦完成旗形整理，向上突破的那一刻，必然会伴随大的成交量，而后股价大幅涨升，其上涨幅度将达到旗杆的价差，且涨升速度快，上涨角度接近垂直。一段强势行情，其整理时间必定不会太长，一般在 5 ~ 10 天左右。如果整理时间太长，容易涣散人气，其形态的力道也会逐渐消失，而不能在将它当旗形看待。

在实战中，一旦遇到旗形形态，投资者应注意以下操作要点：

（1）成交量在旗形形成过程中，呈现显著的渐次递减现象，但在上升下飘旗形形态中微观量价配合是比较健康的。

（2）上升旗形和下降旗形突破时成交量都应该是激增放大的，这是与其他整理形态不同的地方。

（3）在旗形形态中，如果成交量是不规则或是并非依次减少的情况时，则要注意这不是什么旗形整理，往往而是反转的形态，即上升下飘旗形向下突破，上飘下降旗形向上突破。

（4）从时间上看，一般旗形整理在一般在5~10天左右，超过则要提防上述反转情况出现。

（5）旗形是一个趋势中途整理形态，一般不会改变原有的趋势运行，但上升旗形往往说明原有上升趋势已进入到了后半段，要预防最后一升后的转势；下降旗形则意味着熊市刚刚开始，后市可能还会有较大的跌幅。

（6）旗形突破后的量度升幅或跌幅相当于旗杆的高度，即从突破形态颈线算起，加上形态前涨幅或跌幅的旗杆价差。如果上升旗形整理突破后的高度没有达到技术上的量度目标位，就要考虑修正原来的判断，走势很可能将演变成其他形态，甚至形成反转。下降旗形同理，反过来运用即可。

【特别提醒】

在极端空头市场中，旗形为由左向右下方倾斜的平行四边形，也可看作短期内的上行通道，但随时股价会在大成交量的伴随下突破颈线，大幅滑落。投资者不要搏差价，应尽量出局，以免股价再次下跌后，形成"二度套牢"。

14. 楔形整理形态

楔形整理形态是指股票价格或指数介于两条收敛的直线中变动，但不同于三角形整理形态的是，楔形的两条界线同时上倾或下斜。楔形成交量变化和三角形一样都是向顶端逐级递减。在股市中，标准的楔形通常要3周或者更多时间来形成。楔形突破后的走势将是非常迅猛的。如果是向下突破其跌幅通常要跌掉前面楔形本身所积累的涨幅，当然有的时候还会下跌更多一些。

【K线小辞典】

楔形整理形态分为上升楔形和下降楔形，下面我们将分别说明。

1. 上升楔形（见图3-37）

上升楔形是指股价或股指经过一次下跌后，有较强的技术性反弹要求，价格升至一定水平后掉头下落，但回落点较前次的低点为高，随后再次上升至新高点，其后再回落，形成一浪高过一浪的走势，把短期高点相连，形成一条阻力线。同时把短期低点相连，形成一条支撑线，最后就形成两条同时向上倾斜的直线。下面的支撑线则较为陡峭些，成交量是越接近端部越少。上升楔形多发生于空头行情的反弹波或出现在多头行情的末升段，属于修复整理形态。

上升楔形形态

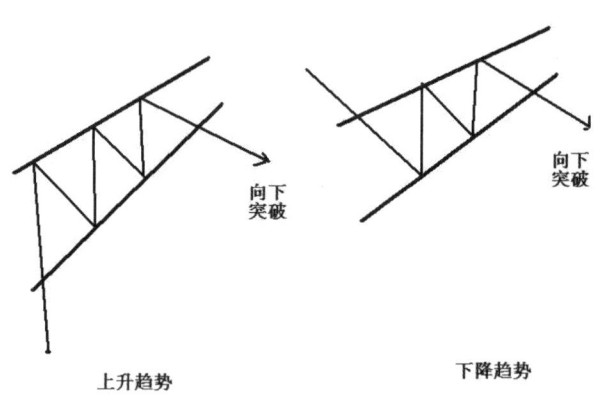

图 3 – 37　上升楔形形态示意图

上升三角形只有一边上倾，通常代表的是向上突破的多头趋势。而从上升楔形的图面看来，有两个边同时上倾，多头趋势应该更浓些才对，但实际上并非如此，因为上升三角形的阻力线代表股价涨到一定价格后投资者才卖出，当供给被吸收后，上档压力解除，股价便会往上突破。而在上升楔形中，股价上升时卖出压力虽不大，但投资者的兴趣却逐渐减小，每一个新的上升波段都比前一个弱，最后当需求完全消失时，股价便反转下跌。上升楔形同三角形一样也是一个整理形态，常在跌市中的回升阶段出现，显示尚未见底，只是一次下跌后的技术性反弹而已，后市如果向下跌破则上升楔形的下跌幅度，至少会将原上升的价格全部跌掉，而且还可能跌的更深些。

一般来说，出现上升楔形后，后市向下突破的概率有七成，而维持在上升高档横盘整理的机率较小。所以上升楔形通常能提供投资者一个明显的减仓信号：未来走势正在逆转中！上升楔形表示的技术性意义是，买力正在渐次减弱。当上升楔形下档的支持线被有效跌穿后，就是比较明显的沽出信号。此时后期走势极容易出现放量长阴或跳空下跌的走势，跌势较凶猛！上升楔形，这个名字是比较有诱惑性的，但最后走势却恰与其上升之名相反。往往是向下跌破。大家可在向下突破确立后，及时采取卖出策略。

那么在遇到楔形整理形态时，投资者应该注意下列问题：

（1）无论上升楔形或是下降楔形，其形态中的上下两条线必须较明显地收敛于一点，如果形态过于宽松，形成楔形整理的可能性就该怀疑。一般来说楔形需要2个星期以上时间才能完成。上升楔形两线延长所形成的交叉点，是未来涨升的压力点，

（2）虽然跌市中出现的上升或下降楔形，往下跌破所占的比例大，但如果相反是往上带量升破，那么就可能开始一轮新的升势了。这时候我们应该改变原来偏淡的看法，及时跟进。总之一句话：先要有对后市的看法，同时还要随着市场的变化做出适时修正。

（3）上升楔形股价或股指在形态内移动，最终会选择突破方向，如果向下突破，其理想的跌破点是由第一个低点开始，直到上升楔形尖端之间距离的2/3处。还有可能会出现的另一种情况，就是股价一直整理到楔形的尖端，还稍作上升，然后才大幅下跌。这时主要看量能的变化，向上升破需要有大量配合，否则就可能是骗线。

（4）上升楔形和下降楔形有一明显不同之处，上升楔形在跌破下档支撑后经常会出现急跌；反之，出现带量向上突破后一般是快涨。但下降楔形向上突破阻力位后，可能会横向盘升，成交依然清淡，随后价格才会缓慢上升，这时的成交量亦随之而逐级增加。如出现这种情形，投资者可在打破盘局后才考虑跟进，可节省时间！

2. 下降楔形（见图3-38）

下面我们再来说一下下降楔形。下降楔形和上升楔形恰恰相反，一般出现在长期升势的中途，下降楔形指股价经过一段大幅上升后，出现强烈的技术性回抽，股价从高点回落，跌至某一低点即掉头回升，但回升高点较前次为低，随后的回落创出新低点，即比上次回落低点低，形成后浪低于前浪之势，把短期高点和短期低点分别相连，形成两条同时向下倾斜的直线，就组成了一个下倾的楔形，这就是下降楔形整理形态。下跌趋势时常常出现上升楔形，而上升

趋势时却常常出现下降楔形。上升趋势中的下降楔形实质上是股价上升过程中的一次调整波，是前期获利多头的一次回吐，往往其后是股价继续选择向上突破。而下降趋势中的下降楔形则向下突破的可能性更大些。

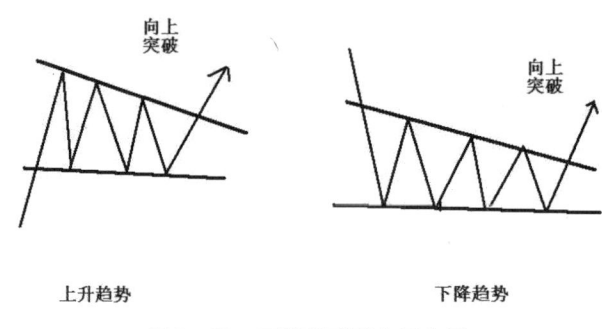

图 3 – 38　下降楔形形态示意图

　　下降楔形（见图 3 – 39）其市场含义和上升楔形正好相反，股价经过一段时间上升后，出现了获利回吐。下降楔形的底线往下倾斜，似乎说明市场的承接力量不强，但新的回落浪较上一个回落浪波幅为小，并且跌破前次低点之后，并没有出现进一步下跌反而很快就出现回升走势，说明沽售抛压的力量只是来自上升途中的获利回吐并且正在减弱，没有出现新的主动做空力量。经过清洗浮筹后，股价向上突破的概率很大，下降楔形也是个整理形态，通常在中长期升市的中途出现，下降楔形的出现告诉我们的是升市尚未见顶，目前仅是升势中途中的一个正常暂时性的调整。

　　下降楔形与三角形形态不同之处在于，两边同时向下倾斜，而与下降通道和旗形整理的区别在于，下降通道和旗形的两边几乎是平行稳定的。无论是上升楔形或是下降楔形，整体成交量都是由左向右递减，并且股价越接近顶端，成交量越小，下降楔形与上升楔形不同点是，成交量的量价匹配是理想的，即价升量增，价跌量减。当股价上升突破下降楔形的上边线时，成交量会明显放大，同时下降楔形在突破上边线之后常常会有反抽，一般会受撑于上边线的延长线。从实战的经验统计，下降楔形向上突破与向下突破的比例为 7：3 左右。从时间上看，如果下降楔形整理时间过长，超过三四个星期，那么向下突破的可能性就会相对大一些，下降楔形的最佳买点为突破上边线和突破之后回抽确认点！

图 3 - 39　下降楔形形态图解

在遭遇下降楔形时，投资者只要注意以下要点，就能做好后市操作：

楔形是一个后期反向运动的整理形态，上升楔形常常出现在下跌趋势时，而下降楔形常常出现在上升趋势时。其中上升楔形多发生于空头市场的反弹波或出现在多头行情的末升段，有见顶的信号。而下降楔形的出现一般说明是升市尚未见顶，仅是升势途中的一个正常暂时性的调整。上升楔形（上升趋势）最终向下突破，下降楔形（上升趋势）最终向上突破都是比较经典的图形！

【特别提醒】

在操作上，上升楔形在跌破下限支撑后，经常会出现急跌，因此当其下限跌破后，投资者就应该及时跟进；而下降楔形向上突破阻力后，很可能会演变成横向发展，形成徘徊状态，成交依然非常低沉，然后再慢慢爬升，成交亦随之增加。对于这种情形，投资者可等股价打破徘徊局面后再适当跟进。

15. 红三兵形态

红三兵（见图 3 - 40）亦称"三红兵"，是三条阳线，依次上升，形成红三兵形态。它是一种很常见的 K 线组合，这种 K 线组合出现时，后势看涨的情况居多。

红三兵形态

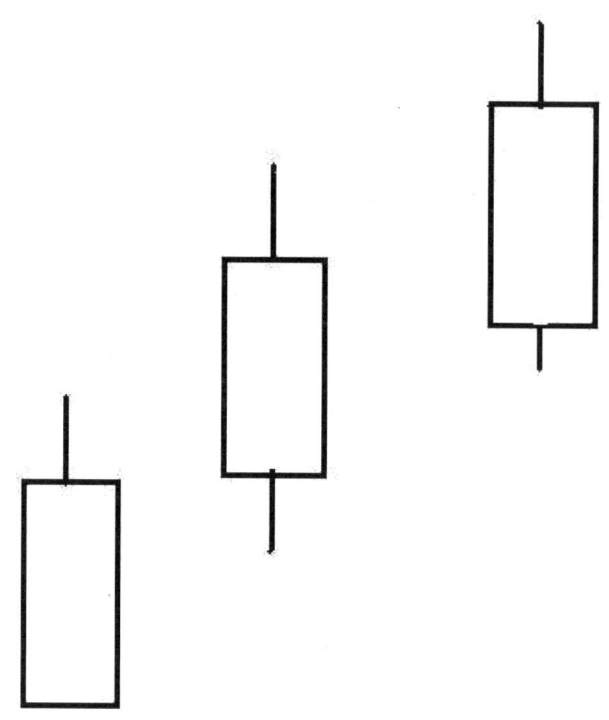

图3-40　红三兵形态示意图

【K线小辞典】

红三兵形态的判别特征如下：

（1）红三兵形态发生在市场的底部。

（2）价格突破一个重要阻力位，形成上升行情，拉出第一条阳线，然后继续发力拉出2根阳线。

（3）价格每一次拉升，一般以光头阳线收市，表明买盘意愿强劲。

（4）红三兵形态所连成的3条阳线实体部位一般等长。

在实战中，红三兵形态如果出现在下降趋势中，一般是市场的强烈反转信号；如果股价在较长时间的横盘后出现红三兵形态，并且伴随着成交量的逐渐放大，则是股票启动的前奏，可引起密切关注（见图3-41）。

价格处在市场底部振荡，市场中空一方无力再度做空；而做多一方觉得价格经过下跌，已处在超卖状态，可以做多；观望一方比较了多空力量，认为多方有利，而进场建立多仓。市场受此合力影响，形成 3 天连续上扬局面。红三兵形态意味着多方力量刚起步，随着力量的不断释放，将会形成真正的上涨。

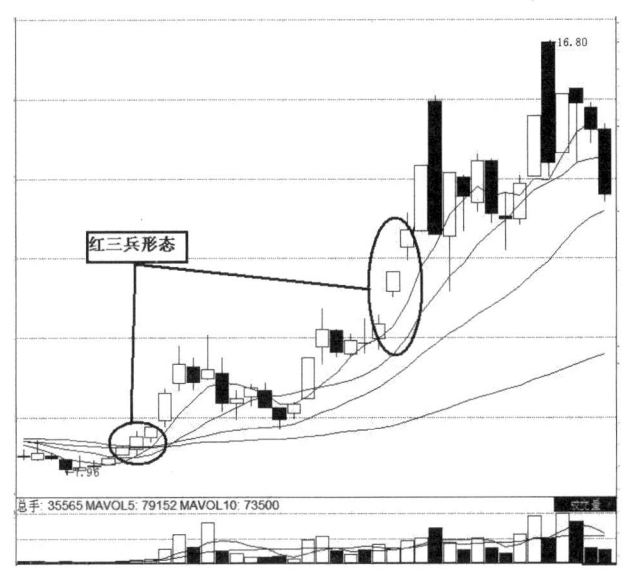

图 3-41　红三兵形态图解

那么实战中，遇到红三兵形态，投资者可以采取如下的交易策略：

（1）寻找到红三兵形态下方的重要支撑位，如说黄金分割位。如果下方有重要支撑位支持，可以考虑把止损设在此支撑位之下。

（2）审视 K 线交易的前提——结合整体的风险收益比和成功率，来判断是否值得建仓。

（3）在适合建仓的情况下，当第一条阳线出现，并依托重要支撑位向上拉升时，激进者可进场建立小型试探单，止损就设在重要支撑位之下。第二天，如果价格形态走的标准，符合红三兵形态，多单可继续持有；早先没有进场的，也可以进场建多。第三天，红三兵形态确立，是继续建立多仓的机会。

下面简单地总结一下红三兵形态的买、卖点：

买点：红三兵形态出现后第四条阴线就回调时，股价到红三兵形态的第二条 K 线的中间部分时买入。

卖点：跌破向上趋势线位置时卖出。

【特别提醒】

红三兵形态有三个特殊形态：三个白色武士，升势受阻，升势停顿。三个白色武士形态基本与红三兵形态有相似之处，不同的是最后一条阳线的上升力度比较大，出现这种形态（股价）将会呈上升趋势；升势受阻形态与红三兵形态有相似之处，不同的是三条阳线逐渐缩小，其中最后一条阳线的上影线特别长，出现这种形态（股价）将会呈下跌走势；升势停顿形态与红三兵形态有相似之处，不同的是三条阳线也是逐渐缩小，特别是第三条阳线实体比前两条小得多，出现这种形态（股价）将会呈下跌走势。

第四章　K 线与移动平均线的组合战法

1. 移动平均线的种类

　　首先确定样本数的大小，然后便须采取相同数目的样本建立移动平均数。例如，数据库内共有 10 个数字，你决定建立由 5 个数字构成的样本，然后从样本库中的第 1 个数字加到第 5 个数字然后除以 5，此后每加入一个数字都要把最前面的数字减去，以保持样本数据个数维持在 5 个不变，这就是移动平均数的真谛，在除旧添新的过程中，移动平均数也跟着变动，将每日的数据联结起来就构成了一条弯曲起伏的移动平均线（见图 4－1）。

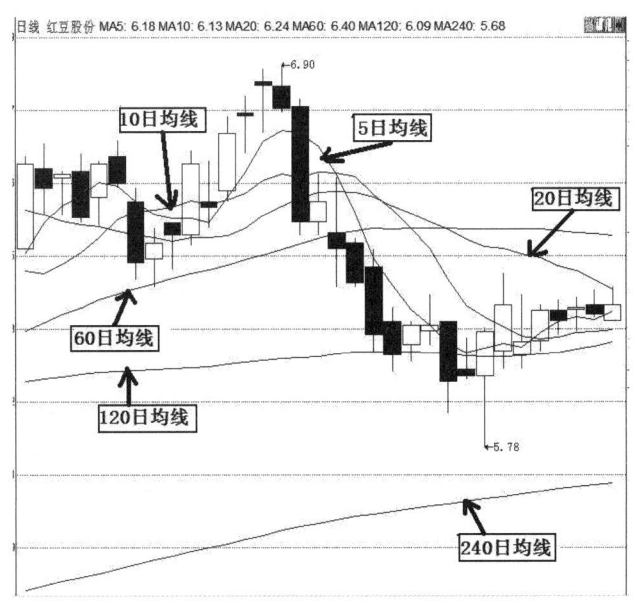

图 4－1　不同种类移动平均线示意图

【K 线小辞典】

一般来说，移动平均线可以分为短期移动平均线、中期移动平均线、长期移动平均线三种。

1. 短期移动平均线（包括 1 日、5 日、10 日均线）

此类均线对行情变化最为敏感，起伏很大，遇到大的单边行情，均线可能与当日指数相差很远；如遇到震荡行情则可能出现扭曲现象，没有一定的轨迹可寻。例如，10 日均线是被投资人广泛使用的一条均线，它确实能反映股价短期的成本变动情况与趋势，可作为短线操作的依据之一。

2. 中期移动平均线（包括 20 日、60 日均线）

20 日均线俗称月线；采用此样本并作为操作依据的投资者认为了解股价 1 个月的平均变动成本，便有可能将资金作较长期的投资，不需要频繁操作，经过几年来的实践证明此种均线有效性极高，尤其在局势尚未十分明朗的时候，确实能够起到预先显示股价变动方向的作用。

60 日均线俗称季线，它是均线中的精华，它能将均线的特点完全表现出来，理由如下：样本大小适中，国内 A 股上市公司按季度公布财务报表，各行业景气也是以季度为时间段来观察未来的走势变化，公司内部人事与机构利用自己的信息优势，以 3 个月为一个周期进行操作，通常会取得较好的效果。

3. 长期移动平均线（包括 120 日、240 日均线）

120 日均线俗称半年线，通常用它来解释股价中长期变动趋势，但目前内地 A 股市场仍然不够成熟，短线投机盛行，行情变化极为迅速，因此这种样本较不适合日常操作，使用者相对较少。

240 日均线俗称年线，它是机构制订年度投资计划的重要依据，它们通常将未来 1 年国内宏观经济状况、行业状况、公司状况绘制成图表后进行仔细研究，辅以其他参考资料制定未来投资策略。

以上是单根移动平均线的一般介绍。在实际操作中，各种移动平均线常常是被组合运用的，组合均线比单根均线更能反映市场持股成本，以及指数或股价在一定时期的变化状况。一般的组合有以下几种：

（1）5 日、10 日、20 日（短期均线组合）。

（2）5 日、10 日、30 日（短期均线组合）。

（3）10日、30日、60日（中期均线组合）。

（4）20日、40日、60日（中期均线组合）。

（5）30日、60日、120日（长期均线组合）。

（6）60日、120日、250日（长期均线组合）。

【特别提醒】

实战中，我们把周均线、月均线和分时均线称为特殊均线。其组合方式和日均线组合方式类似，它的作用在于弥补普通组合移动平均线的不足。

2. 移动平均线与股价K线联动效应

对投资者来说，平均线分析比较简单，使投资者能清楚了解当前价格动向。利用移动平均线可观察股价总的走势，不考虑股价的偶然变动，这样可自动选择出入市的时机。

【K线小辞典】

移动平均线能显示"出入货"的讯号，将风险水平降低。无论平均线变化怎样，但反映买或卖信号的途径则一样。即是，若股价K线向下穿破移动平均线，便是卖货讯号；反之，若股价向上冲移动平均线，便是入货讯号。利用移动平均线，作为入货或沽货讯号。通常获得颇可观的投资回报率，尤其是当股价刚开始上升或下降时（见图4-2）。

下面将对各种情况做详细分析：

（1）平均线由下降逐渐走平而股价自平均线的下方向上突破是买进讯号。当股价在移动平均之下时，表示买方需求太低，以至于股价大大低于移动平均线，在这种短期的下降给往后的反弹提供了机会。在这种情况下，一旦股价回升，便是买进信号。

（2）当股价在移动平均线之上产生下跌情形，但是刚跌到移动平均之下又开始反弹，这时，如果股价绝对水平不是很高，那么，这表明买压很大，是一种买进信号。不过，这种图表在股价水平已经相当高时，并不一定是买进讯号，只能做参考之用。

（3）移动平均线处于上升之中，但实际股价发生下跌，未跌到移动平均线之下，接着又立即反弹，这里也是一种买进讯号。在股价的上升期，会出现价格的暂时回落，但每次回落的绝对水平都在提高。所以，按这种方式来决策时，一定要看股价是否处于上升期，是处于上升初期，还是处于晚期。一般来说，在上升期的初期，这种规则适用性较大。

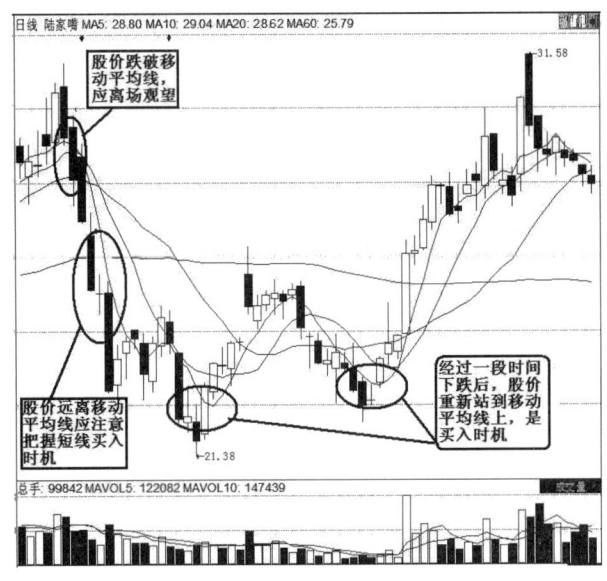

图4-2　移动平均线与股价分析图解

（4）股价趋势线在平均线下方变动加速下跌，远离平均线，为买进时机，因为这是超卖现象，股价不久将重回平均线附近。

（5）平均线走势从上升趋势逐渐转变为盘局，当股价从平均线上方向下突破平均线时，为卖出信号。股价在移动平均线之上，显示价格已经相当高，且移动平均线和股价之间的距离很大，那么，意味着价格可能太高，有回跌的可能。在这种情况下，股价一旦出现下降，即为抛售讯号。不过，如果股价还在继续上涨，那么，可采用成本分摊式的买进即随着价格上涨程度的提高，逐渐减少购买量，以减小风险。

（6）移动平均线缓慢下降，股价虽然一度上升，但刚突破移动平均线就开始逆转向下，这可能是股价下降趋势中的暂时反弹，价格可能继续下降，因此是一种卖出信号。不过，如果股价的下跌程度已相当深，那么，这种规则就不一定适用，它可能是回升趋势中的暂时回落。因此，投资者应当做仔细的分析。

（7）移动平均线处于下降趋势，股价在下跌过程中曾一度上涨到移动平均线附近，但很快又处于下降状态，这时是一种卖出信号。一般来说，在股市的下降过程中，常会出现几次这种卖出讯号，这是下降趋势中的价格反弹，是一种短期现象。

（8）股价在平均线上方突然暴涨，向上远离平均线为卖出时机，因此这是超卖现象，股价不久将止涨下跌回到平均线附近。

（9）长期移动平均线呈缓慢的上升状态，而中期移动平均线呈下跌状态，并与长期平均移动平均线相交。这时，如果股价处于下跌状态，则可能意味着狂跌阶段的到来，这里是卖出信号。需要注意的是，在这种状态下，股价在下跌的过程中有暂时的回档，否则不会形成长期移动平均线和中期移动平均线的交叉。

（10）长期的移动平均线（一般是26周线）是下降趋势，中期的移动平均线（一般是13周线）在爬升且速度较快的超越长期移动平均线，那么，这可能意味着价格的急剧反弹，是一种买进信号。出现这种情况一般股价仍在下跌的过程中，只不过中期的下跌幅度要低于长期的下跌幅度。

【特别提醒】

投资者在拟订计算移动平均线的日子前，必须先清楚了解自己的投资目标。若是短线投资者，一般应选用10天移动平均线，中线投资者应选用90天移动平均线，长期投资者则应选用250天移动平均线。很多投资者选用250天移动平均线，判断现时市场是牛市或熊市，即是，若股价在250天移动平均线之下，则是熊市；相反，若股价在250天移动平均线之上，则是牛市。

3. 利用移动平均线判断未来股价K线走势

对投资者来说，用移动平均线分析股价走势是成功率很高的有效方法。我们已经知道，移动平均线是分析价格变动趋势的一种方法，它主要是将一定时间内的股价加以平均，根据平均值做出图线，通常将每日的K线图与平均线绘在同一张图中，这样便于分析比较，通过分析平均线的走势以及平均线与K线之间的关系来决定买卖的时机，或是判断大势的方向。

【K 线小辞典】

投资者在做技术分析时之所以能够用平均线来分析价格走势，是因为它具有以下基本特征（见图 4 - 3）。

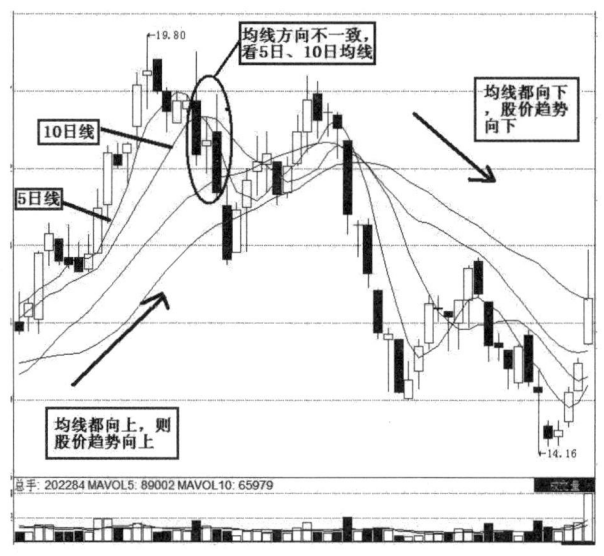

图 4 - 3　移动平均线与股价趋势图解

（1）趋势的特征。平均线能够表示出股价运动的基本趋势。

（2）稳重的特征。移动平均线不会像日线那样大起大落，而是起落得相当平稳，向上的平均线经常是缓缓向上，向下的平均线也是这样，要改变平均线的运动趋势相当不容易。

（3）安全的特性。通常长期的平均线，愈能表现出安全的特性，即移动平均线不会轻易地往上往下，必须等市势明朗后，平均线才会真正改变方向。经常是市势开始回落之初，平均线却是向上的，等到市势跌势显著时，才见平均线走下坡，这是平均线的最大特色。越是短期的平均线，安全性越差，越是长期的平均线，其安全性越好，但也因此而使平均线反应迟钝。

（4）助涨的特性。股价从平均线下方向上突破后，平均线也开始向上移动，可以看成是多头的支撑线，市价每次跌回平均线附近时，自然会产生支撑力量。短期平均线向上移动的速度较快，中长期移动平均线向上移动的速度较慢，但都表示一定期间内平均持股成本增加，买方力量若仍然强于卖方的话，股价每次回落到平均线附近时，便是买进的时机。如果平均线的助涨的功能消失，股价重回平均线之下，这时可能趋势已经转变。

（5）助跌的特性。股价从平均线上方向下突破后，平均线也由此开始向下方移动，这时平均线成了空头的阻力线，市价每次反弹至平均线附近时，自然产生阻力。因此在平均线往下运动时，每当股价反弹到平均线附近都是卖出的时机，平均线此时具有助跌的功能。如果市价下跌逐渐趋缓，平均线开始减速下行，此时若股价再次与平均线接近，则可能向上冲破均线开始升势，此时均线的助跌功能减弱。

这种判断方法说起来复杂，但实际应用上还是比较简单的。例如，如果各种均线都向上，那么股价的趋势就是向上，如果所有都向下，股价就向下（有时会出现特例）；如果这些线不一致，有交叉，那么看最近的趋势主要看 5 日和 10 日线；如果这两条线都向上，而且两者交叉点处两线的趋势一致，那么股价就向上，如果两线交叉点的地方趋势不一致，那么股价趋势还不确定，可能向上可能向下。

【特别提醒】

每天交易中的大多数细小的波动仅仅是一个重要的趋势的小插曲，如果过分看重这些小波动，反而容易忽略主要的趋势。因此，分析股价走势应有更广阔的眼光，采用平均线的方式，着眼于价格变动的大趋势。

4. 利用移动平均线与股价 K 线组合判断买入信号

移动平均线不仅是对股价滞后被动的反应，还与股价 K 线在互动中形成相对稳定相互制约的共振特点。要善于在不同个股、不同阶段、不同周期背景下，寻找和把握适用的与股价形成相对稳定有序的互动共振的反映股性特征的均线，这是均线制胜的根本原则和技巧。

【K 线小辞典】

移动平均线与股价 K 线组合判断买入信号：

（1）股价由下向上突破 5 日、10 日移动平均线，表示短线由空翻多，买方力量增加，后市上升可能大，是买入时机。这在投机性极强的上海股市是最适用的，如果投资者能始终坚持股价从下向上突破 10 日移动平均线时及时买进，股价从上向下跌破 10 日移动平均线时卖出，一定会是赚多赔少，获利丰厚，而暴跌和长期阴跌与君无关，又不会错过中级行情和大行情。

（2）股价由下向上突破 10 日移动平均线后，相继向上突破 30 日、60 日移动平均线，则是两个重要的买进时机。因为这种情况可以判定，多头气势极为强劲，后市大涨已成定局。这也是为什么许多投资者和专家视 30 日平均线为其生命线的缘由，一般来说，每当向上有效突破 30 日移动平均线均有一轮像样的中级行情甚至大行情（见图 4 - 4）。

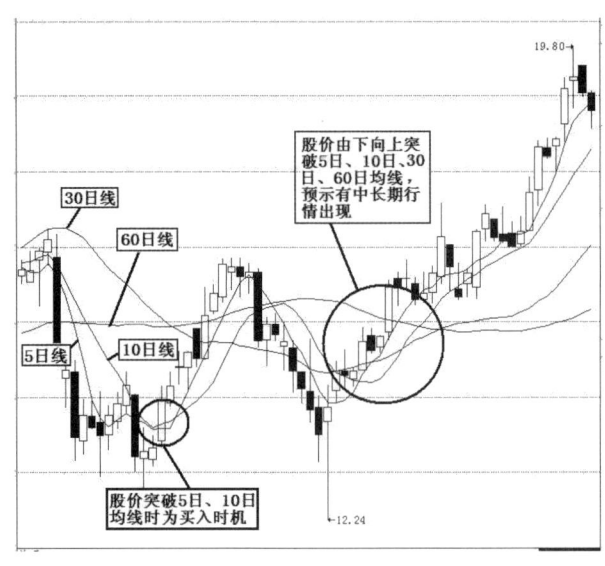

图 4 - 4　股价突破移动平均线买入时机图解

（3）如果 5 日、10 日、30 日、60 日移动平均线为多头排列，且略呈平行状上升（见图 4 - 5），则表示后市将有一段极大的涨幅，多头气势极为旺盛，短期不易回档，是买进时机。这种机会上海股市只有三次，第一次是上交所开盘至放开股价，上证指数由 95 点上涨至 1429 点；第二次是由 386 点上涨到 1558 点；第三次则是由 325 点上涨到 1052 点。

（4）在空头市场中，反弹也是买进时机。如果股价仅能由下向上突破 5 日、10 日移动平均线，则反弹力度较弱，反弹时间也不能持久，不过若能把握时机，也可赚钱取差价。特别是在股价由高峰下跌后又暴跌，股价在 5 日、10 日移动平均线以下运行，距离 10 日移动平均线很远，10 日乖离率达到 15% ～ -20% 以下时，人气散尽，恐慌性抛盘不断，这正是黎明前的黑暗，强劲反弹就将来临，也是进货的绝佳机会。上海股市 1993 年 12 月 20 日即是先一路暴跌而后马上暴涨，差价高达 20% ～40% 之多。

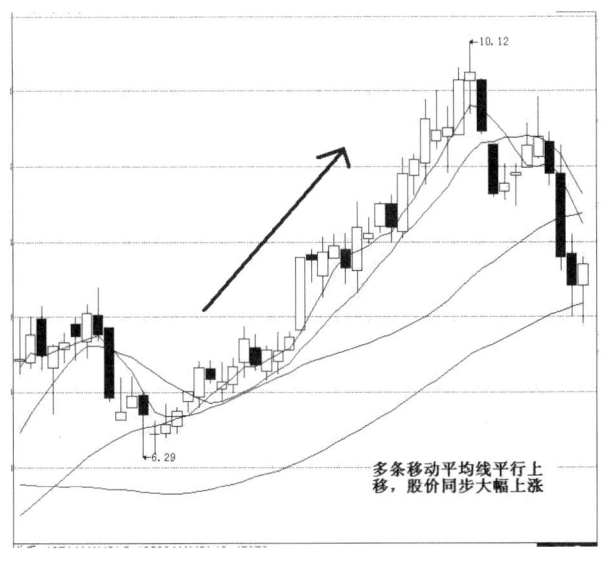

图 4 - 5　移动平均线多头排列图解

（5）在空头市场中，当股价向上突破 5 日、10 日移动平均线后，又突破了 30 日移动平均线，则反弹上升的力量增强，会有较大的上升空间，也是一轮中级行情，可逢低买入。

（6）在空头市场中，如果股价继续向上突破 5 日、10 日、30 日移动平均线后，又突破了 60 日移动平均线，则后市的上涨空间会比其他情况来的强劲，如有利好消息的配合，则可顺势脱离空头市场，是极佳买点。

（7）当股市处于盘局时，如果 10 日移动平均线向上方突破，表示多头力量较强，是买入时机。

（8）10 日移动平均线位于股价下方，当股价与 10 日移动平均线之间的距离由紧密加大时，表示多头力量增强，后市上涨机会大，是买进时机。

（9）如 K 线图与 10 日移动平均线纠缠在一起，纵有利多消息，仍不要轻易跟进，等 10 日移动平均线与 K 线图分开且上行时，方是买进时机。这时多方力量才是真正的增强，后市上升的机率才会大。特别是在空头市场，投资者均对利空敏感，而对非实质性的利多麻木。空头市场中的利多消息往往是出货的良机，而非跟进的机会，这在上海股市屡试不爽。所以，投资者在进场时，可分清大势，再行决断，不能盲目跟进（见图 4 - 6）。

（10）因长期的空头市场，使得 60 日移动平均线趋于平缓，甚至快成了直线状，当 60 日移动平均线由平缓向右上方拉升时，表示多头反攻，买盘增强，是买进时机。但这应结合 10 日、30 日移动平均线综合分析，决定买进时机。

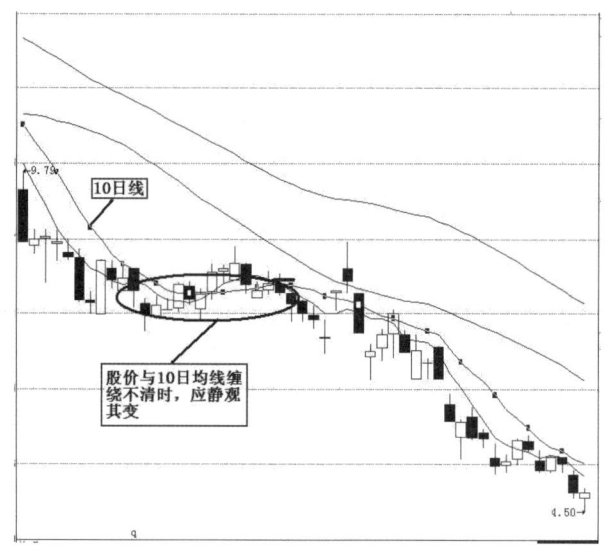

图 4-6　10 日移动平均线应用图解

【特别提醒】

当市场处于明显的上升或下跌趋势中时，移动平均线会给出清晰的买卖信号，其工作状态最佳，但当市场进入横盘指数忽上忽下轻微变动之时，移动平均线给出的信号常常互相矛盾，十分模糊，而这种时候是经常性的，达交易的一半以上或更多。正因为这一特点，投资者在实战中应该把移动平均线与其他技术指标有机结合起来使用。

5. 利用移动平均线与股价 K 线组合判断卖出信号

有一句股谚叫作："会买的不如会卖的。"把握卖出时机是一门非常精妙的学问，判断股票卖出时机的方法有很多，利用移动平均线来做判断就是其中比较简单而又准确的一种。如果投资者在卖出股票时能掌握这些有效的原则并严格遵照执行，就可以大大减少失误而提高获利的机会。

【K 线小辞典】

一、根据 K 线图与移动平均线的位置决定卖出点卖出信号 1

此信号具有以下特征（见图 4-7）：

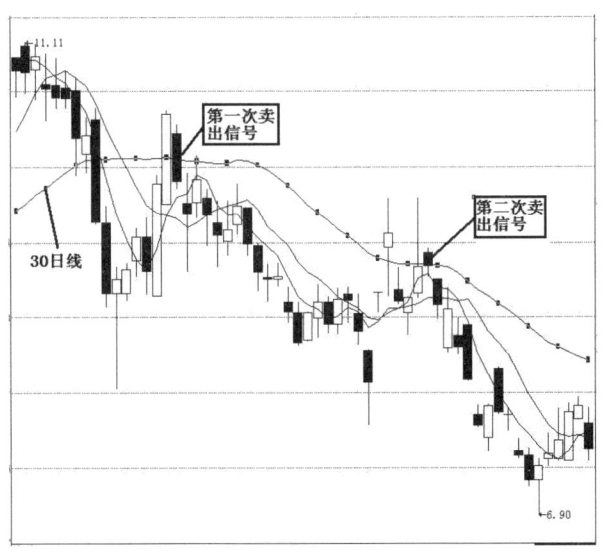

图 4 - 7　30 日移动平均线卖出图解

（1）移动平均线呈大幅度上升趋势

（2）经过一段上升后，移动平均线开始走平。

（3）当股价由上而下跌破走平的移动平均线时，便是卖出信号。

（4）为验证一条移动平均线所显示信号的可靠性，可以多选用几条移动平均线，以便相互参照。同时，在正常情况下，成交量也相应减少，卖出的信号更明确。

从图 4 - 7 中可看到，经过一轮攀升之后，股价开始滞涨，30 日移动平均也开始走平。当股价在跌破 30 日移动平均线时，此为卖出信号。股价再次冲 30 日移动平均线受阻时，此为第二次卖出信号。当成效量跟着萎缩时，此卖出信号将更加准确。

二、根据 K 线图与移动平均线的位置决定卖出点卖出信号 2

此信号具有以下特征（见图 4 - 8）：

（1）先确定移动平均线正处于下降过程中。

（2）再确定股价自下而上突破移动平均线。

（3）股价突破移动平均线后又马上回落，当跌回到移动平均线之下时便是卖出信号。

（4）这一卖出信号应置于股价下跌后的反弹时考察，即股价下跌过程中回升至前一次下跌幅度的 1/3 左右时马上又呈下跌趋势，跌破移动平均线应卖出。

（5）若在行情下跌过程中出现多次这种卖出信号，那么越早脱手越好，或作短线对冲。

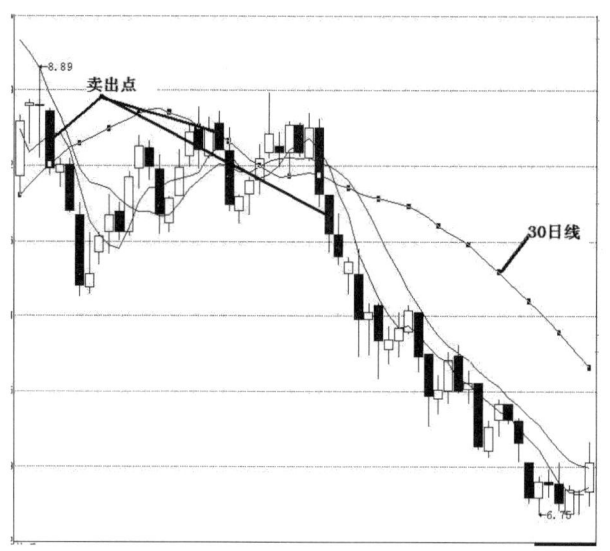

图4-8 移动平均线卖出信号图解

由图4-8可见，股价的30日移动平均线由上升变为走平，然后走向下跌。股价曾经突破30日移动平均线，但又跌破30日移动平均线，此为卖出信号。30日移动平均线作为股价30日市场平均价，对判断市场多空双方的力量有很大作用，当股价向上突破，表示多方取得胜利，而当向下跌破，表示空方取得胜利。在市场中不断下移的前提下，股价再次跌破移动平均线应卖出。

三、根据K线图与移动平均线的位置决定卖出点卖出信号3

此信号具有以下特征：

（1）移动平均线正在逐步下降。

（2）股价在移动平均线之下波动一阶段后，开始比较明显地向移动平均线挺升。

（3）当靠近移动平均线时，股价马上回落下滑，此时就是卖出信号的出现。

（4）如果股价下跌至相当的程度后才出现这种信号，那么宜做参考，不能因此而贸然卖出。如果股价下跌程度不太大时出现这种信号，就可视为卖出的时机已经到来。这种情况应该区别对待。

四、根据K线图与移动平均线的位置决定卖出点卖出信号4

此信号具有以下特征（见图4-9）：

（1）13周均线与26周均线已经交叉，而且13周短期线由26周长期线的上方向下跌破，是为死叉。

（2）在形成死叉之后，股价一般先呈上扬趋势，但不会保持得太久。当上升中的股价一旦回落，或者股价上升过程中出现一条较长的阴线，这便是卖出信号。

（3）虽然是在股价开始回落时为卖出信号，但回落后不久仍有可能再次上升，宜随时准备好下一步所采取的行动。

（4）股价暴跌时是不可能出现死叉的。

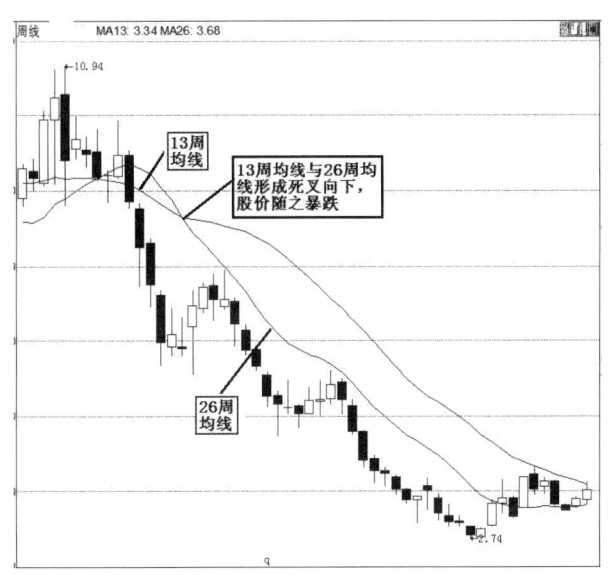

图4-9　周移动平均线卖出图解

由图4-9中指出部分可看到，13周均线与26周均线形成死叉，此为卖出信号。13周均线代表13周的市场平均成本，26周均线代表26周的市场平均成本，13周均跌破26周均线代表着短期的市场平均价比长期的市场平均价低，意味着中期的市场重心不断下移，后市中期趋势淡，宜卖出。

【特别提醒】

一些投资者往往喜欢设置一些非常短期的移动平均线（如4天、9天线），这些线的表现十分灵敏活跃，时时出现穿越现象，非常贴近收盘价格的轨迹，这些穿越讯号可能有效，也可能无效。如果跟随这些讯号买卖，一是损失手续费，二是做出错误决定，但同时它也更及时地揭示出趋势的变化。

6. 移动平均线对股价 K 线的支撑与反压

移动平均线是反映价格运行趋势的重要指标，其运行趋势一旦形成，将在一段时间内继续保持，趋势运行所形成的高点或低点又分别具有阻挡或支撑作用，因此均线指标所在的点位往往是十分重要的支撑或阻力位，这就为我们提供了买进或卖出的有利时机，均线系统的价值也正在于此。

【K 线小辞典】

从均线系统来看：5 日线、10 日线、20 日线、30 日线、60 日线、半年线、年线等都有支撑，且依次支撑强度越来强。比如说 5 日均线在指数或股价下方且呈上行趋势，则买力强大，对股价形成支撑；反之，该线处于上方则卖压较大，具有盖头压力。特别需要注意的是，120 日半年线或 250 日年线的有效突破往往有反转的意义。移动平均线对股价 K 线的支撑与反压也是移动平均线实战应用的一个重点（见图 4 - 10）。

移动平均线在形态上分多头排列和空头排列，多头排列就是市场趋势是强势上升势，均线在 5 日、10 日、20 日、30 日、60K 线下支撑排列向上，为多头排列。均线多头排列趋势为强势上升势，操作思维为多头思维。进场以均价线的支撑点为买点，下破均价线支撑止损。

如日线均线多头排列，周线空头排列，周线有均线压力，价格会震荡上涨，也可能会上涨失败，因周线的均线不会很快改变，影响趋势变化更大一些。如周线也是多头排列，价格涨幅会更稳定，趋势也较稳定不会轻易改变。如 5 日均线多头排列，10 日空头排列，5 日均线上涨的失败概率会更高。如 60 日均线多头排列，进行短线交易会维持 60 日均线的支撑强势，短线交易成功概率会比 5 日均线高。如果均线日线比较乱，上有均线压力，下有均线支撑，那么这就是震荡势，趋势方向不明。

到此为止，我们把"支撑"定义为前一个低点，而把"阻力"定义为前一个高点。然而，情况并不总是如此。支撑位与阻力位经常角色互换。一旦支撑位或阻力位被大大击破，它们就互换角色，成为对方。换言之，阻力位变成了支撑位，而支撑变成了阻力。要理解为什么出现这种情况，或许讨论一下形成支撑位和阻力位背后的心理状态会有所帮助。

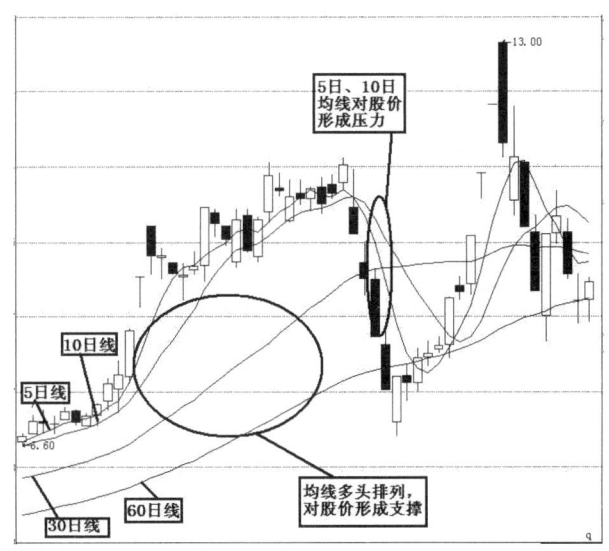

图 4－10　移动平均线的支撑与下压图解

在多数情况下，阻力位与支撑位是一个区间，而不是绝对的一个点。当然，这个区间不能太大。一般来说，只要价格未能有效突破阻力位或支撑位，那么触及的次数越多，这些阻力位或支撑位也就越有效、越重要。如果重大的阻力位被有效突破，那么该阻力位则反过来变成未来重要的支撑位；反之，如果重要的支撑位被有效击穿，则该价位反而变成今后股价上涨的阻力位。

【特别提醒】

移动平均线能否对股价构成有效支撑，不仅要看移动平均线的运行角度，同时也要注意成交量的多寡。例如，移动平均线是向上运行而股价回落，这种移动平均线的支撑力度就大于走平或者回落的移动平均线，如果股价回落至移动平均线，发生支撑反弹时，必须有成交量的配合，否则投资者可视这种支撑为无效支撑。

7. 移动平均线与股价 K 线趋势线组合应用

所谓趋势线，就是上涨行情中两个以上低点的连线和下跌行情中两个以上高点的连线。前者被称为上升趋势线；后者被称为下降趋势线。上升趋势线的功能在于能够显示出股价上升的支撑位，一旦股价在波动过程中跌破此线，就意味着行情可能出现反转，由涨转跌；下降趋势线的功能在于能够显示出股价下跌过程中回升的阻力，一旦股价在波动中向上突破此线，就意味着股价可能会止跌回涨（见图 4 – 11）。

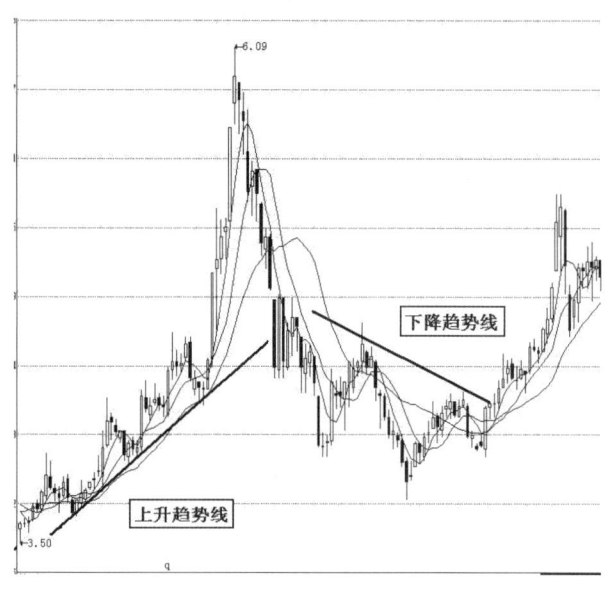

图 4 – 11　移动平均线的趋势线示意图

【K 线小辞典】

投资者在画趋势线时应注意以下几点：

（1）趋势线根据股价波动时间的长短分为长期趋势线、中期趋势线和短期趋势线，长期趋势线应选择长期波动点作为画线依据，中期趋势线则是中期波动点的连线，而短期趋势线建议利用 30 分钟或 60 分钟 K 线图的波动点进行连线。

（2）画趋势线时应尽量先画出不同的实验性线，待股价变动一段时间后，保留经过验证能够反映波动趋势、具有分析意义的趋势线。

（3）趋势线的修正。以上升趋势线的修正为例，当股价跌破上升趋势线后又迅速回到该趋势线上方时，应将原使用的低点之一与新低点相连接，得到修正后的新上升趋势线，能更准确地反映出股价的走势。

（4）趋势线不应过于陡峭，否则很容易被横向整理突破，失去分析意义。

在研判趋势线时，应谨防大型投资机构利用趋势线做出的"陷阱"。一般来说，在股价没有突破趋势线以前，上升趋势线是每一次下跌的支撑，下降趋势线则是股价每一次回升的阻力。股价突破趋势线时，收盘价与趋势线有1%以上的差价（见图4-12）。

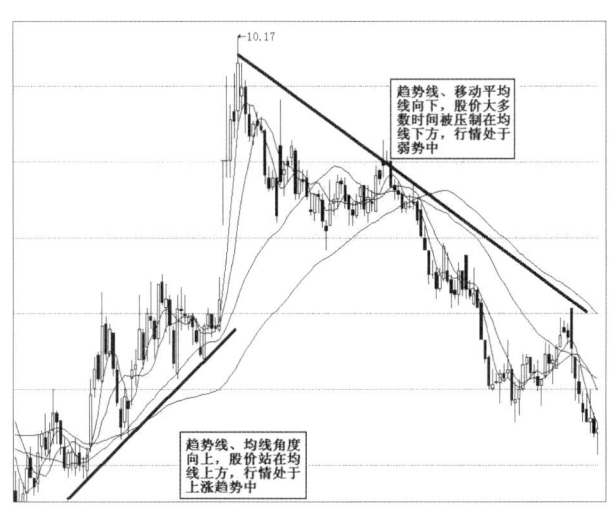

<!-- 图内文字：
—10.17
趋势线、移动平均线向下，股价大多数时间被压制在均线下方，行情处于弱势中
趋势线、均线角度向上，股价站在均线上方，行情处于上涨趋势中 -->

图4-12　趋势线与移动平均线印证图解

股票移动平均线与趋势线并列为技术分析，可互相印证并不相违背，只是出现的先后顺序略有不同，那么在实战中，移动平均线与趋势线如何整合？

（1）若是股票移动平均线与趋势线角度皆朝上，而K线实体又在这两者之上，则可肯定为上升趋势！

（2）若是K线实体跌破股票移动平均线，但并未跌破上升趋势线之下，则上升趋势可能尚未结束！

（3）若是K线实体跌破上升趋势线，但并未跌破股票移动平均线，则上升趋势亦可能尚未结束！

（4）若是K线实体跌破上升趋势线，且跌破股票移动平均线则上升趋势应已正式结束，并可能即将完成头部结构！

（5）若是股票移动平均线与趋势线角度皆朝下，而K线又在这两者之下，则可肯定为下跌趋势！

（6）若是K线实体收上股票移动平均线，但并未收在趋势线之上，则下跌趋势可能尚未结束！

（7）若是K线实体收上下跌趋势线，但并未收在股票移动平均线之上，则上升趋势亦可能尚未结束！

（8）若是 K 线实体收上下跌趋势线，且 K 线实站在股票移动平均线之上，则下跌趋势应已正式结束，或可能即将完成底部结构！

【特别提醒】

在画股价趋势线时，投资者一定要注意：上升趋势线是连接各波动的低点，不是各波动的高点；下降趋势线是连接各波动的高点，并不是各波动的低点。

第五章　周K线分析与测市

1. 光头光脚周阳线

光头光脚周阳线（见图5-1）是指周一开盘价为最低价，周五收盘价为最高价，收盘价远远高于开盘价的周K线。其中心值位于K线实体的中间。

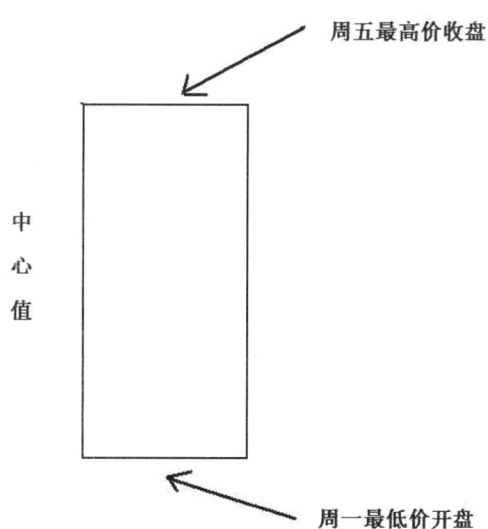

图5-1　光头光脚周阳线示意图

【K线小辞典】

光头光脚周阳线的出现说明在1周的交易时间内，买方占尽了明显的优势，卖方势单力薄，毫无还击之力。一般来说，它的出现有三种情况（见图5-2）：

（1）本周初期买方不动声色地在低位吸纳筹码，在周三、周四才开始发力拉高，由于卖盘稀少，指数或股价在几天之内就被大幅推高，周五以最高价报收。

（2）买方在上周整理行情中早已经做好了充足准备，本周一一开盘就展开了凌厉的攻势，在本周中段虽然卖方出现过反击，但是卖盘软弱无力，买方变本加厉继续拉高，直至周五以最高价报收。

（3）本周的升势是上一两周升势的延续，周一一开盘就持续拉高上升，市场一直看好，在本周内股价经常跳空高开高走，并在极度乐观的情绪中以全周最高价收盘。

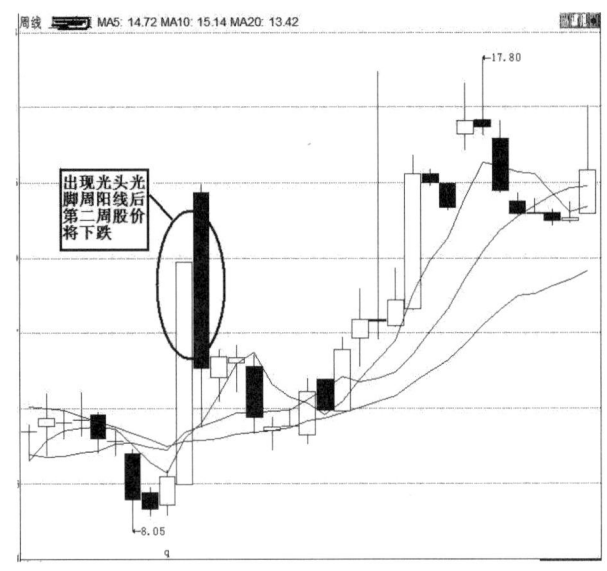

图5-2　光头光脚周阳线形态图解

光头光脚周阳线出现的上述三种情况，均孕育着危机！

在第一种情况下，买方在本周初吸纳，后半周急拉，往往是一种短线行为，否则就会缓慢推高而不是急拉。因此，其目标价位不会很高，往往是见好就收。同时，由于后半段升势过急，未经过充分洗筹换手，获利回吐的压力很大。

在第二种情况下，买卖双方在本周经历过一番较量，有一定程度的换手，买方持股价格升高，但是，如果后半周升势过急因此而拉出大阳线的话，新接手的买方又有了较大的获利差价，市场新增了回吐的压力。此外，本周中段经过一定的震荡，使一些曾经被套牢的持股者产生了警觉，下周一旦有什么风吹草动，他们会首先卖出，以避风险。但是，如果本周中段换手之后，股价虽然以最高价报收，却未经急升，那么本周的阳线就不会是大阳线，与上周相比，周线较小，这样的话，下周仍然有上升的动力。

在第三种情况下，股价在本周之前已经持续上升，本周又出现多次跳空高走，说明庄家已经大幅获利，在市场气氛一致看好、中小户卖盘踊跃的情况下，庄家已经创造了获利了结的最好时机，功成身退已经成了庄家的明智选择。此外，由于市场一致看好，该进场的买盘已经进场，此后的扬升（将）缺乏新买盘的推动。因此后市蕴藏了大幅回落的危机。

因此，一旦出现了光头光脚周阳线，下周股价走势将出现逆转，即由上升转向下跌，因此下周将是高位卖出的时机。尤其是下周初股价大幅上扬的话，极有可能会走出冲高回落行情。因此，下周前半段坚持高位卖出的方针不能动摇！

如果本周的光头光脚周阳线是一根较小的周线的话，很有可能在本周经过换手整理，上攻能量没有耗尽，大市仍有上升空间。因此，本周若是线体较小的光头光脚周阳线，那么，下周仍将继续收出阳线，尤其是下周初先作回档又跌不破本周中心值的话，下周继续上升、全周收阳线的可能性就增大。

【特别提醒】

如果大盘下跌后出现转暖的迹象，在有理由认为反弹不会演变成为反转的情况下，周 K 线若出现了实体较大的光头光脚的大阳线，一般应该视作见顶回落的信号，在大多数情况下，周 K 线会出现一两条阴线，因此，在这种情形下周 K 线出现的大阳线也应当作为卖出信号来对待。

2. 短下影光头周阳线

短下影光头周阳线（见图 5 - 3）是指最低价略低于周一开盘价，最高价等于周五收盘价，收盘价明显高于开盘价的周 K 线。其中心值位于实体之中。

【K 线小辞典】

短下影光头周阳线出现表明本周开盘之后，卖方曾经一度出击，但是股价下跌幅度不大，低位承接力较强，因此卖方浅尝辄止。买方经受住卖盘抛压之后，转向采取攻势，在后半周将股价步步推高，并将其推至最高价报收，全周战果是买方大获全胜。

短下影光头周阳线

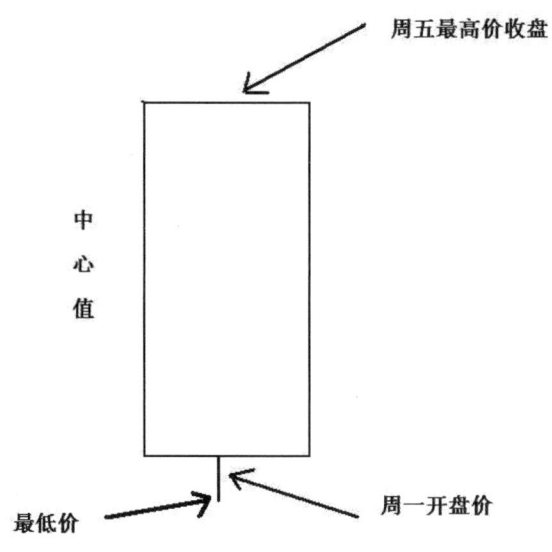

图 5 - 3　短下影光头周阳线示意图

　　投资者一定要注意，短下影光头周阳线在日线图上是强势的标志，它出现后，一般次日仍会再收阳线，股价进一步上升。但是，在周 K 线图中拉出这种下影光头阳线，却未必意味着下周仍会收阳线。周 K 线图中的短下影光头周阳线，只是一种两可的 K 线。实际上，国内股市的周 K 线图很少出现这种 K 线，而且它出现的位置大多处于短线反弹当中，因此，它后面常常跟着一条长上影的十字周线，或者是带有上影的阴线。换句话说，它出现之后常常引发冲高回落行情，所以它常常扮演卖出信号的角色。但是，如果股价经过了持续的下跌，而本周的这条 K 线又较短小的话，那么，它也有可能是股价步出低谷的标志，下周仍将继续上扬。如果它出现在上升途中而且本周跳空高开的话，下周将成为转向下跌的转折点（见图 5 - 4）。

　　那么，遇到短下影光头周阳线后投资者应怎样操作呢？

　　（1）如果它前面有两条以上的阴线，而且本周这条阳线较为短小的话，那么，下周仍将会走出强劲的上升行情，因此它是一个强烈的买入信号。下周一一开盘，就应该果断买入，并在下周全周坚持持股的方针不动摇。

　　（2）如果本周这条阳线是一条实体部分很长的大阳线的话，那么，不管它前面是阴线还是阳线，它都意味着下周走势将会发生逆转，收出带上影线的阴线或收出上跳阴线的可能性很大。因此，在操作上，下周应该寻找高位卖出。

如果下周一没有冲高就回档，那么可以继续持股，因为在下周内会有冲高的机会，待冲高后再卖出未迟；如果下周一就继续上升，那么，当天就应该在高位卖出一半持股，另一半持股也待股价已有回落迹象再卖出。原则上应该在下周三之前全部清仓，而且在下周内不再买回。

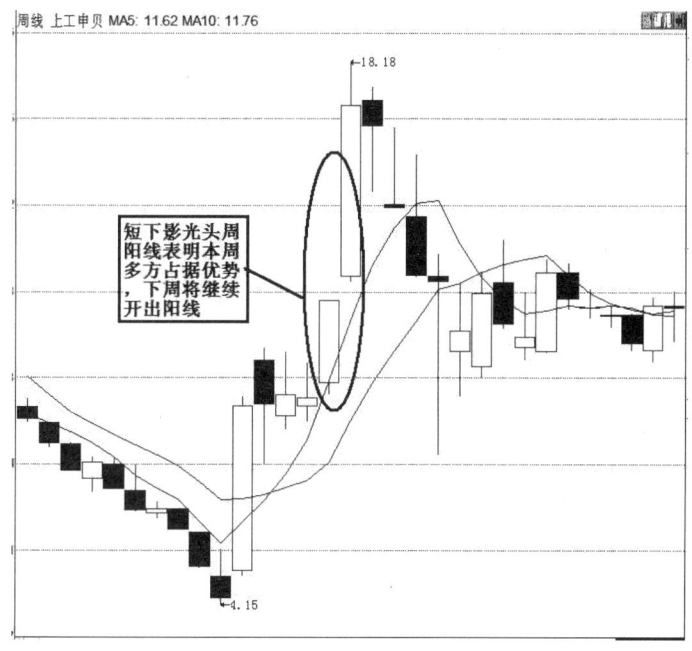

图5-4 短下影光头周阳线形态图解

【特别提醒】

如果大盘下跌后出现转暖的迹象，在有理由认为反弹不会演变成为反转的情况下，周K线若出现了实体较大的光头光脚的大阳线，一般应该视作见顶回落的信号，在大多数情况下周K线会出现一两条阴线，因此，这种情形下周K线出现的大阳线也应当作为卖出信号来对待。

3. 上下影周阳线

上下影周阳线（见图5-5）是指收盘价明显高于开盘价但低于最高价，开盘价高于最低价，上下影线的长度大致相等的周K线。其中心值位于实体之中。

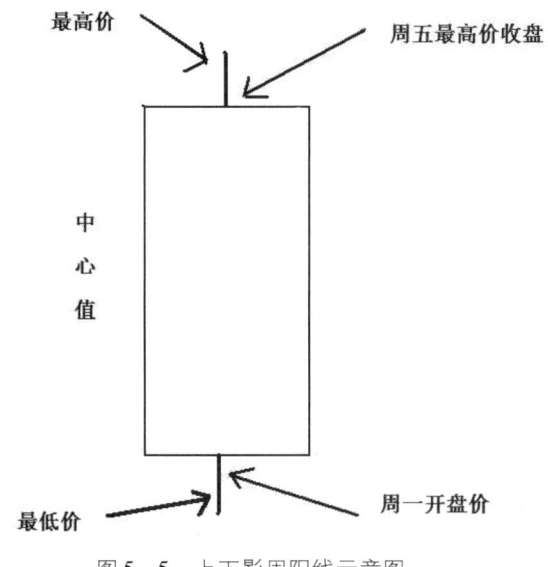

图 5－5　上下影周阳线示意图

【K 线小辞典】

上下影周阳线是周 K 线图上出现的最多的一种阳线。它的出现，说明全周都有多空双方力量的较量和争夺，走势有一定程度的反复，无论是在高位还是在低位，都有一定程度的卖压出现，其上下影线说明了这点。也就是说，买方无论是在低位还是在高位，都未能占据了绝对的优势，尽管全周拉出阳线，说明买方力量仍较强大，但是卖方的力量也不容忽视。这一点，是这种周阳线有别于其他光头或光脚周阳线的重要特点。

上下影周阳线虽然在股价波动中频繁出现，但是它最重要、也是最经常地扮演了两种意义相反的角色：首先，当股价经过持续或者大幅的下跌之后，出现了这种实体不是很大的周阳线，通常是股价止跌回升步出低谷的标志，此后股价仍会继续扬升；其次，当股价经过了持续或者大幅的上升之后，出现这种周阳线而且实体较长的话，那么，它就预示升势达到或者即将达到顶部，股价将会转向下跌。此外，在上升途中，若出现与上周的阳线大小相似的这种周阳线的话，则说明买盘进一步增强，股价进一步上升的可能性较大。但是，若本周的上下影周阳线的线体明显大于上周的话，那么，买方主力拉高出货的嫌疑就很大（见图 5－6）。

总的来说，对这种上下影周阳线的分析，绝对不能仅看其形状就妄下结论，一定要结合它所处的位置及其线体的大小来辨别。对于这点，务必高度注意！

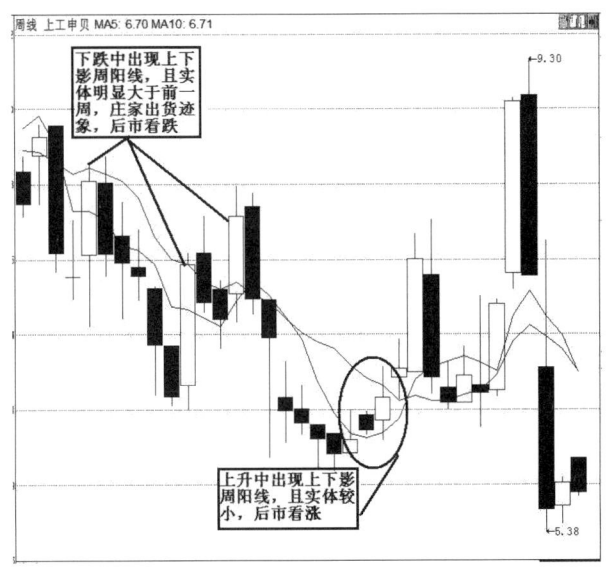

图5-6 上下影周阳线形态图解

出现上下影周阳线后，投资者可做如下操作：

（1）股价经过持续下跌或者经过中期整理之后，出现线体不大的这种周阳线，是股价转向上升的标志，应该在下周初果断地买入待涨，原来已经持股者则应该继续持股。

（2）当股价上升途中出现这种周阳线，如果线体并不大的话，下周股价仍有可能进一步上升，但是风险也同时增大。在操作上，如果下周初股价不升反跌，而又跌不破本周中心值就企稳回升，这就可以期待下周再收阳线，应该果断跟进；反之，如果下周初就继续上升的话，谨慎的操作就是观望。此时，持股者可观望至股价上升乏力时乘高卖出，而空仓者则可期待股价冲高回落。

（3）股价经过持续上升后出现这种周阳线，如果线体明显比上周阳线长的话，那就是升势即将逆转的标志，下周走势很可能冲高之后转向下跌，一轮调整行情即将到来。因此，持股者应该在下周初冲高之时卖出了结，而持币者此时切忌冒险。

【特别提醒】

由于周K线的时间跨度要远远大于日K线，在出现同样的K线组合的情况下，周 K 线所预示的买卖信号的可信度要远远高于日 K 线。此外，如果能把对周 K 线的分析和其间的股价形态分析结合起来，分析的效果会更佳。

4. 短上影光脚周阳线

短上影光脚周阳线（见图5-7）是指收盘价明显高于开盘价、但又略低于最高价、开盘价就是最低价的周 K 线。其中心值位于 K 线实体之内。

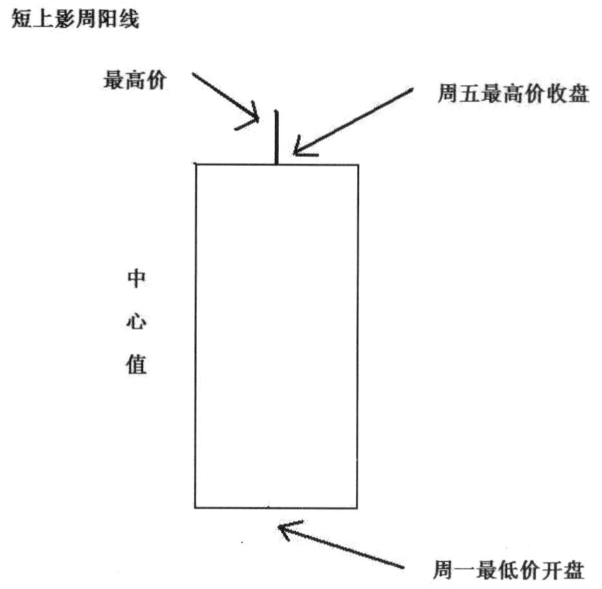

图5-7　短上影周阳线示意图

【K 线小辞典】

本周一开盘，买方就拉高股价，在低位并未遇到有力的抵抗，但是后半周上升到较高位置的时候，上档出现了一些卖压。这些卖压可能来自前期的解套盘，也有可能来自本次行情的短线获利盘。这些卖盘导致买方不能以最高价报收。但是，不能以最高价报收并不意味着买盘不强，这有可能是买方主动做出的短线调整，以控制好上升节奏。因此这种周阳线的出现（尤其是它出现于阴线之后），往往说明具有实力而且经验丰富的买方已经进场，而且控制了局面，上升行情不会迅速结束。

在日线图中，这种短上影光脚周阳线往往是升势受阻的表现，其后往往会伴有一定程度的调整，但是在周线图中，这种阳线却是一种最强的阳线。它不仅说明了买方已经控制了大局，而且它的短上影也说明了股价经过强势的调整，短线获利盘经过了换手，后市进一步上扬的压力已经转弱，股价进一步上升的道路已经铺平（见图 5 - 8）。

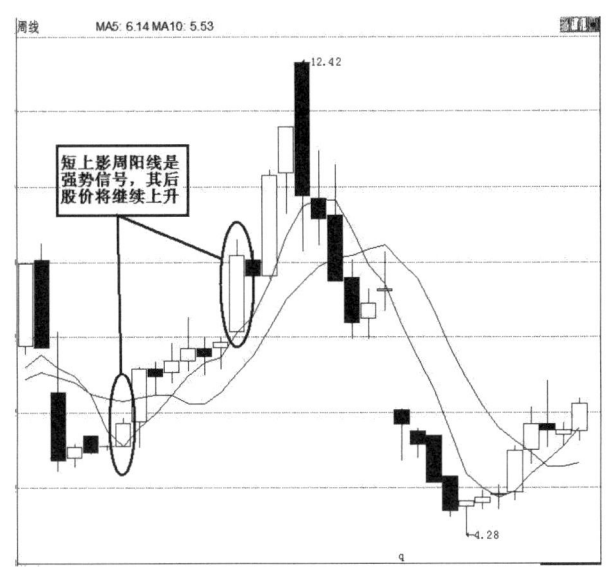

图 5 - 8　短上影周阳线形态图解

短上影光脚周阳线的实战操作方法如下：

（1）短上影光脚周阳线经常出现在上升途中，如果它的线体不是十分长的话，预示股价将会进一步上扬。在操作上，持股者应该继续持股待涨，而空仓者则可以在下周初买入跟进。

（2）如果上周也出现了类似的周阳线，而且本周的线体明显大于上一周，上影线也相对长一些的话，那么下周可能会出现短期调整，收出周阴线或者十字星的可能性较大。但是，再下一周股价仍会上升。在操作上，持股者在下周初可以乘高卖出，下周后半周才在低位买回，以谋取短线差价。中线持股者仍可以继续持股，空仓者则可以在下周后半周才伺机低位买入。

【特别提醒】

略带影线的周线，实体较长而上下影线短小，且实体中心与 K 线的中心值非常接近，出现频率都很高并超过 25%，一般划分为短小型和长大型。短小型的阳线或阴线说明多空尚处于均衡状态；长大型表明市场波幅很大，并可能构成重要的转折点，而出现的位置、次数和邻线变化则是研判关键。

5. 长下影光头周阳线

长下影光头周阳线（见图5-9）是指最低价明显低于开盘价、收盘价高于开盘价而又等于最高价的周K线。其中心值位于下影线区间。

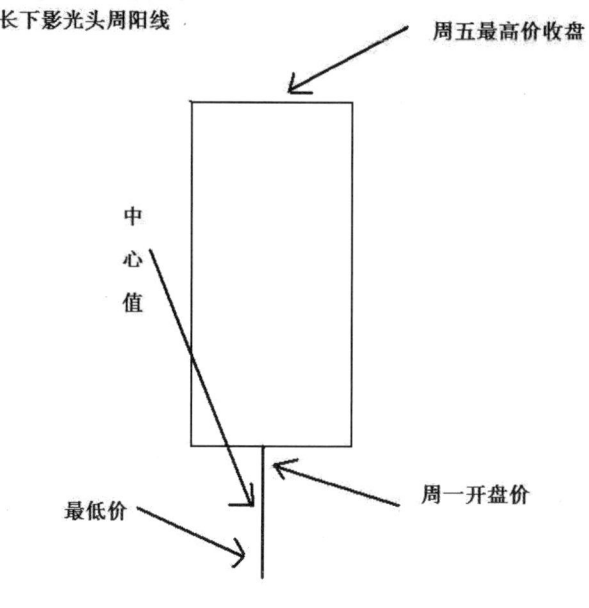

图5-9　长下影光头周阳线示意图

【K线小辞典】

长下影光头周阳线的出现，说明上半周卖方曾经发动袭击，并且一度占据了上风，但是卖方并未能保住其主动权，买方在其后发动反攻，不仅全部收复失地，而且以全周的最高价收盘，表面上看，像是买方已经大获全胜，控制了大局，但实际上，上半周卖方的袭击已经动摇了人们的信心，后半周拉高所产生的获利盘大多都有回吐的念头。

长下影光头周阳线在日线图中是买盘很强的表现，但是在周线中，它通常表现为一种短线的行情，而且它出现的频率很低，在有一定规模的市场中很少见到它的踪影。相比之下，在成交较为清淡的行情或者规模较小的市场（如中国的 B 股市场）中，倒还可以见到它的出现。与短下影光头周阳线比较，它们只有下影线长短的区别，但是中心值位于实体内还是在下影区间，在测市应用中有很大的不同。长下影光头周阳线的中心值位于阳线实体之下，意味着收盘价已经远远高于中心值，换句话说，对于本周的绝大多数买盘而言，收盘价都是一个可以获利卖出的价位，因此，它的出现意味着下周将面临较重的抛压（见图 5 - 10）。

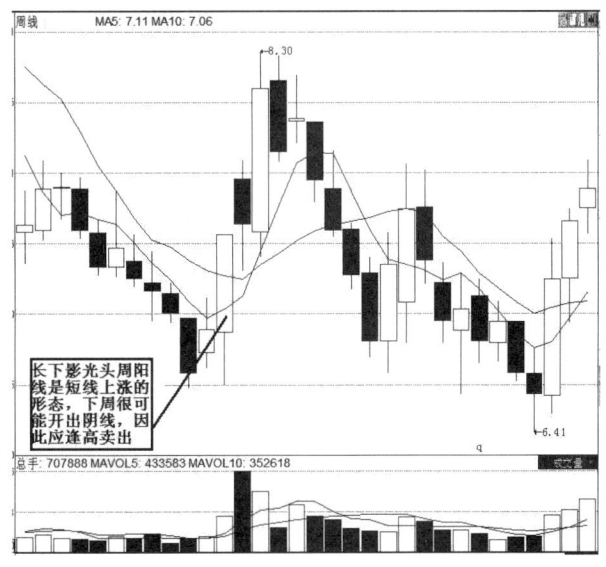

图 5 - 10　长下影光头周阳线图解

针对这种 K 线，投资者可进行以下操作：

除非本周的最高价、最低价都未能超出上周阴线的范围；否则，长下影光头周阳线大多代表着一种短线反弹，而在上升途中出现的话，也意味着获利盘开始回吐。此线出现后，下周冲高之后下跌而且收出周阴线的可能性很大，因此，持股者应该在下周初乘股价上升时卖出。

【特别提醒】

在连续的下跌行情中，对周 K 线而言，要等到较长的下影线和成交量极度萎缩同时出现时，才可以考虑是否介入，而不应仅靠日 K 线的分析来判断操作的时机。

6. 长上影光脚周阳线

长上影光脚周阳线（见图5-11）是指开盘价就是最低价、收盘价高于开盘价但是明显低于最高价的周K线。其中心值位于上影线区间。

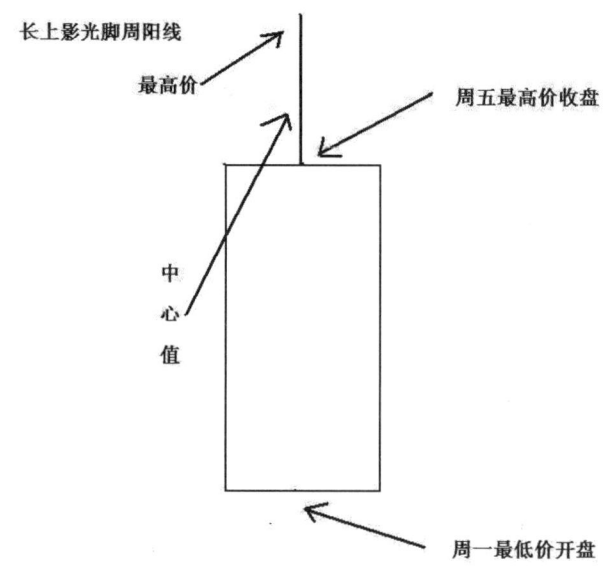

图5-11 长上影光脚周阳线示意图

【K线小辞典】

长上影光脚周阳线反映的是一周冲高受阻回落的行情。本周一开盘，买方就发动攻势，积极推高股价，而且一度控制了局面。而卖方则采取后发制人的策略，在周初价位相对低的时候不动声色，待到买方将股价推高之后才发动了反攻，将买方一度占领的大部分地盘又重新收回。从全周情况看，买方在全周的搏杀中仍占有一定的优势，因而收盘价仍然高于开盘价，但是买卖双方力量对比已经发生了重大变化，即：买盘渐弱，而卖盘渐强，走势发生逆转的可能性增大。

长上影光脚周阳线与短上影光脚周阳线相比，外表相似，只有影线长短的不同，但这就是一个本质的区别。对于长上影光脚周阳线来说，上影线长于阳线实体，收盘价已经低于全周中心值，说明了后发制人的卖方力量已经壮大，买方推高股价的努力趋于失败，部分买盘有转向卖方阵营的可能。如果这种周阳线是出现在高价区内，而且下周买方不能重新占据上影线区间的话，往往就是股价转向下跌的开端（见图5-12）。

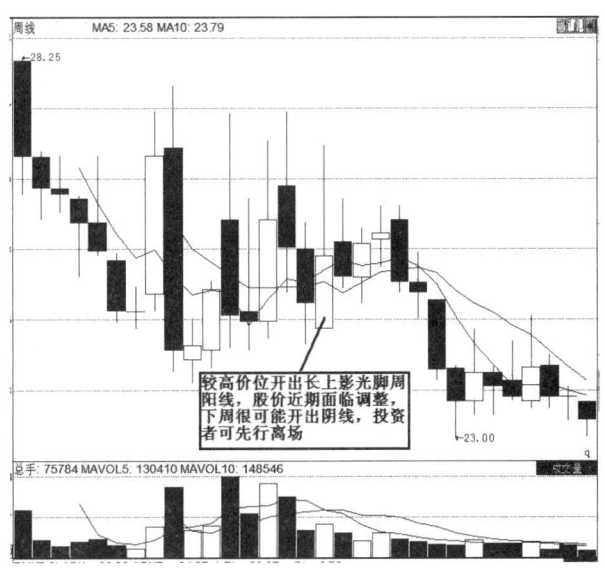

图5-12　长上影光脚周阳线图解

遭遇长上影光脚周阳线后，投资者应按如下方法操作：

（1）在多数情况下，这种周阳线出现之后，往往都走出股价大幅下跌的行情，至少是一个中期的调整，而且在相当一段时间内，股价不能重返本周的价位，当下周开盘股价跌穿本周开盘价或者下周开盘高走受阻于本周中心值又掉头下行的时候，更是如此。因此，下周初期应该是卖出的关键时刻，而且在短期内不应该再买回，以回避风险。

（2）在个别情况下，下周股价在成交放大的配合下，向上突破本周中心值，这样就有可能突破本周最高价从而创出新高。这种情况表明有新的买盘进场承接筹码，新一轮升势正在展开。在操作上，持股者可以在股价接近中心值时卖出一半持股，其余的观察走势变化再作定夺，这是一种谨慎的做法。而空仓者则可以在有效上破本周中心值后小量建仓，待到有效上破本周最高价后再全面建仓。

【特别提醒】

如果周K线在连续上涨之后出现了较长的上影线，与此同时，成交量也明显放大，表明行情即将进入调整，此时通常可以看作是卖出的信号，应在下周初及时出局，不一定要等到日 K 线发出卖出信号时再作决定。

7. 长下影周阳线

长下影周阳线（见图 5 - 13）是指收盘价高于开盘价，但低于最高价，最低价又远远低于开盘价的周 K 线。其中心值位于下影线区间。

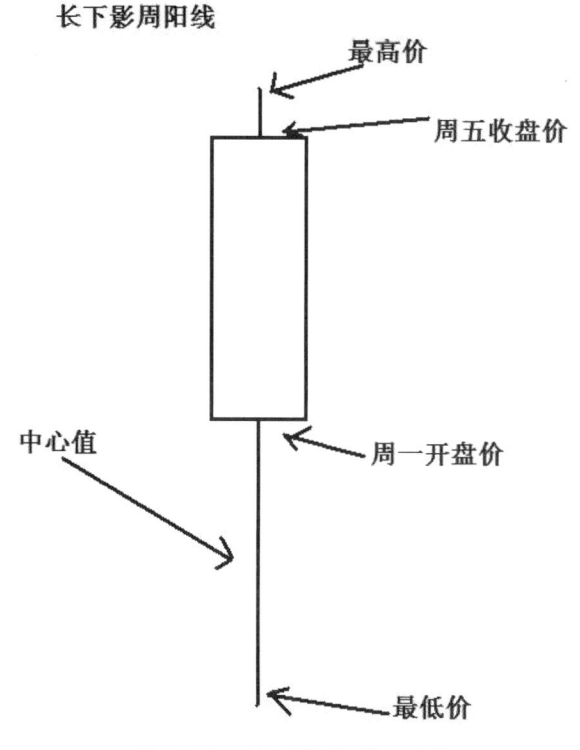

图 5 - 13　长下影周阳线示意图

【K 线小辞典】

本周开盘后，卖方曾经发动攻势，而且一度占有明显优势，把价格压低到一定的程度，但是买方仍然把价格拉了回来，以高于本周开盘价的价位收盘。但是，上档的卖压依然比较明显，致使买方不能以最高价报收。

在日线图中，长下影阳线是强势的表现，但是在周线图中它只反映了买卖双方一定程度的争持，即买方在较低的价位有较强的实力，而卖方在较高价位上也有不弱的力量。因此，它表现的是一种整理的行情，而且很少在上升途中见到它的踪影，倒是在反弹行情中可以找到它（见图 5 - 14）。

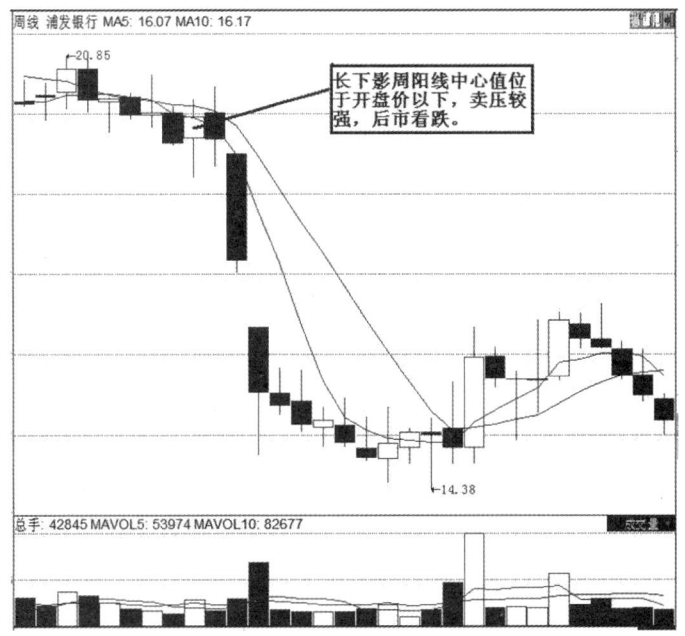

图 5 - 14　长下影周阳线形态图解

实战中，长下影周阳线的操作方法比较简单，因为长下影周阳线的出现，往往表示反弹行情的完结，下周股价重返跌势的可能性极大。因此，下周初开盘应该继续采取卖出的方针。

【特别提醒】

在上涨行情中，如果周 K 线呈现出量价齐增的态势，下周应该还会有新的高点出现。如果周初盘中出现低点，一般不要依照日 K 线的提示考虑卖出，反而应当视为较好的短线介入时机而考虑短线买入。

8. 长上影周阳线

长上影周阳线（见图 5 - 15）是指开盘价低于收盘价但高于最低价，最高价又远远高于收盘价的周 K 线。其中心值位于上影线区间。

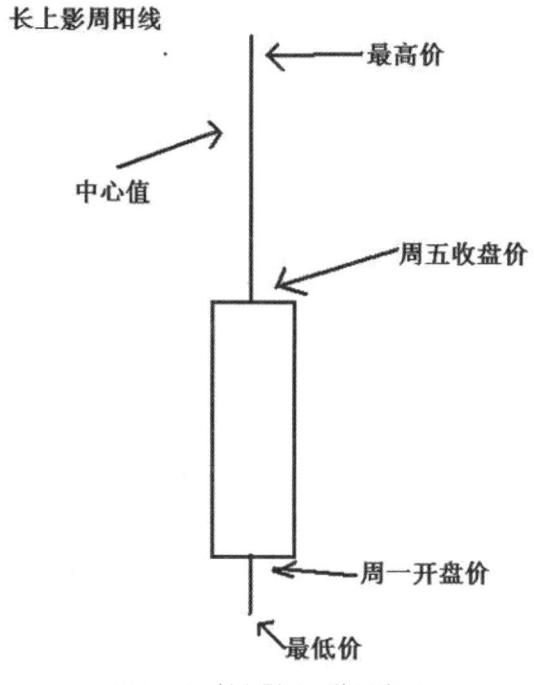

图 5 – 15　长上影周阳线示意图

【K 线小辞典】

本周内买方顶住了卖方的试探性进攻，略作退让就大幅推高股价，并且一度得手，但是卖方在上档比想象的要更强大，将大部分曾经被买方占领的地盘又收了回来。而买方在相对较低的价位上实力不弱，终于以高于开盘价的价位报收。这时出现买卖双方分庭抗礼的局面，即：在较低的价位上由买方控制局面，而在较高的价位上则被卖方占据上风。

长上影周阳线是较常见的周 K 线，在日线图中，这种 K 线通常是一种走势较弱的表现，在升势中出现的话，通常是股价大跌的先兆。而在周线图中，它只反映买卖双方一定程度的争持。因而它大多出现在盘整区域，它出现后，跟随而来的常常是两三周甚至更长时间的整理行情，而且本周的最高价、最低价一般会成为本段整理行情的上限和下限。因此，可以说长上影周阳线是进入整理行情的标志（见图 5 – 16）。

投资者可以采取的操作方法如下：

（1）如果它是出现在下跌行情或者是盘整行情中，而且下周初低开的话，那么通常会走出盘升的行情，下周的周 K 线收阳的可能性较大，但是，下周的最高价和最低价不会超出本周的范围。因此，在操作上，可以参照本周的次高价和次低价，作低买高抛的短线，以赚取差价，而中线投资者可以静观待变。

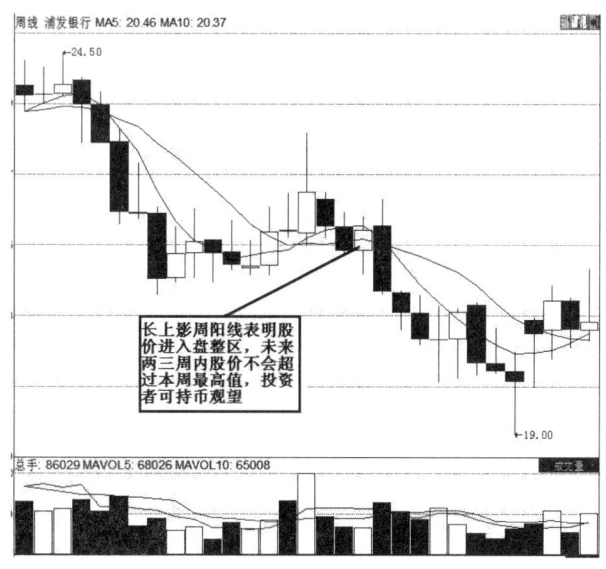

图 5-16　长上影周阳线形态图解

（2）如果本周之前是一条或者一条以上大阳线的话，那么，本周的K线就带有转折的意味，股价经过整理之后掉头下行的可能性较大。如果下周开盘股价就上升的话，那么转向下跌的可能性就更大。因此，当下周初开盘上升之时，应该卖出了结，空仓待变。

【特别提醒】

从周K线形态分析，如果上冲周K线时以一条长长的上影线触及60周均线，这样的走势说明60周均线的压力较大，后市股价多半还要回调；如果以一条实体周线上穿甚至触及60周均线，表明后市会继续上涨，彻底突破60周均线的可能性很大。

9. 光头光脚周阴线

光头光脚周阴线（见图 5-17）是指周一开盘价就是最高价、周五收盘价就是最低价而且明显低于开盘价的周K线。其中心值位于实体的中间。

光头光脚周阴线

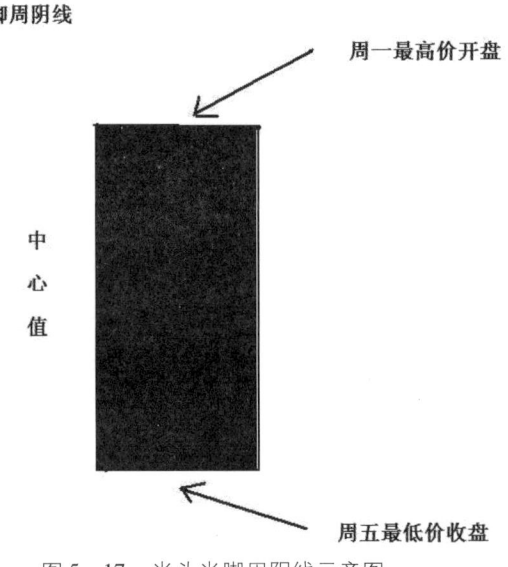

周一最高价开盘

中心值

周五最低价收盘

图 5 – 17　光头光脚周阴线示意图

【K 线小辞典】

这种周 K 线的出现，说明了在本周内卖方占尽了优势，买方力量薄弱，毫无还击之力。卖方在周一一开盘就主动出击，坚决地将股价向下打压，本周内无论买方是否进行过反击，都被证明是徒劳的，因为卖方最终得以最低价收盘。这种情况表明，本周股价经过了较大幅度的调整，卖方完全控制了局面。因此，在操作上，本周收盘价以上的卖出操作，都被实践证明是正确的，对上半段的卖出操作来说更是这样。此时，市场已经普遍出现了悲观情绪。

光头光脚周阴线在日线图上是一种强烈的卖出信号，但是在周线图中却并非如此，投资者对于此线的出现完全不必惊慌。经过一周的持续下跌，卖压能量已经在很大程度上得到了释放，尽管下周的前半段仍然会有一定的卖压，但是力度已经大大地削弱。而且，本周出高位卖出的人已经有了一定的差价，已经在考虑在下周低位伺机买回。在技术上，本周内可能经过了跳空下跌的走势，而技术指标经过调整，可能已经有了反弹的要求。但是，由于这种周阴线常常出现在下跌过程当中而不是跌势的尽头，因此要指望股价短期转入牛市，却是一种不切实际的奢望（见图 5 – 18）。

根据以上分析，投资者应按如下策略操作：

（1）下周股价将会反弹，全周走势将会表现为先抑后扬的行情。因此，持股者不必在下周初匆忙低卖，在下周后半周可能会有更高的价位。而空仓者可以在下周前半段找低位买入，期待做一个短线的反弹。

（2）此线出现之后，若下周收出阳线，再下周收阴的概率较大，因此，再下周初段是高位卖出的机会。

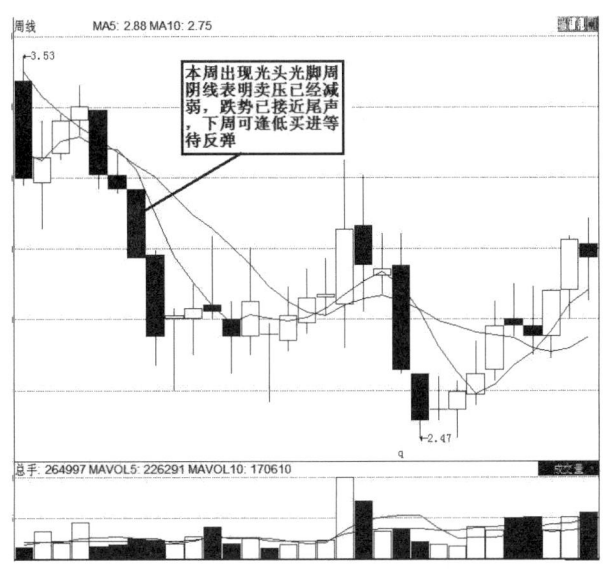

图 5 - 18　光头光脚周阴线形态图解

【特别提醒】

在周 K 线中，无论周阴线还是周阳线一旦上升达到五周，不论你赢多赢少最好是卖出了结，因为周线往往以升幅大小来衡量，以上升时间来衡量，如果不掌握这一规律，那么就有可能由盈到亏。

10. 短上影光脚周阴线

短上影光脚周阴线（见图 5 - 19）是指开盘价明显高于收盘价但又略低于最高价、收盘价就是最低价的周 K 线。其中心值位于阴线实体之中。

【K 线小辞典】

本周开盘之后，买方一度试图推高股价，但是明显力量不足，浅尝辄止。卖方不仅遏制了买方的进攻，而且将股价节节压低，最后得以最低价报收，卖方已经完全控制了局面，逼使相当部分的买盘开始考虑加入卖方的阵营。

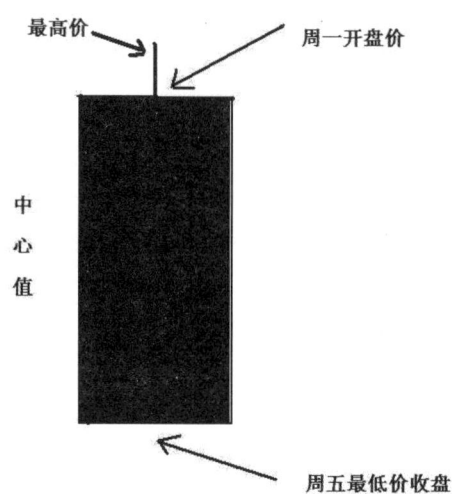

图 5 – 19　短上影光脚周阴线示意图

这种周阴线在实际走势中出现次数不多，但是它一旦出现，杀伤力却不小。与光头光脚周阴线相比，它多了一条短上影线，但是意义却变得完全不同。这条短上影线的出现，存在两种可能：其一，买方主力确实尝试推高股价，但是上档的卖压十分沉重，只推高了一点点，就被打了下来，而且最后以最低价报收，说明卖方力量远远大于买方。其二，买方拉高股价只是为了高位出货，而卖方却趁机压低价格，原来的买卖双方都进行作空操作，这样的形势就不利于多头。这两种可能一经形成，顺势卖出就是最明智的选择（见图5–20）。

投资者可采取的操作方法如下：

（1）如果它前面是一条阳线，短上影光脚周阴线就成了股价走势逆转的标志，此后至少再出一条周阴线，下周开盘应该果断卖出。

（2）如果它的前面是一条阴线，而本周的线体与上周大致相仿的话，说明股价完成了一个微弱的反弹，股价仍将继续下调，下周初卖出仍然是明智的选择。

（3）如果它的前面已经有两条或者两条以上持续的周阴线，而本周的线体又明显较短小的话，说明卖压已经明显减弱，股价有可能转向低位整理。这时，下跌的空间已经有限，持股者卖出意义已经不大，而空仓者则可以再下周选择低位部分建仓。

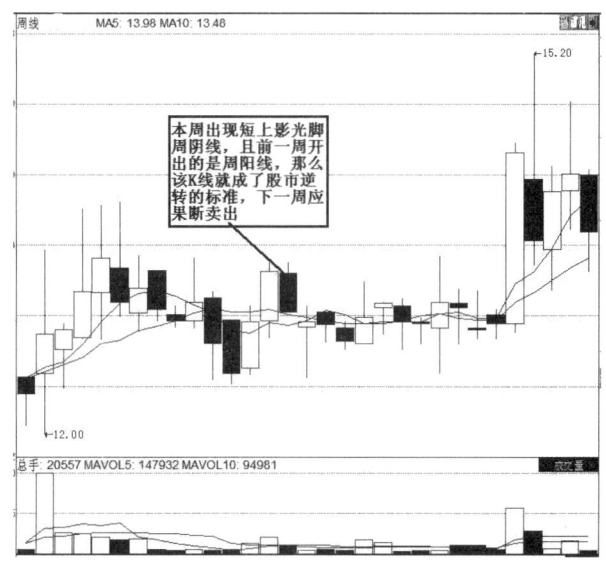

本周出现短上影光脚周阴线，且前一周开出的是周阳线，那么该K线就成了股市逆转的标准，下一周应果断卖出

图 5 − 20　短上影光脚周阴线图解

【特别提醒】

在实际操作中，对于买卖时机的把握首先要分析周 K 线是否安全，然后再分析日 K 线的组合和量价关系配合是否合理，最后才能在适当的时机选择操作方向。一般而言，将两者结合起来指导实际操作可以避免很多失误。

11. 短下影光头周阴线

短下影光头周阴线（见图 5 − 21）是指开盘价明显高于收盘价而且等于最高价、收盘价高于最低价的周 K 线。其中心值位于阴线实体之中。

【K 线小辞典】

本周一开盘，股价就被卖方压低，买方并无抵抗之意，股价节节下挫，但是在低位明显有较好的承接力，低位买盘增多，而卖方也无意在低位继续杀跌，使得股价不能以最低价报收。

本周市场气氛依然以做空为先导，开盘价附近买入的意愿不强，对低位的买盘也要认真加以分析：若是在股价经过一轮上升、刚刚转向下跌之初，这条下影线属于一种下跌抵抗形态，很有可能是周末杀入的护价盘，目的是为了下周初能在相对高的价位继续卖出；若是股价经过一轮持续下跌之后，出现这种周阴线，说明卖压已经减弱，低位开始出现一些建仓盘，买卖双方力量对比开始出现不易察觉的变化。

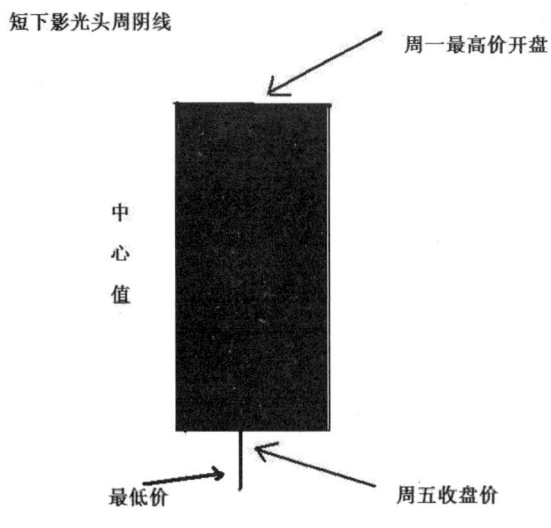

图 5 - 21　短下影光头周阴线示意图

无论如何，这种周阴线是较常见的周 K 线之一，因此，出现此线后，需要认真观察股价走势的变化，操作上要谨慎小心（见图 5 - 22）。

建议出现短下影光头周阴线后，投资者应采取如下操作策略：

（1）如果短下影光头周阴线紧跟在两条或者两条以上的周阴线后面，那么，低位已经出现了主动性买盘，它有可能预示着跌势的结束和升势的开端。在最悲观的情况下，它也意味着至少会有一个反弹出现。因此，在下周初应该采取买入行动，低位建仓待涨。

（2）如果它前面是一条周阳线，那么，意味着股价将进行中短期调整，将会连拉两条或者三条周阴线。操作上，应该在下周初果断卖出，并且在下周或者再下周寻找低位买回，因为股价经过两三周调整重新升回来的机会较大。

（3）如果它前面只有一条周阴线，在这条周阴线之前是条周阳线的话，那么，下周初的走势就成另外研判的关键：如果下周初股价上升，那么，很可能只是一个小反弹，股价继续下跌的可能性较大，当反弹结束掉头下行时，是短线追卖的关键时刻；如果下周初股价下跌或者低位整理，那么就意味着真正有主力建仓行为，此时应该部分买入，待到升势明朗时再加码买入，同时，此时卖出的话，有可能是卖了一个最低价，因此要谨慎杀跌。

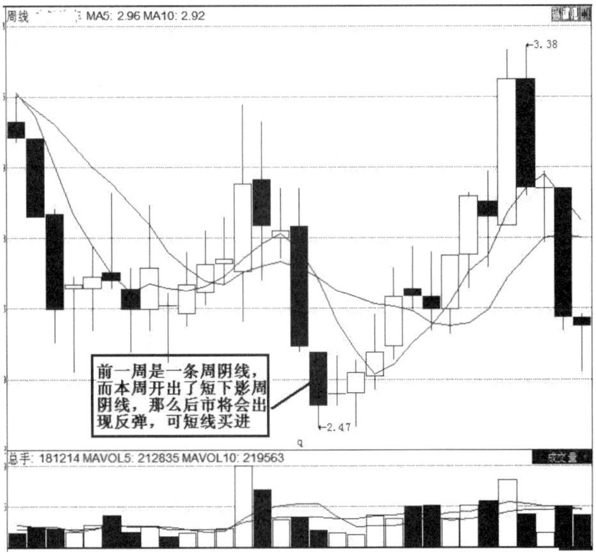

图 5 - 22 短下影光头周阴线图解

【特别提醒】

光头周线的特征是，中心值横穿较长的实体，收盘为周内的一个极端价位，显示主动方优势极为明显且进攻欲望强烈，因而属于一种强势买卖信号，特别是在较前一条周线略长的情况下，发出的信号就更为强烈一些。但若形成于较长时期的趋势运动之后或 K 线本身过大时，就意味着优势方能量消耗过大，至少短期内出现大幅反向运动的可能加大，因此当慎重行事。

12. 上下影周阴线

上下影周阴线（见图 5 - 23）是指开盘价明显高于收盘价但低于最高价、收盘价高于最低价的周 K 线。其中心值位于阴线实体中心区域。

【K 线小辞典】

本周开盘以后，买方曾经一度推高股价，但是未能站稳脚跟，就被卖方打了下来，卖方乘胜追击，迫使股价在开盘价之下接连下挫。但是，在低位受到了买方顽强抵抗，最终不能以最低价收盘。总体来看，全周的走势以卖盘为主流，而买盘只是在低位略有作为而已。

上下影周阴线

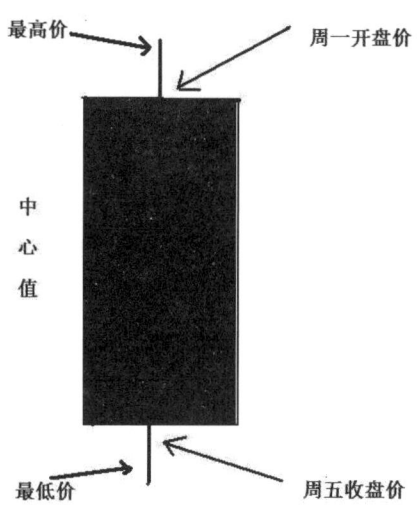

图 5 – 23　上下影周阴线示意图

这种周阴线出现的频率较高，但是比较经常出的位置是走势由上升转向下跌的转折点，或者是跌势将到尽头的前一周，因此，这种周阴线有预警的意味。相同的 K 线处于不同的位置就会预测出不同的走势，主要是因为它的下影线在不同位置上虚实不同：当股价从高位回落时，形成它下影线的买盘较虚，当中不乏尾市拉高以便下周继续卖出的护价盘。而当股价持续下跌之后，形成它下影线的买盘较实，当中大多是低位建仓盘（见图 5 – 24）。

那么，上下影周阴线应该怎样操作呢？

（1）在股价经过反复上升之后出现此线，是走势由上升转向下跌的标志，属于强烈的卖出信号，其后必出现一轮跌势。因此下周应该果断卖出，并且暂时离场观望。

（2）如果它前面是一条不小的周阴线，本周出现这种阴线说明下周仍将收出周阴线，但是下周达到或者即将达到底部，股价跌势将尽，升势在望。在操作上，空仓者应该在下周寻找低位部分建仓，在下周止跌回升时继续加码买入。持股者在下周的高位短线卖出，但是仍然应该在下周低位重新买入，以防踏空。而中长线持股者既然不能在本周较高的价位卖出，下周卖出的意思已经不大。

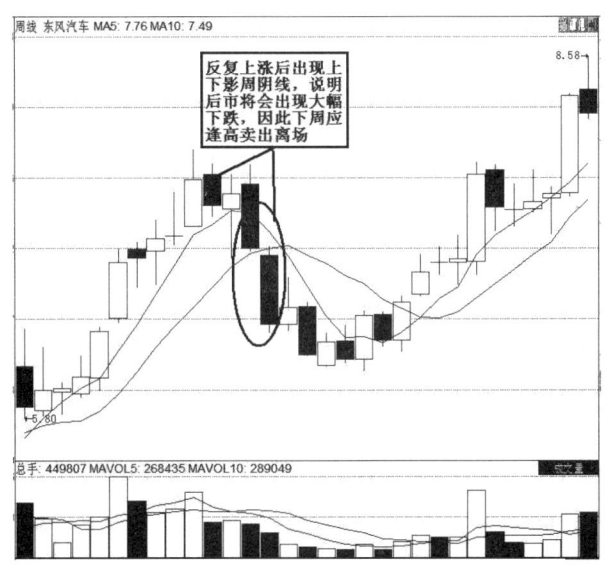

图 5 - 24　上下影周阴线图解

（3）如果它前面是一条下影光头阴线，本周的上下影阴线最高价、最低价均未能超过上周的范围的话，那它意味着股价已经探底回稳，是一个强烈的买入信号，下周股价将会掉头上升。因此，下周开盘应该果断满仓杀入，而且之后应该以持股为主，在下周走势转弱时才考虑卖出较为稳妥，因为可以期待此后将走出一波较有力度的上升行情。

【特别提醒】

上下影周阴线出现的频率较高，但是比较经常出现的位置是走势由上升转向下跌的转折点，或者是跌势将到尽头的前一周，因此，这种周阴线有预警的意味。

13. 长上影光脚周阴线

长上影光脚周阴线（见图 5 - 25）是指开盘价高于收盘价但远远低于最高价、收盘价等于最低价的周K线。其中心值位于上影线区间。

【K线小辞典】

本周开盘之后，买方曾经展开积极的攻势，而且一度占据了优势，将股价推高到相当的程度，但是卖方在较高的位置组织了反击，不仅将买方一度占领的地盘全部收回，而且将股价压低到最低价收盘。

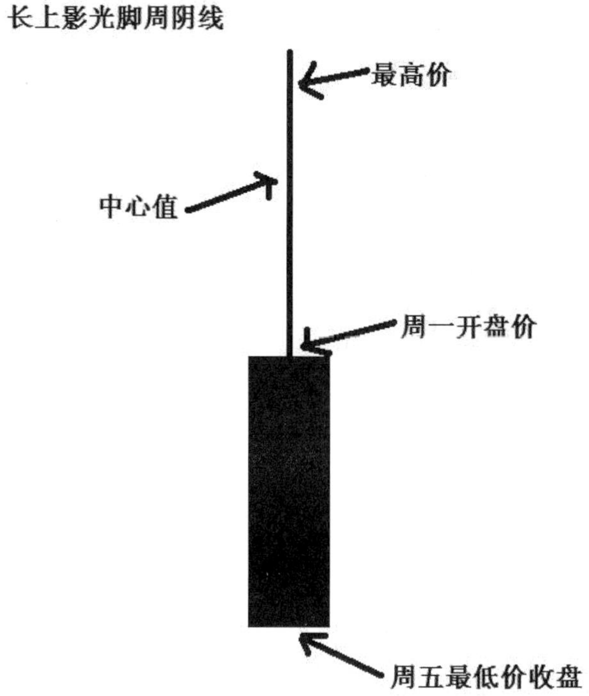

长上影光脚周阴线

图 5 - 25　长上影光脚周阴线示意图

在日线图中，这种 K 线是一种强烈的卖出信号，表面上看，卖方已经完全掌握了主动权，买方已经完全丧失了反击的能力。但是在周 K 线图中，这种 K 线出现的意义，与日线图有很大的不同，它只反映了买方推高受阻的走势，虽然在某些情况下不排除买方力量转弱的可能，但是在更多的情况下，它暗示买方正在试探卖方的实力，不动声色地组织一轮上升攻势（见图 5 -26）。

鉴于以上分析，投资者可采取以下方法操作该股：

（1）如果此线的整个线体与上周相比不短的话，那么，不管它前面是一条阳线还是一条阴线，它都是一个对称性整理的信号，紧跟着而来的必然是一条带有长下影线的周阴线。在操作上，总体来说宜静不宜动，因为在这种情况下容易出现"做得多、错得多"的毛病。而较为进取的空仓者，用小量资金在下周低位作个短线也未尝不可，但是期望值不宜过高。

（2）如果它前面是一条周阳线或者是十字星，又或者本周的线体十分短小，那么，下周拉出阳线的概率相当高。凡是符合这三种情况中的一种，下周初都可以趁低买入待涨。而被套者则不必在下周初斩仓。

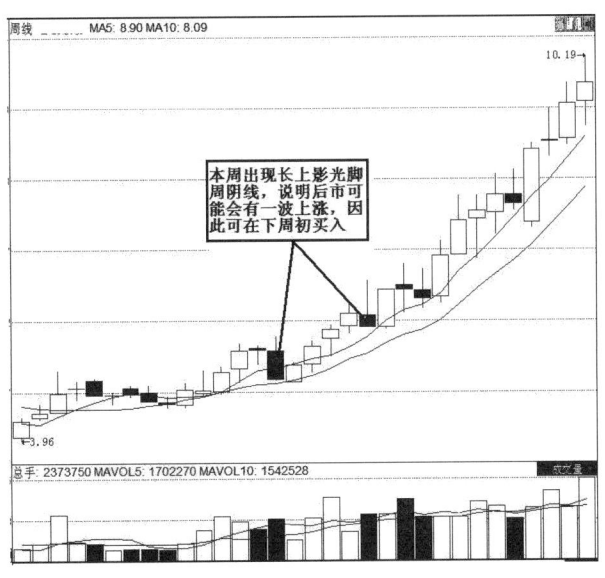

图 5 - 26　长上影光脚周阴线图解

【特别提醒】

长上影光脚周阴线的特征是，中心值穿过较长的实体，开盘便是周内的一个极端价位，说明优势方几乎始终控制着市场的运行，而被动方则无力进行反击，表明市场延续上攻或阴跌局面的可能较大，即预示下周有望再收类似的周线形态，通常也属于强势买卖信号，除非出现在较长的趋势运动后，或 K 线本身过大且日线已有转折信号之时。

14. 长下影光头周阴线

长下影光头周阴线（见图 5 - 27）是指收盘价低于开盘价而又明显高于最低价、开盘价等于最高价的周 K 线。其中心值位于下影线区间。

【K 线小辞典】

本周一开盘，卖方就发动进攻，实际上，这次卖方的进攻很有可能是在上周甚至更前一些时候延续下来的。买方在相对较高的位置上并无抵抗，因而卖方得以进一步压低股价，而且一度向纵深发展。可是，当股价被压低到一定程度的时候，卖盘渐显不济。这时，原来不动声色地在低位吸纳的买盘逐渐显露出来，而且当其在低位接不到筹码的时候，愿意以较高一些的价位去买进，以致将曾经被卖方打低了的价位有拉了起来。虽然收盘价仍然低于开盘价，但是买方在低位主动建仓的意图已经显露无遗。

长下影光头周阴线

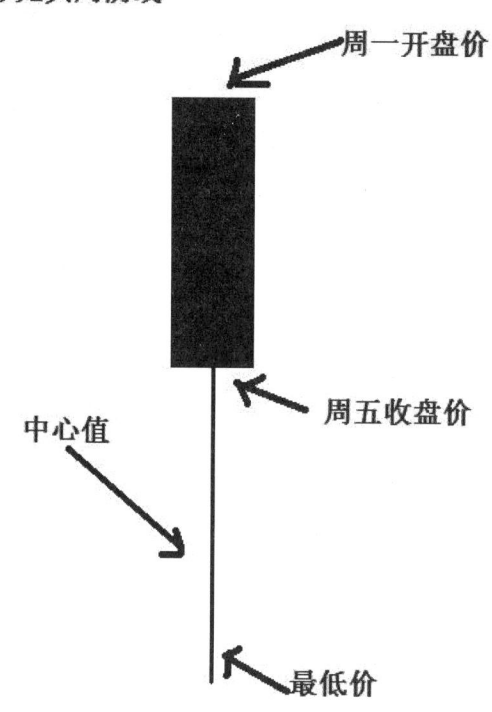

图 5 - 27 　长下影光头周阴线示意图

　　虽然这种周 K 线与短下影光头周阴线只有下影线长短不一的区别，但是这一点有十分重大的意义。也可以说，这就是本质的区别。长下影光头周阴线虽然毕竟是一条阴线，而且一开盘就下跌，但是它的收盘价已经高于本周中心值，被买方收复了的下影线已经比卖方占领的阴线实体更长，也就是说，在全周买卖双方争夺的区域内，买方已经控制了大部分的地盘。明眼人可以看出，买方的力量已经显著增强，在阴线外衣的掩护下，一场多头攻势正在酝酿之中。事实上，沪深两市中级以上的上升行情，大多是由这种周阴线作为起点的。因此可以说，长下影光头周阴线是股价由下跌转向上升的攻防转换点，如果当时的股价已经经过了一段调整，那它就是一个强烈的买入信号（见图 5 - 28）。

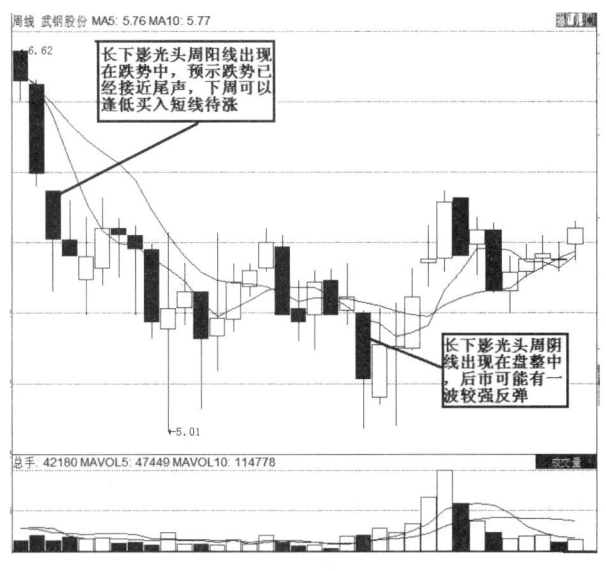

图 5 - 28　长下影光头周阴线图解

投资者可采取如下方法操作：

在大多数情况下，长下影光头周阴线预示着跌势的结束和一轮上升行情的展开，因此，下周初段买入获利的概率很大；而且下周买入后如果股价果然上升的话，中线持股将比短线操作获利更大。如果下周股价并没有上升，同时也没有明显的下跌，而是在本周价格范围内波动，那说明正在进行充分的筑底，再下周仍然会展开上升行情，操作上仍然坚持建仓持股不改变。

【特别提醒】

长下影光头周阴线偶尔出现在下跌过程中，若下周跌穿本周最低价而创出新低的话，将会连续拉出 2～3 条周阴线。在操作上，若已经在本周低位或者下周初建仓的投资者，万一下周跌破本周最低价，应该果断地斩仓止损。但是，这种情况出现的很少。

15. 长上影周阴线

长上影周阴线（见图 5 - 29）是指开盘价远远低于最高价但高于收盘价、收盘价又高于最低价的周 K 线。其中心值位于上影线区间或者开盘价附近。

长上影周阴线

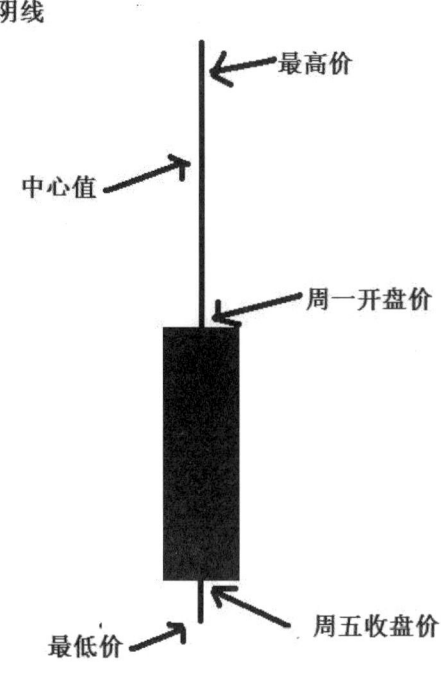

图 5 - 29 长上影周阴线示意图

【K 线小辞典】

在本周内买方曾经发动一轮攻势，而且一度得手，但是上档的卖压十分沉重，不仅将买方推高了的股价压了下来，而且继续向开盘价以下的区域推进。买方在上攻失败之后，转为在较低的价位上抵抗，使得卖方不能以最低价收盘。

这种周阴线的技术分析要点，在于它反映了两种类型的行情：其一，在上升行情中，它表现为冲高受阻行情，反映了买盘力量渐弱而卖盘力量渐强，买卖双方力量对比发生重大变化，价格走向发生逆转的可能性较大。其二，在经过下跌的低价区内，它反映了整理寻求突破的行情，本周买方上攻行动虽然暂时受挫，但说明买方正在试探上档卖方阵营的虚实，买方力量正在壮大，不排除进一步采取行动的可能（见图 5 - 30）。

以上述分析可以看出，长上影周阴线经常出现在由上升转向下跌、或由下跌转向上升的转折点上，分别扮演着卖出信号或买入信号的角色，因此对它的出现不可等闲视之。例如，1993 年 8 ~ 12 月，上证指数频频在周阳线之后拉出长上影周阴线，其后都出现了一波跌势。

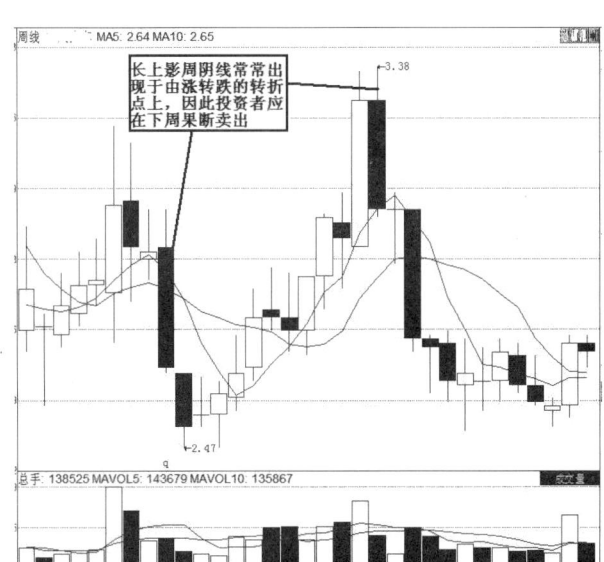

图 5 - 30　长上影周阴线图解

出现长上影周阴线后，对后市的预测和操作策略如下：

（1）如果上周是一条周阳线，而且本周的最高价高于上周的话，那么，长上影周阴线的出现，是股价由上升趋势转为下跌的标志，至少有一波中期的调整。因此在操作上应该尽早果断卖出。

（2）如果在线体较长的长上影周阴线后面出现的不是阴线，而是一条相对较短的周阳线的话，那么，它预示着更大的一轮跌势在这根阳线之后发生，因此，坚持卖出的方针不能动摇。

（3）如果本周的阴线线体不大，而且出现在两条以上的周阴线后面的话，那么下周（最迟在再下周）股价将由下跌转向上升。在操作上，下周应该选择低位部分建仓，待到升势明朗之后再加码买入。如果万一下周仍然收阴线，部分仓位被套牢也不应该斩仓，而是再下周坚持加码买入，摊低成本，等待上涨。

例如，上证指数 1994 年 7 月下旬在持续下跌之后拉出较短小的长上影周阴线，结果其后走出一波强劲升势，两个月之内最大升幅达 2.2 倍。

【特别提醒】

长上影周阴线经常出现在由上升转向下跌、或由下跌转向上升的转折点上，分别扮演着卖出信号或买入信号的角色，因此对它的出现不可等闲视之。

16. 长下影周阴线

长下影周阴线（见图 5 - 31）是指开盘价低于最高价但是高于收盘价、收盘价明显高于最低价的周 K 线。其中心值位于下影线区间或收盘价附近。

长下影周阴线

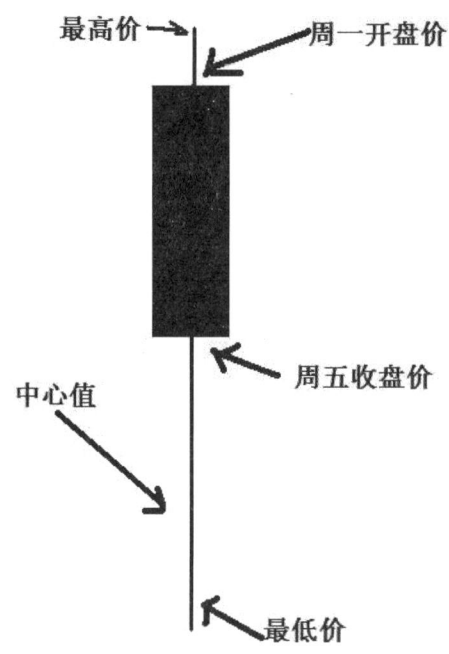

图 5 - 31　长下影周阴线示意图

【K 线小辞典】

本周买方一度推高股价，但是由于力量不足，浅尝辄止，很快就被卖方压了下来，但是，当卖方将股价压得较低时，又遭到买方的反击，将股价拉高到中心值之上收盘，显示买方在低位的优势并未丧失。

这是一种经常出现的周 K 线。从收盘价的位置来看，好像买方的力量并不弱，因为下影线已经长于阴线实体，因此，在日线图中，这种 K 线是走势由弱势转强的迹象；但是，在周线图中却正好相反，它往往出现在走势由强转弱的关口，其长长的下影线不过是抵抗下跌的形态而已，在很大程度上，它还露出了买方拉高出货的痕迹（见图 5 - 32）。

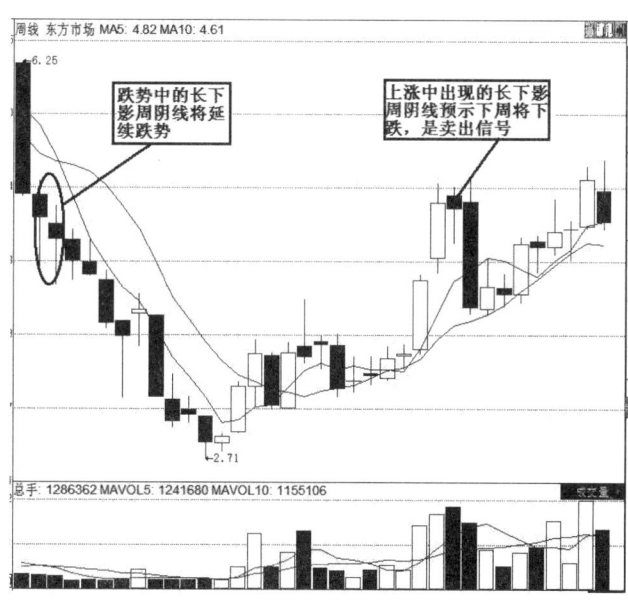

图 5 - 32　长下影周阴线图解

在大多数情况下，长下影周阴线都预示着跌势的展开或延续，因而可视之为明显的卖出信号，下周开盘应该是追卖的时机。

【特别提醒】

一般来说，长下影光头周阴线是股价由下跌转向上升的攻防转换点，如果当时的股价已经经过了一段调整，那它就是一个强烈的买入信号。

17. 周K线见底回升信号

周K线见底回升信号是指股价经过持续下跌，触及或者初步探明底部，股价运动即将从原有的中长期下跌趋势转为中长期上升趋势所形成的特有的形态。在通过对国内股市的周K线组合与香港恒生指数、美元兑日元期货的对比中发现，在股价运动的几种基本阶段中，见底回升信号的种类是最少的。它们在见底回升时的周K线组合总是很相似的，也就是说，周K线见底回升信号有较广泛的应用面和较高的准确率。

【K 线小辞典】

一、三阴见底形态

三阴见底形态（见图 5 - 33）的周 K 线组合，是指在两根大的周阴线后面，紧接着出现一根长下影光头周阴线的形态。这三条周阴线组合的出现，意味着股价已经到达中长期的底部，大势即将逆转而上。

三阴见底形态

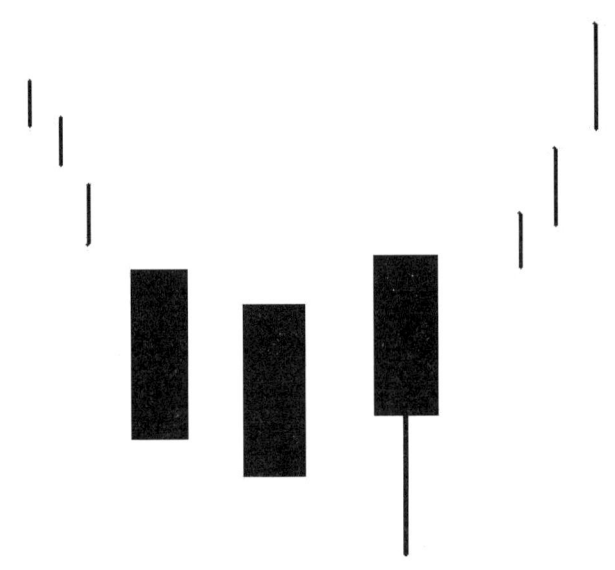

图 5 - 33　三阴见底形态示意图

三阴见底形态的特征如下：

（1）三阴见底形态必须由三条或者四条接连出现的周阴线组成。这几条周阴线之间不应该夹有周阳线，否则就不是三阴见底！

（2）前面两条周阴线一般都是光头光脚周阴线，但也有带上下影的例子，因而带上下影线也是标准的类型。

（3）最重要的特征是，最后一条周阴线必须是长下影光头周阴线，其中心值应该在下影区间，但是，如果中心值位于收盘价附近，或者带有很不明显的上影线，也属正常。

（4）这种周 K 线组合夹有一条阴十字星或者是一条实体十分短小的上下影周阴线，但其测市应用的功能与三阴见底形态相同。

三阴见底形态这种周 K 线组合的出现，反映了股价已经经历了持续而大幅的向下调整，其间很有可能已经出现过多次向下跳空而先后形成的持续性和枯竭性的缺口，为后市的扬升留下了需要填补的空间。此时经常伴有的是市场成交清淡、投资人悲观气氛弥漫，人们对底部的预期一次一次地向下调整，一些被套牢者已经失望到了连股价行情都不愿意去看的地步，愿意斩仓的人都已经离场。而此时恰恰是股价下跌趋势已到尽头的阶段，一些敏捷的机构已经不动声色地在低位吸纳筹码，从而使最后的那根周阴线形成了长长的下影线。这条长长的下影线表明该股已经探明了底部，股价已经获得了坚实的支撑，大势逆转已在眼前。

二、上影召阳形态

上影召阳形态（见图 5－34）的周 K 线组合是指在两条或者两条以上的周阴线后面，紧接着拉出一个上影线很长的阴十字星或者一条上影线很长的周阴线之走势。其长长的上影线看似很吓人，实际上它已经在召唤着大阳线的到来，凌厉的升势将由此展开。

其形态特征为：

（1）上影召阳必须由三条或者三条以上的周阴线组成。

（2）这个形态的最后一条周阴线必须是上影线很长的阴十字星或者上影线很长的周阴线，其上影线必须达到上周周阴线的中心值，或者完全包住上周的阴线，成阴包阴组合。

（3）最后一条周阴线的中心值，应该位于其长上影线区间。

对于日 K 线来说，上影召阳形态是一种当天反弹失败的表现，由于经过当天的反弹，很有可能使原来已经超卖的技术指标又腾出了下跌的空间，股价进一步下跌的可能性很大，因而它是一个短期追卖的信号。

但是，在周 K 线图上，上影召阳形态却是一个买方试盘、多头即将展开一轮强烈攻势的征兆，因此它是股价中长期见底回升的信号。

（1）上影召阳周 K 线组合形态的出现，大多数与消息面的重大变化有关。股价经过一轮持续下跌之后，已经出现了超跌的现象，此时，管理层为了搞活股市，正在酝酿一些利好的政策，先听到消息的少数人赶紧买入股票，冲动的买盘一度把股价拉的较高，而另一些人怕股价继续下跌，就乘股价回升之时大量抛出，把拉高了的股价又打了回去，这样，就在周 K 线图上出现了长上影阴线或者长上影十字星。但是，由于部分上档筹码被扫清，主动性买盘继续大量涌入，一波凌厉的升势由周阴线组成。

上影召阳形态

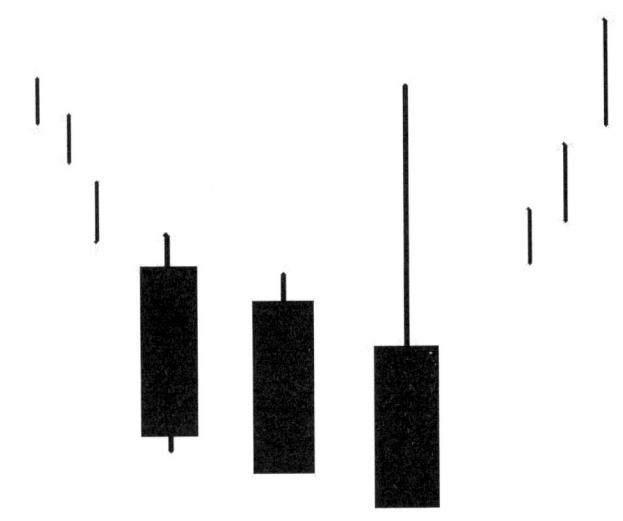

图 5 – 34　上影召阳形态示意图

（2）这个形态的最后一条周阴线必须是上影线很长的阴十字星或者上影线很长的周阴线，其上影线必须达到上周周阴线的中心值，或者完全包住上周的阴线，成阴包阴组合。

（3）最后一条周阴线的中心值应该位于其长上影线区间。

1994 年 7 月底，上证指数（见图 3 – 35）的 325.8 点和深成指的 944.77 点大底部，就是以上影召阳的周 K 线组合形态来表现的。此后，沪深股市不仅在 1994 年 9 月分别上升至 1053 点和 234.7 点高位，更重要的是，这个底部确认了沪深股市自 1993 年以来的熊市的结束和一个新的牛市的展开，直至 1996 年年底，这个底部均未被再次跌破过。

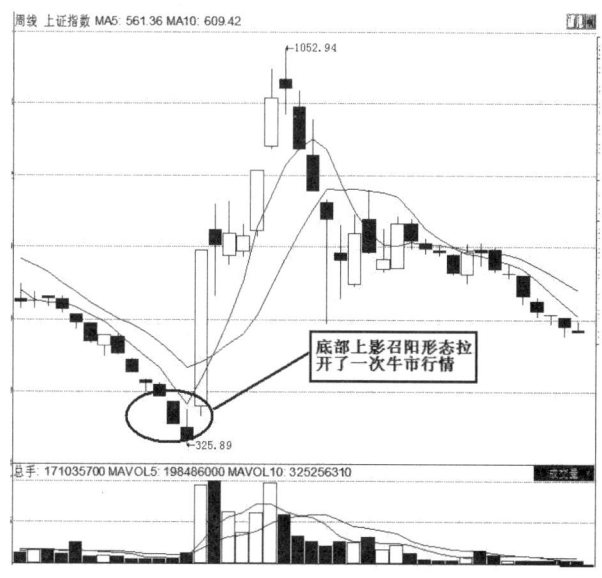

图 5 - 35　上证指数上影召阳形态图解

实际上，上影召阳形态在反弹行情中也会出现，也就是说，出现上影召阳形态，未必就是探明大底然后会有大幅攀升。例如，1993 年 9 月下旬，上证指数形成上影召阳之后，从 864 点反弹至两周后的 932 点，升幅仅为 7.8%。但是，出现上影召阳形态之后，会走出扬升行情拉出周阳线，这一点是明确的。

那么，究竟怎样去判断上影召阳形态出现之后，是走出反转大幅上升行情呢？还是仅仅走出小反弹？

最重要的是，要看这个上影召阳形态出现在什么位置：如果它是出现在持续大幅下跌之后，那它就是探明大底，反转上升；如果它只是出现在小幅下跌之后，那么它就意味着只会走出反弹行情。

那么周 K 线出现上影召阳后，投资者该如何操作呢？

（1）上影召阳形态出现在持续大幅下跌之后，意味着探明大底，大势转向中长期上升，因而是一个强烈的买入信号，此时投资者应该果断买入，并坚持中线持股策略不动摇。

（2）它如果是出现在小幅下跌之后，意味着反弹将要发生，此时应该果断作短线买入，但是不应该有过高的预期，而是在反弹出现后见好就收，选择一个合适的高位获利了结。

（3）如果它出现后，次周股价跳空高开高走，上升行情就被确认，应该及时买入，不要因为期望回落而贻误战机。

当次周上升超过该上影线的最高价时，证明升势顺利展开，可以加码至满仓持股。

万一股价高开低走，并且跌破上影召阳形态，也就是说，出现上影召阳形形态，未必就是探明大底然后会有大幅攀升。

【特别提醒】

周 K 线组合形态的转折信号是指股价经过持续上升或下跌，触及顶部或探明底部。股价运动即将从原有的趋势转为相反的运动。带有上（或下）长影线的 K 线表示转折，这一点在周线中比日线中的概率要高，稳定性也好。对于预测中线行情具有很大的帮助。

18. 周 K 线持续上升信号

持续上升信号是指股价走势经过探底之后，形成中长期上升趋势，并将沿着上升趋势发展的行情，在周 K 线线上所形成的特定的组合形态。它预示着股价在未来一段时间将会进一步上涨。

【K 线小辞典】

一、福星高照形态（见图 5 - 36）

一条大阳线后紧跟着两颗连续的周十字星，十字星的线长比大阳线短。这种组合形态通常出现在第一升浪后的第二调整浪中，两颗短小的十字星出现在气势磅礴的大阳线之后，说明股价上升趋势虽然得到遏制，但由于出现大阳线而未出现大阴线，证明买家依然占主导地位，股价将展开新一轮的上攻行情。

其形态判别特征为：

（1）两颗周十字星之前的周 K 线，必须是一条大阳线。

（2）紧随大阳线后的两颗十字星，在线体的总长上必须比大阳线小。

（3）从成交量上看，第二颗十字星的成交量要明显小于前两周线。

福星高照形态通常出现在股价运动经历了第一上升浪之后的第二调整浪中，两颗十字线出现在一条气势如虹的大阳线之后，说明股价上升趋势虽暂受

福星高照形态

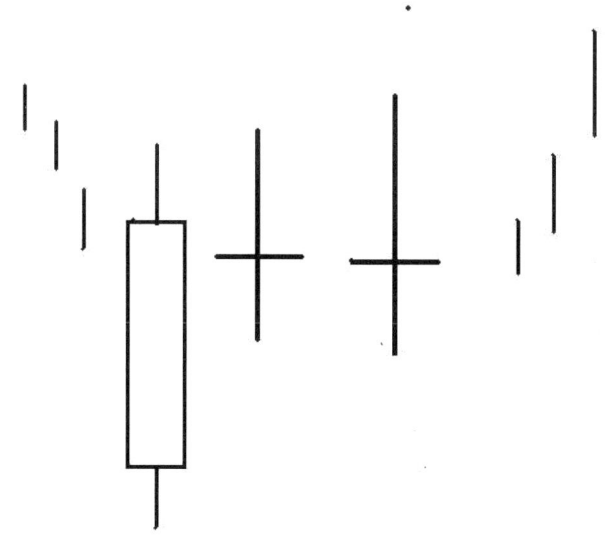

图 5 – 36　福星高照形态示意图

遏制，但因为没有在大阳线后出现大阴线，证实买方力量依然占据主导地位，现阶段的调整只是一种强势调整，只不过是对先前大幅上扬而造成的过分陡峭的上升通道的一种修正，是过分旺盛的买气的暂时休整，通过短暂的休整股价运动往往展开一轮更为气势磅礴的上涨（见图 5 – 37）。

投资者可采取的后市操作策略为：

（1）福星高照形态的出现，应该是建仓的良机。可以说经过短暂调整，会清洗出不坚定分子。

（2）如福星高照形态出现后，一周内股价未大幅上扬，而是再出现一条小阳线或小阴线，此时不必着急，因为下周股价必然展开上升行情。

（3）福星高照形态出现后，将会有一个中级以上的上升行情，股价将在反复波动中出现连续 3 周的上涨。从操作策略上应以中线持股为上策！

（4）如果福星高照形态出现的下一周，股价不涨反跌，但止跌于这两颗十字星的下影线区间就止跌回升，可视为新一轮涨势的开始，一旦突破十字星的上影线，这轮涨势就得到确认。但是如果有效跌破这两颗十字星的最低价，说明股市出现不测之风云，应止损离场。

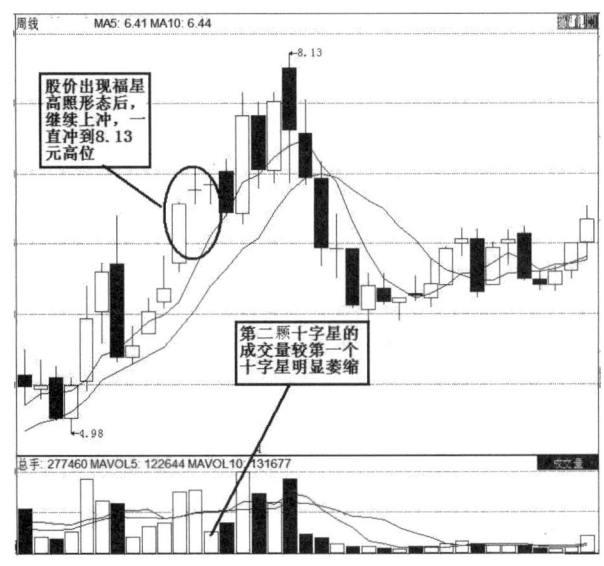

图5-37　福星高照形态图解

二、阳线加阳

阳线加阳形态（见图5-38）是指在两条周阳线之间，夹着一条小阴线或者类似十字星的小K线的周K线组合形态。

投资者根据以下特征识别阳线加阳形态：

（1）第一条周阳线与它前一条周线相比较，必须是一条中阳线，甚至是一条大阳线，也就是说，它的线体应该相对较长。若它比前一条周线还更短小的话，此形态就不能成立。

（2）第二条周K线（即两条阳线之间的K线）必须明显较为短小。它通常是一条阴线，也应该是一条很小的阳线，或者是一颗十字星。

当它是一条阴线的时候，只有两种情形符合此形态的范例：

其一，它是一条向上跳空的阴线，可能带有较长的下影线，但是它的阴线实体必须较短小；收盘价就在上一条周阳线的收盘价四周或者略微低一些，但是它的收盘价不能达到或者低于上一条周阳线的中央值。假如这条周阴线的收盘价达到或者低于上一条周阳线的中央值的话，那它就是一个见顶回落的信号，就不会紧接着拉出周阳线。

其二，这根阴线实体比它的影线要长，而且收盘价就在上一条周阳线的中心值四周甚至更低，这时，它必须与上一条周阳线成为孕线组合；否则，此形态也不能成立。当它不是一条阴线，而是一条阳线或一颗十字星的时候，其形态成立的条件只有一个，那就是它必须明显短于第一条周阳线。

阳线加阳形态

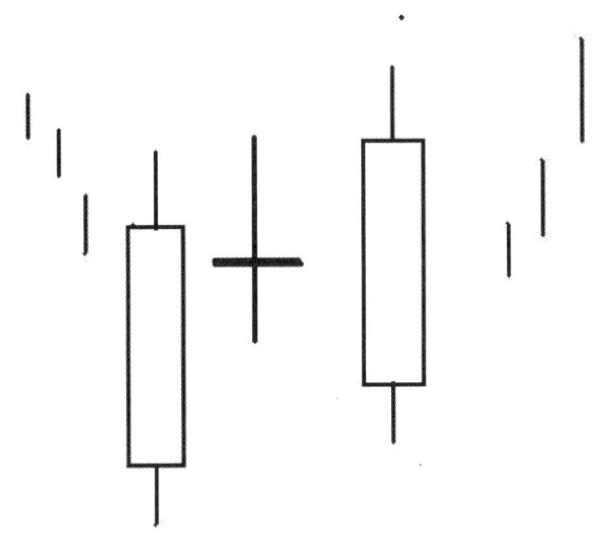

图 5 – 38　阳线加阳形态示意图

（3）第三条周 K 线必须是阳线，当它前面是一条小阳线的时候，它必须是一条中阳线；当它前面是一条阴线的时候，它的收盘价应该超过这一条阴线的开盘价；当它前面是一颗十字星的时候，它可以是一条较小的阳线，成孕线组合。

阳线加阳形态常常出现在第一浪和第三浪的上升过程中，有时也出现在中级反弹行情里。它实际上反映了上升行情经过短线整理之后，再继承升势的股价走势。

第一条周阳线通常是上影线明显短于下影线的 K 线，有时甚至是光头阳线。由于看涨的投资者居多，买盘纷纷涌入，形成价升量增的局面，拉出相对较大的一条阳线。但是，到了第二周，一些短线获利盘开始涌出，在上档形成较大的压力。而买方主力机构又不急于强行拉高，而是在较低的位置接纳卖盘，以获得较低成本的筹码，因此形成一条小阳线或者其他短小的 K 线，一旦短线卖压穷尽，买方主力由被动接纳改为主动出击，一些旁观者见股价掉不下来，便加入买方阵营，更促使买气再度旺盛，为周 K 线图上再添一条阳线。

经过短线整理再度向好的行情,不仅坚定了买方的信心,而且使先前犹豫不决的旁观者消除了疑虑而加入买方阵营,买方力量日益壮大,后市继承向好已成定局。

在这个组合形态中,两条阳线之间的小阴线或者其他类型的小 K 线,如同数学里的加号 (+),阳线加阳线,其答案必然是阳线。

阳线加阳形态是一个出现频率较高的持续上升信号,在沪深股市的指数和个股走势中较为常见。

例如,上证指数在 1992 年年底至 1993 年年初 (较典型)、1993 年 4 月 (不典型)、1995 年 7 月 (典型)、1996 年 10 月 (较典型)、1997 年 1 月均出现这种形态。在个股走势中,这种形态更为常见,申华控股 (600653) (见图 5 – 39) 于 1996 年 6 月正是以这种组合形态为起点,展开了一波持续反复上升的行情。

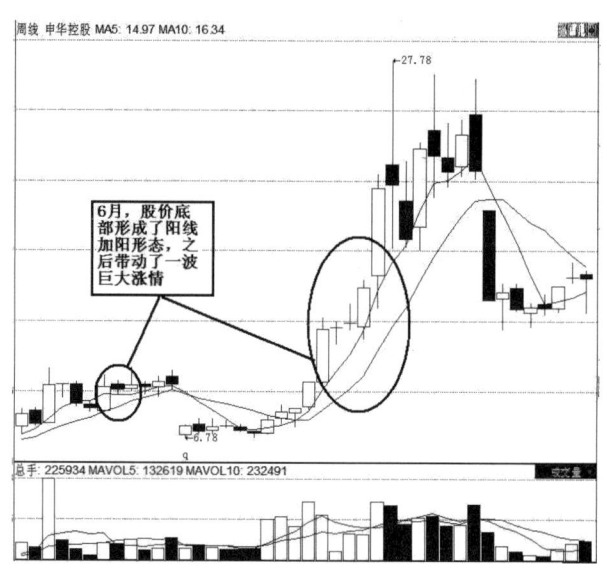

图 5 – 39 申华控股阳线加阳形态图解

阳线加阳形态在大多数情况下,均预示后市持续上升,但其形态的类型不同,其后市上涨持续时间与升幅会有不同,甚至还有形态失败的例子,因此要予以辨别,区别对待。

(1) 标准的阳线加阳组合形态,应该是一条明显短小的小阴线或者一颗小十字星孕育在第一条阳线之中,而且第三条 K 线是一条中小阳线,其长度与第一条阳线相仿或者更小。这样的组合形态预示后市会有较为持续的上涨行情,就像大冷股份（000530）在 1996 年 6 月以后的走势那样。

（2）假如第二条阴线或十字星较大，而第三条 K 线与第一条相比，是较小的话，那么，此形态出现之后，一般会有两周左右的上升行情，然后进入调整。

（3）假如第三条 K 线是比第一条阳线更大的阳线的话，说明主力已经沉不住气，很有可能快速拉高之后出货了结，随后拉出长上影大阴线的可能性较大。因此，在操作上，假如第三条 K 线是大于第一条阳线的话，应该密切关注下一周走势，一旦发现股价快速大幅拉高，应该及时获利了结离场观望。

【特别提醒】

对于持续上扬的 K 线组合，一定要放到特定的市场环境中去研究。同样的组合如果使用不当，那么结果就不同。如两阳夹一阴（或夹十字星），一般而言，这个 K 线结构是表示一个持续的上升；但是，同样的这个组合在不同的位置的表现就不同，而且中间的阴线的大小不同都会出现不同的结果，我们要把 K 线的走势与趋势交易、波动相关的理论去研究，而不是局限在 K 线本身的分析。

19. 周 K 线见顶回落信号

周 K 线有一种形态被称为阴阳齐天形态（见图 5 - 40），其股价走势出现一阳一阴、先阳后阴、长度大致相等的周线组合，阴线的成交量小于阳线，通常出现在股价经过急跌之后，中级反弹的顶部，它是中期见顶的信号，投资者应逢高卖出。

【K 线小辞典】

这种周线在实际走势中出现不多，但它一旦出现，杀伤力却不小。与光头光脚周阴线相比，多出的一条上影线，意义变得完全不同。这条上影线的出现有两种可能：

（1）买方主力确实尝试推高股价，但上档抛压十分沉重，只推高一点点，就被打下来。而且以最低价收场，说明卖方力量远远大于买方力量。

（2）买方拉高股价只是为了拉高出货，而卖方则乘机压低价格，原来的买卖双方都开始做空，对多头实施了沉痛的打击。

阴阳齐天形态

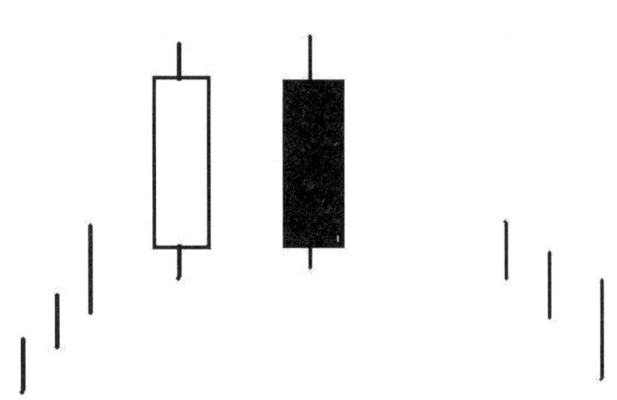

图 5－40　阴阳齐天形态示意图

这两种可能一经形成，顺势及时卖出都是明智之举。

阴阳齐天形态特点是，这两条周 K 线一阳一阴，先阳后阴，长度相仿或阴周线略小，但是全是中等以上的大型 K 线，后面的周阴线的最高价有时会高于前面的周阳线，但只是略高而已，否则形态不成立。后面的阴周线所对应的成交量要小于前面的周阳线。

一般来说，阴阳齐天形态通常出现在股价经过急跌之后、中级反弹之后的顶部。因此，它是一个中期见顶的信号。股价从大顶峰开始滑落，引出大量抛盘，形成急跌走势。由于回落过猛，造成短期技术指标的超卖，因而引发一定力度的抄底反弹，但股价回升到顶部时，前期没有及时卖出的投资者借机及时卖出。短线抄底资金也落袋为安，解套盘、获利盘一起涌出，使股指升势受阻，一条与周阳线相当的周阴线，已经为后市指明方向。

由于经过强烈的反弹，原先已进入超卖的短期指标已经得到修正，为后市的下跌腾出空间，而一些中期技术指标则发出卖出信号。

阴阳齐天形态实际上是在 2 周之内明确拉大市的反转，由于反弹的出现，导致跌势更加严重，它是一个杀伤力颇大的见顶信号（见图 5－41）。

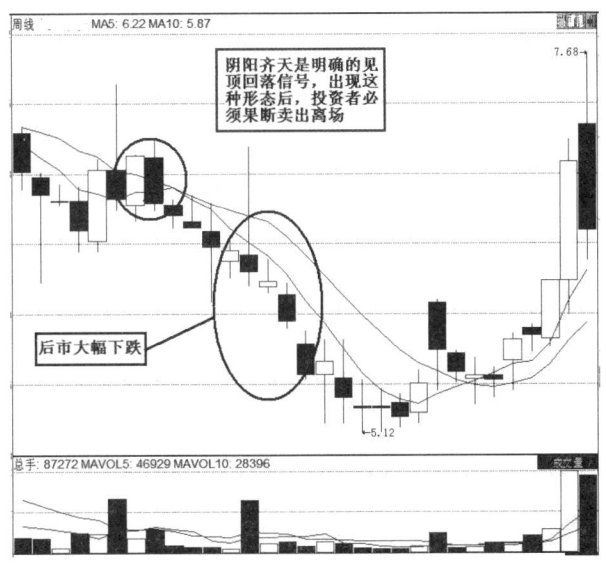

图 5 - 41　阴阳齐天形态图解

一旦出现阴阳齐天形态，投资者应该怎样操作呢？

（1）阴阳齐天形态出现之后的一周，将会继续走下跌行情，周线仍会收阴。因此开盘初期还是以卖出为主。

（2）阴阳齐天形态预示着一个中级调整的到来，但下跌行情也会有反复，即在下跌的行情中，会有短线反弹。如果阴阳齐天形态的第二周拉出周阴线，在第三周会走反弹行情，收出周阳线的机会很大。

（3）先前没有及时卖出的股民，可借反弹离场。空仓者建议继续观望，因为第三周可能再次收阴。

【特别提醒】

短线高手若有较强的进取意识，不妨在下周低点适量轻仓参与，在第二周，反弹高位获利了结。当然这种操作风险极大，应该提前充分意识到这点，以防措手不及。

20. 周 K 线中心值

周 K 线中心值是股票市场和期货市场中十分独特而且十分重要的概念，它对于研判本周走势的强弱、运用周 K 线进行短线操作，都具有重要的辅助作用。

【K 线小辞典】

中心值是指一条周 K 线的最高价和最低价之间的中心位置。其计算方法为：

$$中心值 = （本周的最高价 - 本周的最低价）÷ 2 + 本周最低价$$

中心值是日 K 线理论中没有而且没有必要的，只在周 K 线、月 K 线测市应用理论中存有价值独特的重要概念。由于它是一周内最高价与最低价之间的中心，因此，在整个技术指标分析系统中，可以将它列为均价指标的范畴，因为也可以说它是一周之内的平均价。尽管一周有 5 个交易日，但是中心值的概念却与 5 日移动均线不同，一些投资者会错误地以为 5 日移动均线是将一周 5 日的收盘价作算术平均，而不理会这 5 天当中的最高价和最低价。从测市的功用来讲，5 日移动均线与中心值各有特色。5 日移动均线对于收盘价的短期变化反映比较灵敏，而中心值一般不理会上周五的收盘价，只以本周的波幅作为依据，再有就是不理会收盘价，而是对本周内最高价与最低价作平均值计算，因而更能反映本周内买卖双方力量对比的变化。此外，它不逐日移动计算，在失去了短线敏感同时，它对次周的走势却有一个相当、固定的预期和对短线波动对次周全周走向的影响有一个判断的依据，因此它具有它自己独特的优越性。

中心值在股市中的应用主要有以下两个方面：

首先，对本周走势强弱的研判和对下周走势预测的辅助作用。

根据中心值与周 K 线的收盘价及最高价、最低价之间的距离关系，可以对本周的走势强弱做出正确的评价，并且以此作为对下周走势进行预测的辅助依据。主要的规律有：

（1）当本周收出周阳线，而且开盘价低于中心值、收盘价高于中心值的时候，其收盘价距离中心值越远，说明本周走势越强。在这种情况下，如果收盘价是本周内离中心值最远的价位，那么说明上升动力得到充分的释放，下周存在收出周阴线的可能；如果本周的收盘价距离中心值较远，但是又不是最远的价位的话，说明本周属于强势市场，但是买气又未耗尽，在大多数情况下，次周将会创出比本周最高价更高的价位。

（2）当本周收出一条阳线，但是开盘价与收盘价均低于中心值时，收盘价距离中心值越近，说明本周市场越偏向与强势。但是，总体来说，本周买卖双方争夺较为激烈，买方力量暂时占据优势。在这种情况下，如果下周跌破了本周的最低价，将会出现一次较急的跌势；反之，如果下周买方能重返本周中心值之上的话，那么下周继续收阳的概率就很大。但总的来说，出现这种情况后，在多数的情况下，下周以本周中心值为中轴小幅波动的可能性最大。

（3）当本周收出一条阳线，但是开盘价和收盘价均高于中心值时，说明本周走势表面上很强。实际上已经蕴涵了卖方反扑的危险。当收盘价和开盘价距离中心值越远时，这种危险就越大。在这种情况下，下周收出阴线的可能性很大；当下周股价跌破本周中心值时，下周周线收阴已经不可避免。

（4）当本周收出一条阴线，开盘价高于中心值、收盘价低于中心值时，其收盘价距离中心值越远，说明本周走势越弱。在这种情况下，如果收盘价是本周内距离中心值最远的价位，那么说明下跌的动力在本周已经大部分得到了释放，下周股价不会再出现大跌，小幅整理的可能性较大；如果收盘价距离中心值很近的话，说明低位承接的能力逐渐转强，下周若跌不破本周最低价的话，大势逆转的可能性就很大了。

（5）当本周收出一条阴线，但是开盘价和收盘价均高于中心值时，说明本周买卖双方争夺激烈，卖方力量暂时占据优势，收盘价距离中心值越远，说明买方的抵抗力度越大，在这种情况下，如果下周向上突破了本周最高价的话，股价将会走出一轮上升行情。

（6）当本周一条阴线，开盘价与收盘价均低于中心值时，说明本周走势表面上是买方占尽了优势。实际上，已经蕴涵了买方反攻的契机，下周一旦向上突破了本周中心值的话，说明买方反攻已经展开，下周周线收阳的机会较大，而一旦向上突破本周最高价的话，下周收阳已成定局，一轮上升行情已经出现。但是，万一下周回升至本周中心值附近未能向上突破，而且跌破本周最低价的话，将有可能出现新一轮跌势。

其次，投资者可以应用中心值做短线操作：

（1）当本周收出线体较大的光头阳线时，下周股价转向下跌的初期应该卖出一半持股，当股价跌破本周中心值时，应该全部清仓，暂时离场观望。

（2）当本周收出最高价高于收盘价、收盘价又高于中心值的阳线时，下周开盘若回落至本周中心值附近就企稳回升时，持股者应该至少在这一周内都坚持持股，而持币者则应该乘回升时买入待涨。

（3）当本周收出中心值高于收盘价的阳线时，若下周开盘上升又未能在本周中心值之上企稳就回落时，至少应该卖出手中持股的一半，若股价跌破本周的最低价，则应该将持股应该全部卖出。

（4）当本周收出带有明显下影线、收盘价低于中心值的大阴线时，若下周跌不破本周的最低价就上升，而且超越本周中心值的话，应该果断买入待涨；若下周回升至本周中心值附近就受阻回落时，则应该继续观望。

（5）当本周收出中心值明显低于收盘价的阴线时，若下周股价未能跌破本周中心值就企稳回升的话，可以视为上升行情，至少是反弹行情已经展开，应该及时买入跟进。

（6）当本周收出开盘价与收盘价均明显低于中心值的阴线时，若下周股价回升，但未能在本周中心值之上企稳就下跌的话，则应该视为新一轮跌势已经展开，应该果断卖出。

中心值短线操作法的应用并不仅仅限于以上的六种，但是由于具体内容比较繁杂，有待于在实践中总结。

【特别提醒】

在分析周线时，某些比例位如 1/3 或 2/3 位，常可充当较重要的支撑或阻力位，但作为最关键的黄金分割 1/2 位（即周中心值），无疑更具研判价值。原因是它不仅反映了股票的价值区间所在，而且说明了究竟是哪一方占据上风，并构成对价格波动趋向判断的重要依据。尽管周线最高价或最低价的突破往往具有决定意义，但在通常情况下，周线中心值的得失大多可发出买卖的最初信号，或能够引起市场足够的警觉。而此前变化较大的一周中心值的得失，则对中线乃至较长时期的走势也会产生较大的影响。

21. 周移动平均线的运用方法

周移动平均线（见图 5-42）是将 1 周内（5 个交易日）股票收盘价的平

均值连成一条趋势线，用于分析股市的一种工具。与日平均线相比，周 K 线准确性更高；看得更长远；信号更明确，波段更分明。

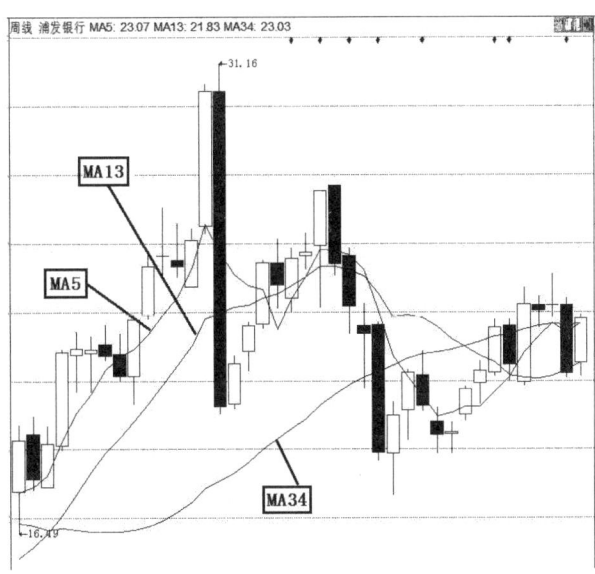

图 5 - 42　周移动平均线示意图

【K 线小辞典】

周移动平均线的运用方法为：

（1）周移动平均线的时间参数的设置为 5 周、13 周、34 周。

（2）当股价在 5 周均线之上收阳，而 5 周均线也同步上扬，其后收阳可能大；当股价在 5 周均线之上收阴，但没破 5 周均线，且 5 周线继续上升，股价为短线调整，下周继续上升可能大。

（3）当股价在 5 周均线之下收阴，且 5 周线处下行状态，其后下行可能大；当股价在 5 周均线之下收阳，而 5 周线仍处下跌状态，为短线反弹，其后下跌可能大。

（4）当股价持续上升后收周阴线，且破 5 周线，而且下周均线掉头下行并且高于股价，则股价要作中线调整，应离场。

（5）当股价持续下跌后收周阳线，且收盘价高于 5 周线，而且下周均线掉头上行并且低于股价，则有中级上升行情，应中线持股。

（6）短期周均线与中长期周均线形成黄金交叉，且中长期均线横走或开始上升，股价有中长期的升势，短期周均线与中长期周均线形成死亡交叉，且中长期均线横走或开始下跌，股价有中长期的调整。

（7）当股价处中期盘整，均线无大的意义，应多注重周线本身的分析和成交量的变化。

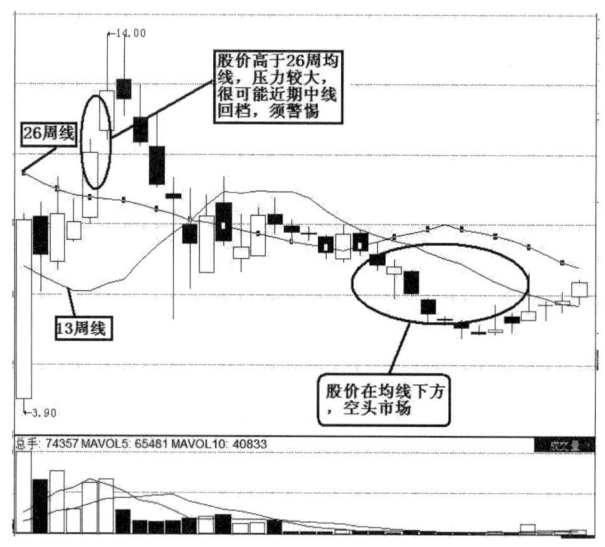

图 5 - 43　13 周与 26 周移动平均线战法图解

除了上述一般用法外，在这里还要特别介绍一下 13 周均线与 26 周均线的组合战法（见图 5 - 43）。

我们知道周移动平均线的主要用途，主要在于辨认股价趋势是否维持不变或已有反转迹象，因为周移动平均线的设计，目的即是为显示股价的长期趋势。理论上 13 周及 26 周移动平均线的基本应用法则大约有下列数项：

（1）与葛氏八法则的买卖时机大致相同。

（2）只要周 K 线仍停留在 13 周及 26 周平均线之上，仍可确认为多头市场。

（3）当周股价上涨，向上突破 26 周移动平均线，而 26 周移动平均线呈反转向上时，表示空头市场结束，多头市场已经开始。

（4）在多头市场中，当周股价上升幅度高于 26 周移动平均线，其 30 周乖离率达 +10 以上时，可能产生中期回档，因两者乖离程度愈大，其反压愈重。

（5）只要周 K 线低于 13 周及 26 周平均线之下，仍应认为是空头市场。

（6）当周股价下跌，向下跌破 26 周移动平均线，而 26 周平均线已呈反转向下时，表示空头市场开始。

（7）在空头市场中，当周股价下跌幅度低于 26 周移动平均线，其 30 周乖离率达 –10 以上时，可能产生中期反弹，因两者乖离程度愈大，其反弹愈强。

【特别提醒】

3 日均线上翘，中大阳线出现，5 日均量线大角度上穿 60 日均量线，周 KDJ 金叉。上述条件缺一不可，如有一个条件不成立，就会有被套住的危险。

第六章　K线买卖临盘实战技巧

1. 一阳穿三线买入法

当股价经过一段时期的横盘箱形整理后，突然有一天股价以一条光头光脚的阳线一举穿破了三条均线（5 日均线、10 日均线、20 日均线）后，且量能超过 10 日均量线的 2 倍以上，其股价会以 20 日均线为依托，向上走出一波中级行情，特别是当第二次出现一阳穿三线时，其股价的上涨势头会更加凶悍。

【K 线小辞典】

一阳穿三线买入法的买入条件及操作方法如下：

（1）在这波中级涨势中，每次回调至 20 日均线附近都是介入的良机。

（2）当股价击破 20 日均线，但量能不超过 10 日均量线时，谨防被庄家震荡出局。但当股价经过一段时间的大幅上涨后，在 10 日均线死叉 20 日均线时，则是卖出时机。

（3）此买入法需结合量能指标一起分析。

（4）一阳穿三线发生的位置越低越好，把握会更大。

（5）阳线的长度倒不一定非要限制在多少涨幅之内，涨停也是可以的。只是，对三条短期均线的向上穿破是一定要出现的情况，属于一个必要条件。有时我们经常会看见"一阳上穿两线"的情况，但那不一定有效，一阳同时穿越三线的情况才是最理想的。

（6）这三条均线最好是在一个小的区域内密集或者是互缠状态，互相分散开的情况，即便穿过了，效果也不一定理想。

（7）这三条均线均指短期均线，即 5 日、10 日和 20 日三条均线。

（8）自然，这个形态的判断结果也是对个股短期走势的判断，不能用作长线趋势的判断。

（9）该形态操作成功率：7成以上，即10次操作7次以上可获成功，具体情况可视当时细节而定。

下面我们就用案例来说明该形态的实战运用和判断方法：

【实战案例】

白猫股份（600633）（见图6-1）：2008年8月7日和8月21日，该股日K线图上分别出现了一根长阳同时穿越5日、10日、20日这三条短期均线的情况，后面分别迎来了短期的再次上涨。这样的情况下，小仓位追高也是没问题的。

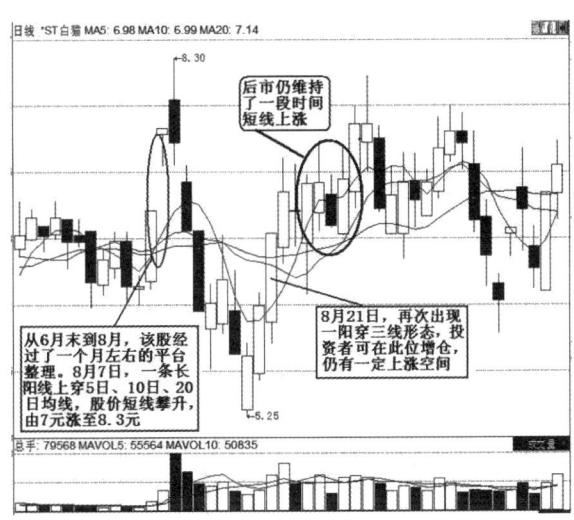

图6-1　白猫股份短线套利图解

【实战案例】

冠城大通（600067）（见图6-2）：2004年1月13日，该股日K线图上出现一阳上穿三线的蛟龙出海图形，以当天收市前的9.80元买入，2月3日以均价16元卖出，每股赚6.20元，7个交易日获利63.2%。

以上两个例子均为日K线图，但一阳穿三线买入法其实同样适用于周线、月线。

【实战案例】

四川长虹（600839）（见图6-3）：2004年1月5日至9日这一周，该股周线图上出现了一阳穿三线的图形，以当周收市价7.00元买入，2月9日至13

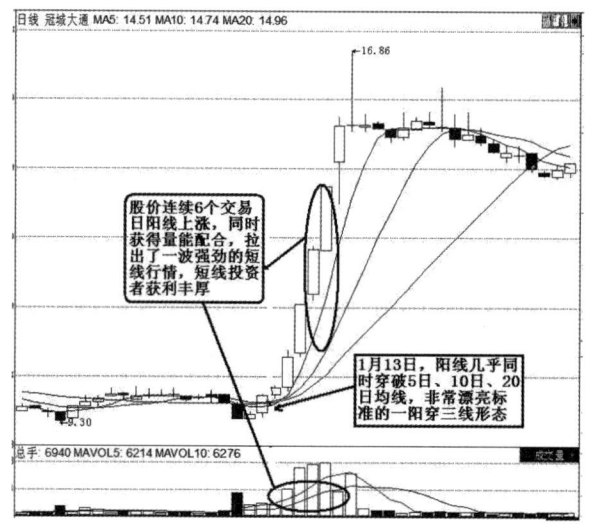

图 6-2　冠城大通一阳穿三线买入法图解

日这一周以均价 9.50 元卖出，每股赚 2.50 元，4 个交易周获利 37%。

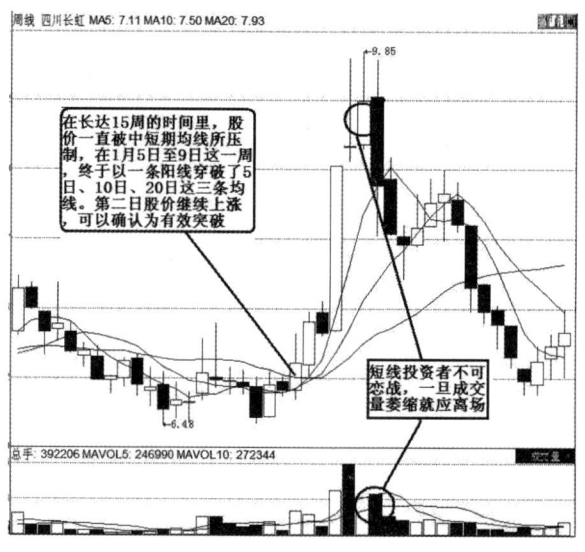

图 6-3　四川长虹周线短线买入图解

【特别提醒】

一阳穿三线形态往往以迅雷不及掩耳之势把股价迅速向上推高，股价当天封涨停的居多，最小涨幅也会在 7% 以上，庄家采取的是一种轧空战术。投资者想获利，进场动作必须迅速果断，捕捉一阳穿三线形态，这对投资者的勇气和速度是一种考验。

2.15 分钟 K 线超短线作战法

15 分钟 K 线超短线作战法，其实就是看着个股上的 15 分钟形成一条 K 线的 K 线图进行操作的方法。它是日线操作的一个缩小版，是短线战法的一种。同样的方法放大到日线上是一样行之有效的操作方法。

【K 线小辞典】

我们都知道，短线操作的本质是为了规避长期持股中的风险，获得短线利润。短线高手买进是为了 1 天或 3 天后的卖出，无论盈亏都必须在短期内轧平账户，不参与沉闷而寂寞的盘整。

在目前 T＋1 交易制度下，买进后一旦发生风险当日不得卖出，因此短线客将买入时间选择在收盘前 15 分钟，此时间段内不跌的话，第二天任何时间感觉有风险可随时卖出。一般来说，15 分钟 K 线作战法是在大势不理想情况下的股市作战方法。

在很多情况下，一只股票早上开盘后进行长时间的横盘，在均价附近窄幅整理，遇大盘下跌，它能坚持不动或被大盘稍有拖累后，也能迅速返回；而均线基本上保持一条直线。此类股票往往会在下午耐不住寂寞，选择向上突破。但是如果在下午一开盘就突破的话，最好不要跟进，因为此时多数属于主力试盘动作。

真正上攻的股票，一般都会选择在 14：30 之后，特别是在 14：35 ~ 14：40 开始上攻。此时要看它的上升角度。如果超过 80 度的话，就会显得太急，容易产生抛压。有个别强势股 14：00 刚过就展开攻势，这时候必须要放巨量，以接近 90 度的推升迅速涨停，否则的话容易夭折。

最漂亮的走势是先沿 30 度角运行几分钟，然后在大成交量的推动下改为 45 ~ 60 度向上攻击，而均线此时也最好紧随股价，呈 30 度以上的弧形。这样用 20 多分钟时间完全可以涨 5% 以上，甚至涨停。

以上情况必须紧盯 5 ~ 60 分钟 K 线分时指标，特别是 60 分钟。在盘整期间，60 分钟指标如 KDJ，一旦在底部形成金叉状态，而时间上又刚好吻合的话，就可以择机介入。

那么 15 分钟 K 线战法的具体方法是什么呢?

买入:在 15 分钟 K 线图上设置一条 21 日均线及一条 5 日均线,当看到 5 日均线上穿 21 日均线时那就是买入信号。

卖出:方法有两种。在一般情况下,看到 5 日均下穿 21 日均线就要坚决离场;在特殊情况下,如该股的日线 KDJ 的 J 值出现 100 时,看到股价小于 5 日均线时就可以考虑卖出离场了。但如果发生 5 日均线下穿 21 日均线时,坚决离场。

在实战操作中,投资者还应注意以下要点:

(1) 这种方法在同一日内发生买进又要抛出的概率并不大,但是如果发生了,那第二日也是要坚决止损离场的。

(2) 这种方法只适合用总资金的一小部分进行操作。

(3) 这种方法只用于大盘不稳定的情况下。

(4) 选股要在每天的 14:00 开始,寻找潜在强势股。选择标准有二:一是绿盘,跌幅在 2% 以上的,不要选择跌幅过大的股票;二是换手要充分,一般为 2% ~4% ,而且量比最好是大于 1。

(5) 这种方法的 15 分钟 K 线一定要在底部,特别是底部构成很明显。有跌不下去的感觉。若破位一定要放弃。最好是在 14:30 分左右买。因为这个时候主力就会开始拉升了。

(6) 这种方法的操作纪律很重要,不能违背自己定下的纪律。不然后果很严重。

下面让我们看几个该法在实战中的应用案例。

【实战案例】

浦发银行 (600000) (见图 6 - 4):2010 年 3 月 19 日,该股的 15 分钟 K 线图上,5 日均线上穿 21 日均线,此时以均价 21. 63 元买入。下一个交易日股价开盘即大幅上涨,看起来前景乐观。然而我们看到 KDJ 指标的 J 值已经达到了 100,后市即使上涨也会十分有限,因此投资者应尽早清仓离场,以均价 22. 22 元卖出,每股赚 0. 6 元。

【实战案例】

兰州黄河 (000929) (见图 6 -5):2010 年 3 月 3 日,该股的 15 分钟 K 线图上,5 日均线穿破 21 日均线,股价随之上行,此时投资者可建仓。以此时均价9.40元买入，做短线操作。临近收盘时，股价略微回调，不过股价仍然站在5日均线上，因此不必太过担心。3月4日，一开盘，股价就跳空上涨，观察KDJ指标，J值正飞快接近100线，投资者此时应谨慎操作，在下一个15分钟，J值达到了100，在此时以均价9.91元出仓，每股赚0.5元。

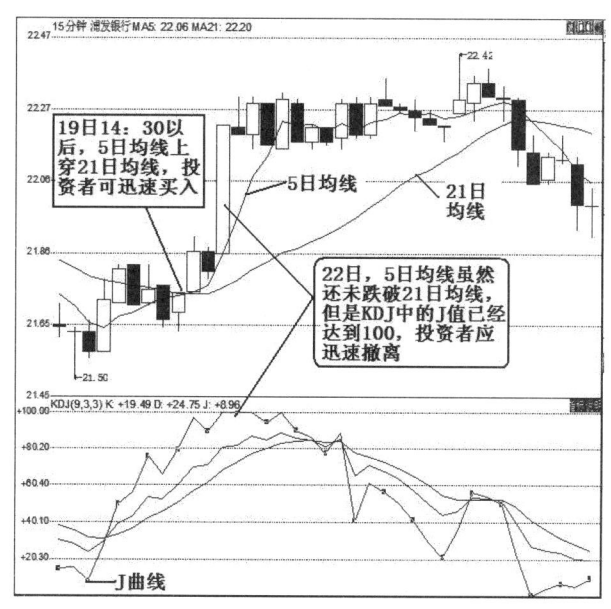

图6-4　浦发银行15分钟K线短线操作图解

【特别提醒】

15分钟K线战法不是让你能通过交易赚大钱的方法。它起到的作用只是在大环境充满变数的情况，对你熟悉的个股，加深对该股的感觉。并且通过小波段的操作，牢牢抓住该股，赚取小差价，减少你在该股上长期持有时所产生的成本。

3. 底部启明星放量大阳买入法

早晨之星组合是出现在下跌趋势过程中，由三条K线构成，首先是一条顺势阴线，其次是一条实体向下的跳空十字星，最后是一条实体向上跳空的长阳线。早晨之星又称启明星，是明显的多头形态，预示一轮涨势将要展开。

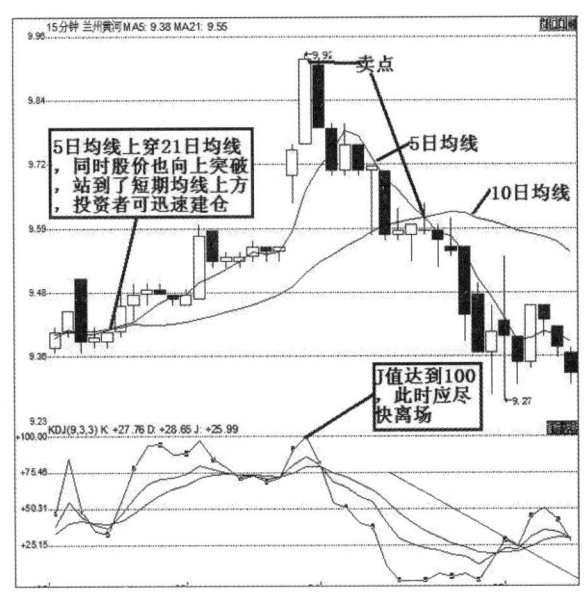

图6-5 兰州黄河15分钟K线操作图解

【K线小辞典】

投资者在运用这种方法操作股票的时候。要注意以下两点：

（1）在大跌行情中，股价在低档连续收出大中阴线，次日跳空开出十字星，暗示卖方已在犹豫，无力继续打压股价。如第三日即出现一条力度较大的阳线，就表明多头已控制住局面，即将展开一轮上攻。十字星本为转折线，十字星犹如启明的晨星，召唤着新一天的到来，它意味着股价筑底已经完成，乃反弹之征兆。

（2）最后一条大中阳线是对转势的确认，投资者为确保安全，可不必在十字星出现的当日买入，而在次日基本确定能走出大中阳线时及时介入。

【实战案例】

红日药业（300026）（见图6-6）：2010年2月初，该股股价在经过一个经典的启明星底部形态后完成了漂亮的趋势逆转，在这个启明星之前的一条K线还是一条标志性的底部天量大阳线，配合以启明星底部形态，我们可以基本认定底部成立。从后来走势看，该股短线出现了近30%的涨幅。

【实战案例】

鼎汉技术（300011）（见图6-7）：该股受益高铁建设，业绩收益爆棚增长158%，前期一直关注，2010年2月1日出现底部大量长阳线后就感到底部已经不远，随后出现了经典的启明星形态，此时大家可以初步建仓，随后股价越过压制线出现了趋势最佳买点，然后又越过均线密集缠绕出现了均线最佳买点，三次买点给了投资者很多获利，即使谨慎投资者选择了最后一个均线最佳买点，也还是有一定的获利空间的，而选择启明星底部形态出现后买入的投资者，短线 10 个交易日将获利近 40%。

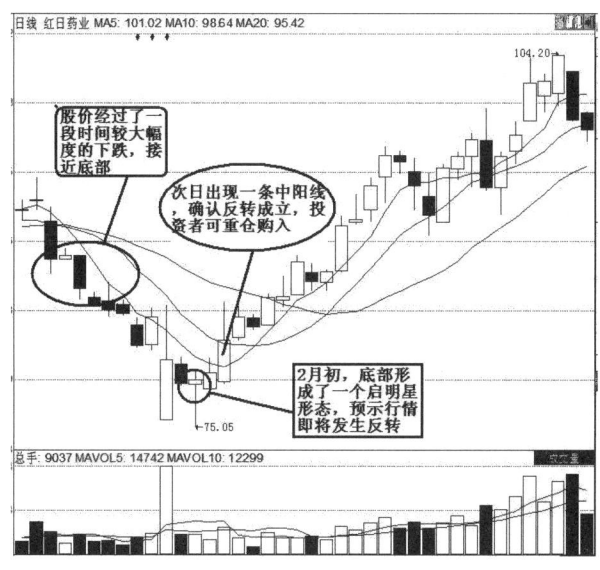

图 6-6　红日药业启明星操作图解

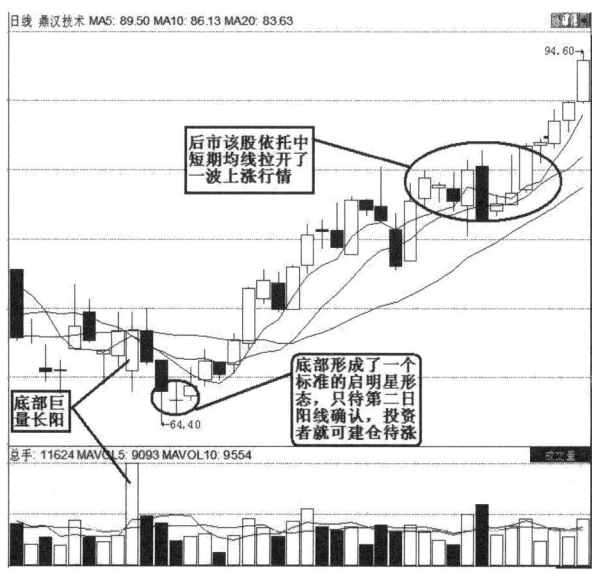

图 6-7　鼎汉技术启明星操作图解

【特别提醒】

启明星形态越标准，可靠性越强。其标准特征是：第一条 K 线是阴线、第二条是十字星、第三条 K 线是阳线。第二条 K 线与前后实体都存在缺口。尤其是第三条阳线的收盘价越深入第一条阴线实体，形态的多头气势就越浓。

4. 巨阴洗盘买入法

当股价在横盘整理的区域时，某天突然出现一条跳空下跌的大阴线，此为买入信号。涨幅为阴棒实体的三倍以上（在牛市中更强）。

【K 线小辞典】

遇到巨阴洗盘形态时，投资者应注意以下要点：

（1）此类股票前期一定涨幅，换句话说，要成功从底部盘出，要有明显的底部形体完成。

（2）当"巨阴"出现后右侧的低点最好要逐级抬高，或者与左边相同，但决不可股价重心下移。这是关键，因为只有右低点抬高，才能充分说明"巨阴"是主力庄家洗盘的骗线，不然很有可能是下跌的开始。由于投资者在操作中这类图形并不是很普遍，有其自身的特殊性，所以，一旦发现可持续跟踪，大胆介入。

一般来说，"大阴线"应该是卖出信号，因为大阴线的出现意味着股价短期冲高受阻，上面抛压越来越大，未来还有可能将下跌，应及时获利了结，或止损出局。但是当出现巨阴倒灌形态时，反而是投资者买入股票的良机。下面我们就结合例子说一下。

【实战案例】

宜宾纸业（600793）（现名 ST 宜纸）（见图 6-8）：2005 年 12 月 1 日，该股出现了"巨阴"线，发出了买入信号。此阴线当天开盘位置是 4.8 元，这个价位正好是"岛形反转"之后开始横盘箱形整理的上沿，也是 2005 年 4 月当时加速下跌的起始点，应该说是一个承上启下的价位。过去将是一马平川，不然可能延长调整时间。而此股在当天以涨停价 4.8 元开盘后一路下滑，几乎以全体最低价收盘，是典型的股价"高开洗盘"走势。

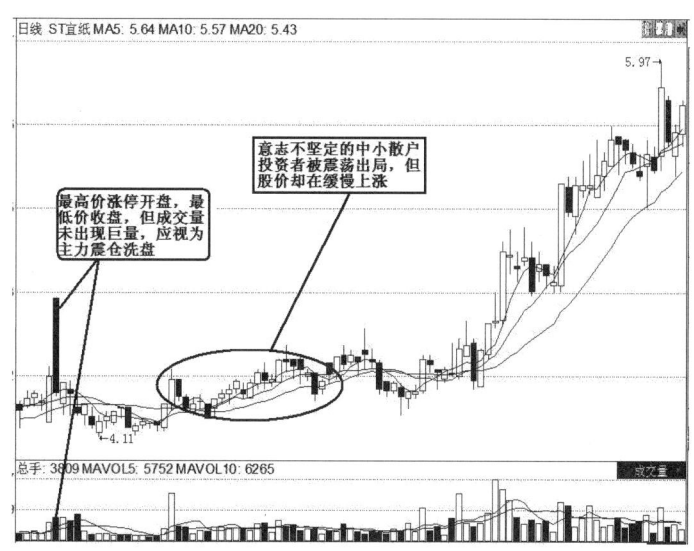

图 6 - 8　宜宾纸业巨阴洗盘图解

　　当宜宾纸业出现的这根"巨阴"线后，我们在 K 线图上发现，这根平地立起的大阴线成了多空力量对比的"分水岭"。在"巨阴"左边的股价低点明显比"巨阴"右边的股价低点要低，换句话说也就是"巨阴"出现后，股价横盘箱体整理的低点在逐渐抬高。这明显说明在"巨阴"出现后多方的实力在悄然慢慢增强，应该引起投资者高度注意。

　　当 2005 年 12 月 1 日出现的这根"巨阴"线时（见图 6 - 9），MACD 中线技术指标并没有出现"死叉"反而是 DIFF 刚刚突破"0"轴，红柱逐渐变多，预示中线趋势已经走好，稳健的投资者可以在此价位进行建仓。从这点上看也验证了前边我们分析的此"巨阴"并不是主力庄家要出货，而是在平台震仓、洗筹的一次诱空动作。

　　【特别提醒】

　　洗盘之后是较好的介入时机，但操作中并不太好把握，投资者遇到这种巨阴洗盘走势之时，一定分清庄股所处的阶段，弄清楚庄家的意图。此外在股价未完全止跌之前，暂时不要立即介入。因为弱市行情中，个股的巨阴洗盘可能不是偶尔的一次，有时会延续多次这种走势。投资者可以等待股价停止下跌，并开始转为升市时，再积极建仓。

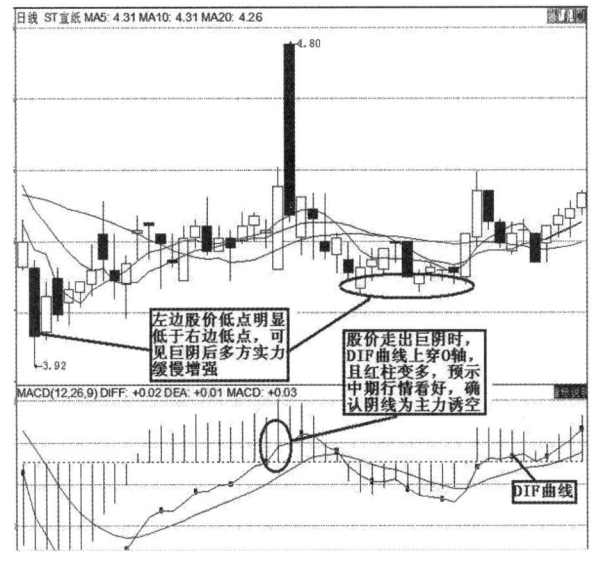

图 6 - 9　宜宾纸业 MACD 指标分析图解

5. 渐大三连阳短线买入法

股价在上升途中，多头接连向空头发起进攻，且攻势一天比一天猛烈。反映在 K 线图上，股价连收阳线，而阳线实体也越来越大，这常常是股价将加速上行的先兆。

【K 线小辞典】

由于本 K 线组合中连续阳线的实体是由小变大，一般表明多头攻势日见顺利，将趁热打铁，向空方发起总攻。运用本 K 线组合时应注意，如 K 线组合中阳线实体比较大，特别是第三、第四天的阳线已是中大阳线的话，就说明多头力量十分强大，即使遭致空头反扑，也不过是极短时间的调整，反而成为短线追买的良机。要同时认真观察个股基本面和消息面，以提防某些主力和机构借此形态骗线出货。

【实战案例】

景兴纸业（002067）（见图 6 - 10）：2009 年 1 月初，该股股价探底后上升，7、8、9 日三天走出了一个渐大三连阳形态，后市看多。然而该股很快遭多头反扑，股价进行了一小段时间的平台整理。1月22日，该股K线图上再次出现渐大三连阳形态，股价随后飙升，这轮涨情在以5.23元探顶后终结。

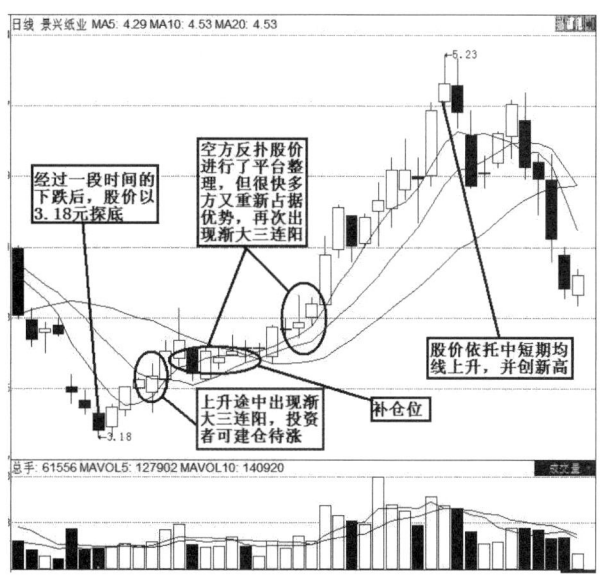

图6-10　景兴纸业连三阳操作图解

【实战案例】

江苏宏宝（002071）（见图6-11）：2009年5月，该股股价在上升途中走出了渐大三连阳形态，并且获得了量能的有力配合。5月中下旬，空方进行了

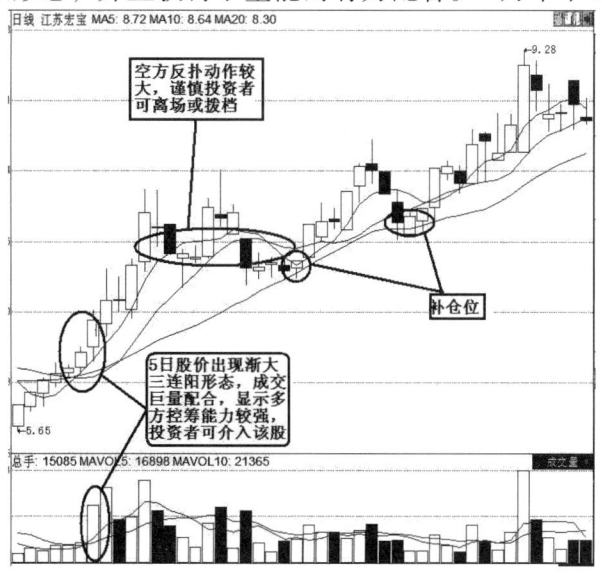

图6-11　江苏宏宝连三阳操作图解

疯狂反扑，股价出现了平台整理形态。这时一些胆小的投资者纷纷离场，然后在平台整理之后，股价却仍在多空双方的争夺中继续攀升。6 月 26 日，股价以 9.28 元结束了这一波涨情。

【特别提醒】

使用渐大三连阳短线买入股票时应留意，如 K 线结合中阳线实体比较大，尤其是其三、四天的阳线已是中大阳线的话，就注明多头力气非常壮大，即便遭致空头反扑，也需要一段时间的调动，短线仍大有可为。

6. 跳空攀援线买入法

股价跳空高开突破后，连拉两根顺次向上的阳线（攀援线），多头部队尽快将防线向前推进到离第一天的跳空缺口较远的地方，这也是多方占优的走势，表明相当多的空头已放弃抵抗，股价的上行速度将会比较快。跳空缺口显示了多头破釜沉舟的坚定决心，多方将以其作为最后的防线向空头展开攻击。

【K 线小辞典】

一般来说，跳空攀援线的操作策略为：

（1）以选股指标盘中预警为主，出信号分析一下技术形态没问题逢低买进，最好买 10∶30 分前预警的形态，最好在封涨停时追进，逢低买入时应注意收盘价必须收在最高价，切忌短期涨幅过大追进，收盘价必须收在最高价，否则注意风险。

（2）投资者应认真观察第二天的走势，如果能在成交量的配合下平开（或是略微低开）高走，即可及早介入，顺水推舟。走势不强劲放弃操作。

（3）以短线操作为主，快进快出，3 天内获利 5% 左右择机出局，如果走势强劲可以持有，发现走弱及时出局。

【实战案例】

金马集团（000602）（见图 6 - 12）：该股经过一段时间的下跌后，股价在 3 月初开始上行。3 月 5 日到 3 月 12 日，股价形成了一个小平台。但是 3 月 13 日，股价以一条跳空高开阳线打破了这种僵持局面。接下来的两天，该股又拉出两条依次向上的阳线，上涨行情确立，投资者可积极介入。

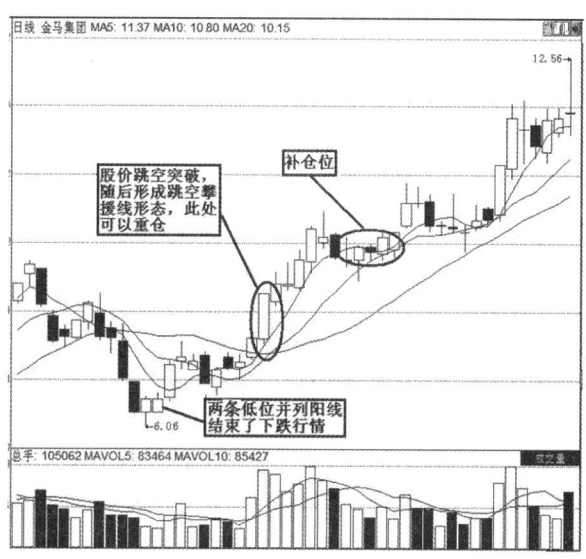

图 6-12　金马集团跳空攀援线操作图解

【实战案例】

阳光股份（000608）（见图 6-13）：2007 年 11 月末，该股股价以 11.46 元见底，到了 12 月 18 日，一条小阳线以跳空形式进入了我们的视线，接下来两天股价都是以阳线收盘且依次攀升，向投资者发出了买入信号。若 12 月 24 日以均价 13.39 元买入，1 月 3 日以当日均价 15.93 元卖出，每股获利 2.5 元。

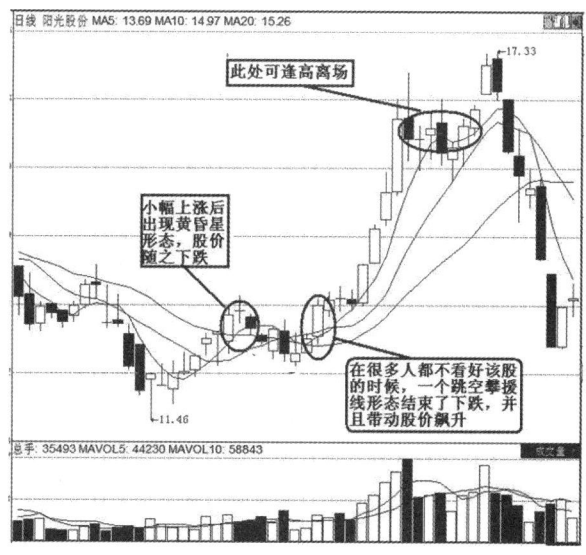

图 6-13　阳光股份跳空攀援线操作图解

【特别提醒】

跳空攀援线买入法非常适合短线操作，属于追涨信号，最佳时机是出信号当天涨停板追进，快进快出。注意：当天买进时要大概计算一下成交量不能超过昨天成交量；若有超过可能，则放弃操作。有题材的概念股、热点股可以追，没把握的形态则放弃操作。当天没收在最高价，第二天注意出局。

7. 上升中途低位三星线买入法

这种买入形态主要出现在市场底部，经过大跌后，股价低位连续三个交易日收出实体偏小且带有上下影线的星形线。这三条 K 线不分阴阳，呈横向排列。有时同一形态的三星线也会出现在上升途中的回抽阶段，可呈横向排列或梯形排列。

【K 线小辞典】

上升途中三星线形态同样是多空双方较量过程中力量强弱对比的反映。第一颗星出现，显示空方进攻不再像以前那般顺利，受到了多方的阻挠；第二颗星出现，表示多方力量已强大到足以和空方抗衡，股价只能原地踏步；第三颗星出现后，已可确定多方取得优势；空方内部倒戈者越来越多，多方人心所向，后市看涨。

在实战应用时投资者应谨记以下三点：

（1）第三颗星为阳线时，当天可买入。

（2）第三颗星为阴线则先待阳线出现后再跟进。

（3）在上升途中的三星线买入的最佳时机就是第三颗星出现当日，无论是阴还是阳均可买入。

（4）形态出现前，股价至少跌了 10% 以上。

【实战案例】

宁波华翔（002048）（见图 6-14）：该股在 2006 年 11 月 15 日至 11 月 17日，从 12.69 元调至 10.20 元低位后出现三星线，再看 11 月 15 日，11 月 17 日和 11 月 21 日，股价又形成了"三次触底不穿线"，两种形态相互验证，信号十分可靠。果然，11 月 22 日，股价便火箭发射，震荡上攻至 16.60 元。

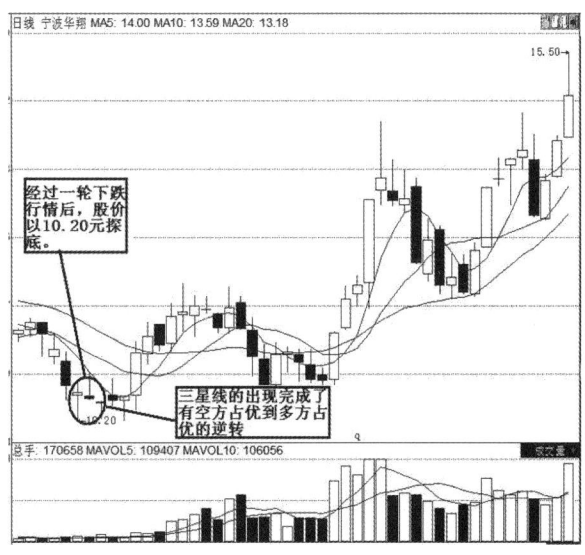

图 6－14 宁波华翔三星线操作图解

【实战案例】

南方汇通（000920）（见图 6－15）：经过一段下跌，2007 年 3 月 2 日、5 日、6 日，该股在底部出现了三星线形态，显示空方力量不足，行情即将逆转，投资者可积极介入！

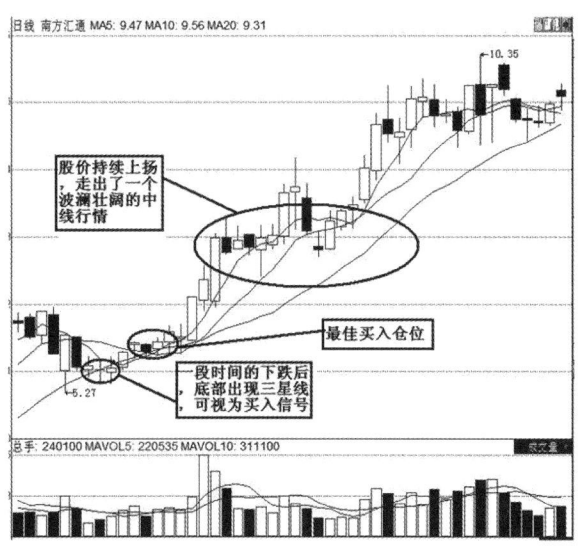

图 6－15 南方汇通三星线操作图解

【特别提醒】

低位三星线容易与"下降途中三星线"混淆。区分的方法是：一波下跌行情中第二次出现三星线可视为低位三星线。另外，如果将"下降途中三星线"误认为是低位三星线而买入了股票，解套方法有二：一是设置止损位；二是拿着不动，调到位后补仓，反弹再出。

8. 低位中阳盖阴买入法

股价经一段时间下跌后（跌幅在 10% 以上），某日在低位收出一条长阴线（开盘价与收盘价之间的跌幅一般不小于 3%），随后股价便在长阴线收盘价一带窄幅整理，收出若干条小阴、小阳线。之后的某日，突然收出一条中阳线，收盘价接近或超出大阴线的开盘价，这就是低位中阳盖阴 K 线形态。

【K 线小辞典】

低位中阳盖阴形态是可靠性强的见底信号，大阴线出现在股价经过一段时间回抽之后，是庄家洗盘所留下的痕迹。长阴线表示空方仍占优势，随后的小阴、小阳线表明多空双方开始激烈争夺，此时主力正在吸筹，中阳线报收，是吸筹充分，拉升开始的信号。

在实战应用中，以底部反转形态的姿态出现后的上升幅度较为可观。其重要的买点有两个：一是中阳线出现当日，股价盘中接近或超过大阴线开盘价时迅速跟进；二是形态成立次日，股价回抽至中阳线实体的 1/2 水平时买进。

另外，投资者在判断该买入形态时应注意以下几点：

（1）大阴、大阳线之间的 K 线只能是小 K 线，波动的高点一般要求不超过大阴线的中心值（盘中瞬间超出后被打回除外），波动的低点不能低于大阴线最低价的 3%。

（2）长阳线出现时需量能配合，且大阳线涨幅在 3% ~5% 为宜。

（3）不太标准的形态图右边阳线不够长时，可用相邻的两条阳线代替。

【实战案例】

钱江摩托（000913）（见图 6－16）：2005 年 12 月 5 日至 12 月 9 日，该股经过了幅度超过 20% 下跌的股价在低位出现标准的中阳盖阴 K 线组合，随后股价果然见底回升，从 2.4 元震荡上攻至 4.55 元。

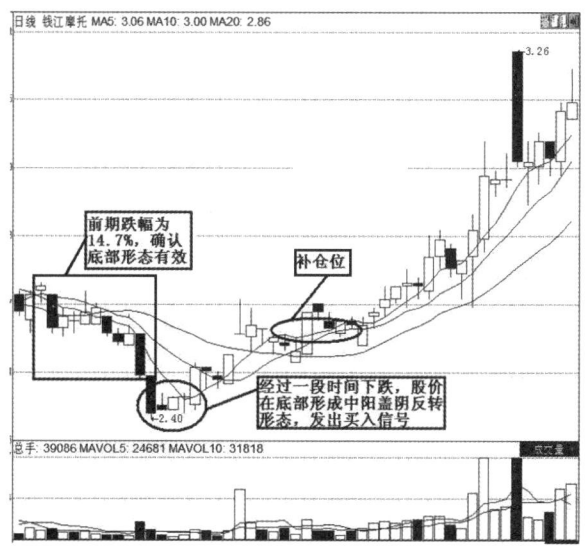

图 6－16 钱江摩托中阳盖阴操作图解

【实战案例】

福星股份（000926）（见图 6－17）：该股 2006 年 2 月经过了较大幅度下跌，在 3 月 7 日这一天拉出了一条长阴线，接下来几天股价走出了几条小阴、小阳线，并一度以 7.16 元探底。3 月 20 日，该股拉出了一条中阳线，并且中阳线收盘价高于前面大阴线的开盘价，这样就在底部形成了一个中阳盖阴形态，预示行情即将反转，投资者可重仓买入该股！

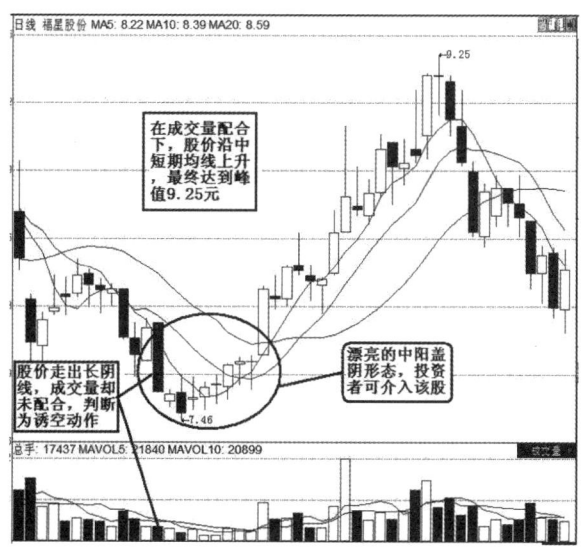

图 6－17 福星股份中阳盖阴操作图解

【特别提醒】

在低位中阳盖阴形态中，两条长 K 线中间夹杂着的小阴线、小阳线条数的多少不影响形态的研判，可以从三条 K 线至十多条不等。

9. 黄昏星 K 线卖出法

黄昏星是倒转 V 形态的反映，也就是上升走势已到达顶点了，股价出现暴跌的情形，其他技术指标也明显的指出反转的讯号。黄昏星代表市场已转入疲软中，上涨的局势已到达顶点了，此时出现的第三日大阴线正代表市场的大逆转，正是卖出的讯号，也就是第三日的开盘即可卖出。黄昏星出现后，股价将往下滑落或将开始进入熊市的走势。

【K 线小辞典】

股市上有一句话："会买的是徒弟，会卖的是师傅。"把握卖出股票的时机确实是比较困难的，黄昏星作为典型头部 K 线组合在实战中还是十分有效的。黄昏星往往预示着股价将要见顶回落，投资者遇到它时要宁可错过，不能做错，一定要及早出仓。

前文说过，黄昏星正好与早晨星相反，其典型的技术表现由三个交易日的 K 线组成：第一日，股价继续上升，出现一条实体较长的阳线；第二日，震荡缩小，既可为阳线也可为阴线，构成星的部分，如果为阳或阴十字星则更佳，这种组合又可称为"黄昏十字星"；第三日，出现阴线，并且下跌吞食第一条阳线实体的一部分或全部。

而在实战中投资者需注意的是：

（1）第二条 K 线的性质较为重要，阴线比阳线见顶的可能性要高，阴或阳十字星比阳线见顶的可能性要高。

（2）第三条 K 线如果以向下跳空缺口形式出现，则向下破位的可能性将大大增强。

【实战案例】

一汽夏利（000927）（见图 6 - 18）：2003 年 5 月 29 日，该股以向下跳空缺口构筑黄昏星，虽以小阳线报收，但当日有 0.01 元的缺口未被回补，因此已改变不了其转势下行的趋势。

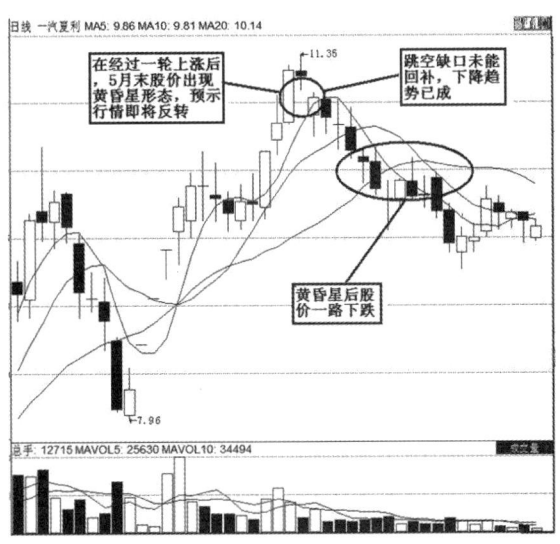

图6-18　一汽夏利黄昏星操作图解

【实战案例】

古越龙山（600059）（见图6-19）：该股在2008年2月初以24.93元见底之后就开始震荡上行，但在3月3日放量长阳上攻后，3月4日却收出短小的阴十字星，显示出多头力量已强弩之末，3月5日果真以长阴吞食3日的长阳线，形成了典型的黄昏星K线组合。虽然3月12日该股又以阳线反弹但已改变不了震荡下行的趋势，投资者可趁早获利了结或止损出局。

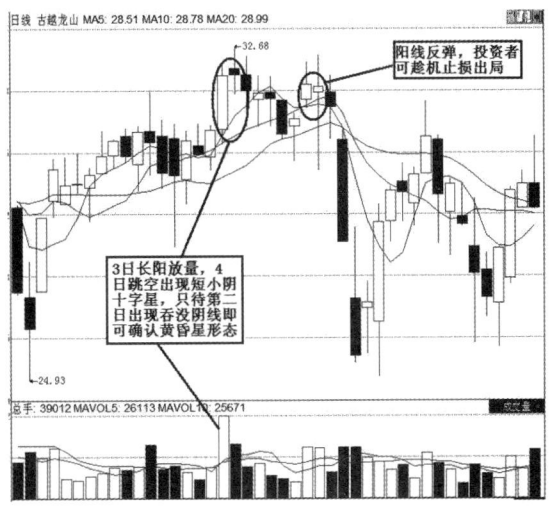

图6-19　古越龙山黄昏星操作图解

【特别提醒】

最好的规避黄昏星失败风险的方法是等待，时间是最好的帮手。稳健的办法是在黄昏星出现之后再静等 2～3 天，如在这一时间内反弹能吞食掉黄昏星第三条阴线实体 2/3 以上，说明多头力量仍具有一定的实力，操作上不必过早出局；如在 2～3 天内反弹未能吞食掉黄昏星第三条阴线实体 2/3 处，说明空头力量已基本获取主动权，可确定空头已占上风了，下跌趋势已确立；如果在 2～3 天内不出现小幅反弹，甚至出现自由落体的暴跌态势，说明空头力量已全面爆发，此时投资者要快刀斩乱麻，趁早出局，现金为主。

10. 高档弃十字星卖出法

在涨幅已大的情况下，股价跳空上扬，形成一条十字线，第二天却向下跳空拉出一条阴线，这是行情即将转盘下跌的先兆。

【K 线小辞典】

高位十字星本身说明多头上攻时已经十分犹豫，再加上一条实体较长的下跳阴线，出局信号非常明确。在一般情况下，即使不在出现高档十字星的当天获利了结，也应该考虑在第二天跳低开盘时及时出局。

【实战案例】

南方建材（000906）（见图 6－20）：2008 年 1 月初，该股股价经过了一段时间的上涨，在 1 月 15 日跳空上扬形成一条阴十字线，第三日又向下跳空拉出一条小阴线，预示行情即将转盘下跌，投资者应迅速离场，以免被套。

【实战案例】

世纪星源（000005）（见图 6－21）：2008 年 4 月 23 日，在一个跌停板后，该股股价迅速上涨，并且获得量能配合，看起来多方实力很强劲。但是到了 5 月 6 日，突然跳空开出一条十字阴线，向投资者发出预警，第二日又向下跳空出现一条中阴线，说明行情即将逆转，投资者应果断离场。

【特别提醒】

十字星是 K 线的一种特殊形态，一只个股在上涨末期，收出一颗十字星，

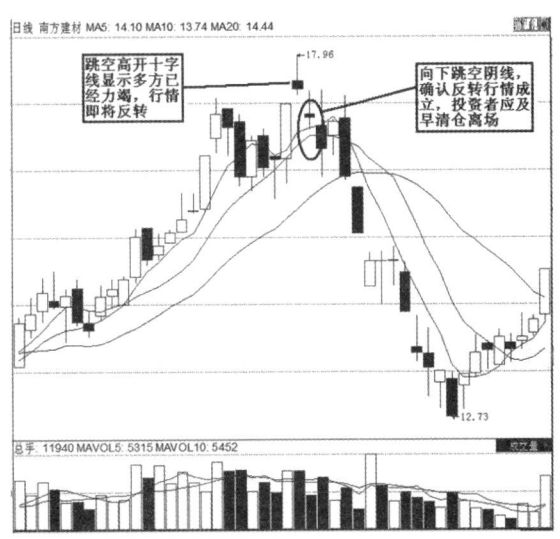

图 6-20　南方建材高位十字星操作图解

一般有见顶嫌疑。因为一只个股长期大幅上涨后，个人获利都较丰厚。收十字星，就是代表涨不动；涨不动，就意味着下跌的开始！

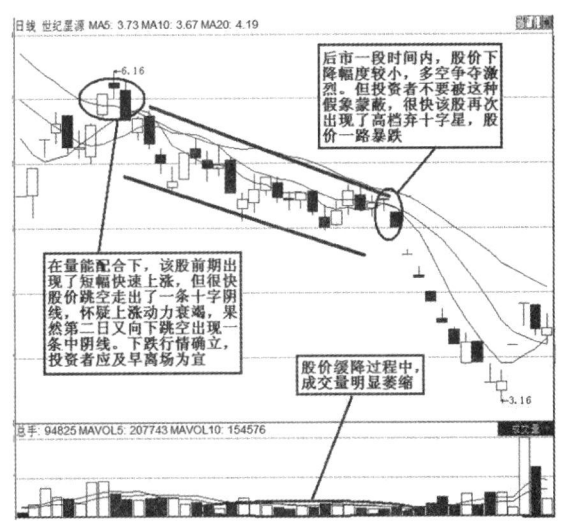

图 6-21　世纪星源高位十字星操作图解

11. 三次冲顶不破线卖出法

股价经较长时间的拉升后，出现了一条向上创出新高的 K 线，随后股价由上升转为高位拉锯，股价每次上摸至高点时便受阻回落。再次冲高，再次回落，如此往返三次均未冲过这一高点，便形成了三次冲顶不破线K线形态。

【K线小辞典】

在上涨行情中，随着股价拉高，获利筹码堆积到一定程度，多方的力量便逐渐衰竭。某日股价上攻至某一高点时，无力继续创出新高，说明空方在这一价格水平设置了防线，再次上探至此多方在抛盘打压下无功而返，经过三次之后，其阻力越来越大，此后一旦中阴线袭来，多方的防线将彻底崩溃，股价将急转直下，至此跌势确立。

在一般情况下，一个阻力位连续三次或三次以上被触及但均被空方击退，其技术阻力和心理压力便得到了确认，此时稍有风吹草动，便会成为股价下跌的导火线。因此，三次冲顶不破线是明确的看跌信号，操作上一旦符合特征的形态成立，次日便应果断抛出手中股票。通常，形态成立后股价便急跌，偶尔出现上涨行情风险也极大。

【实战案例】

开创国际（600097）（见图6－22）：2007年上半年，该股表现不俗，拉升幅度已超过100%。5月24日，股价以12.49元探顶。5月27、5月28和5月29日，股价三次上攻高点12.49元未果。5月29日，股价仅至12.41元便勾头向下，形成"三次冲顶不破线"K线形态。次日股价大单封跌停板，最终调至6.18元才算企稳。

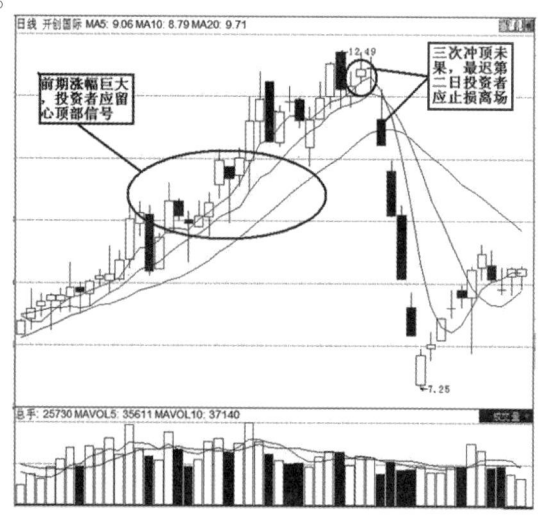

图6－22　开创国际三次冲顶操作图解

【实战案例】

同方股份（600100）（见图6－23）：该股2003年在经过一段时间的上涨后，9月2日以18.83元探顶。随后多空双方在高位呈胶着状态，股价出现了一个小平台。9月11日、9月16日和9月17日，股价接连冲顶失败，股价下跌趋势已成，投资者应赶快逃命！

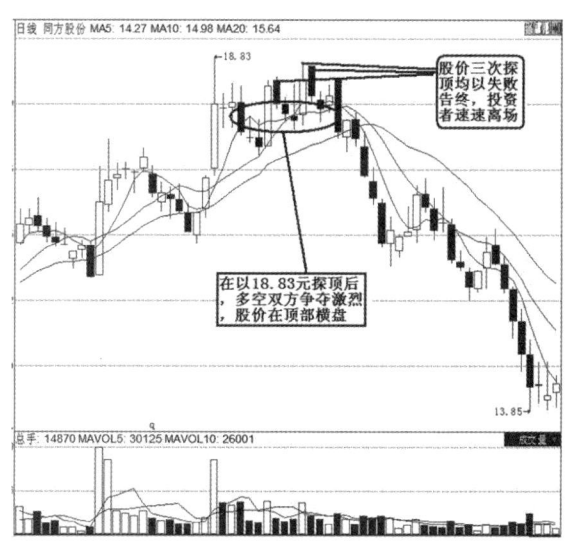

图6－23 同方股份三次冲顶操作图解

【特别提醒】

三次冲顶不破线的三条线（可以是四条、五条或多条！关键是后面阴线的确认信号！在此统称三次冲顶不破线）可以不分阴阳、不分形态，也不管是否相连，只要间隔时间不是太长，均可视为此形态。此外三个高点可以是同值，第三个高点略低则更佳。

12. 下跌并列阳线卖出法

股价经过一段时间的下跌后，某日突然跳空低开但高走，尾盘报收阳线，且收盘价与前一条K线的收盘价形成缺口（影线部分的相互渗入可以忽略），次日股价在阳线的开盘价附近低开，但收盘却在阳线的收盘价一带，这样便在下降途中出现了一组开盘价和收盘价接近、实体长度相当的并列阳线，这就是下跌持续性并列阳线。

【K 线小辞典】

股价经过了一段时间回调后突然跳空低开，可见卖盘依然很多，有加速下跌迹象，但出乎意料的是低开后反而向上反弹，说明下面有大资金拉抬，即便如此，收盘时仍未把跳空缺口填补。次日股价再次跳空低开，同样有大量卖单涌出，但盘中主力再次把股价拉升至前一日收盘价附近。这一系列动作只有控盘能力较强的主力才能做到。股价明明还跌，庄家何以一意孤行呢？这是欲擒故纵，目的是托价出货，一旦散户认为已止跌并跟进，主力手中的筹码便纷纷抛售了。因此下跌途中出现的并列阳线依然看跌。

第二条阳线形成当日，收盘前 5 分钟若能看出是下跌持续性并列阳线，可卖出；次日股价若恢复下跌走势，应尽早清仓。

【实战案例】

中弘股份（000979）（见图 6 - 24）：2013 年 8 月，该股股价在相对高位呈横盘震荡整理，13 日和 14 日，股价在下跌途中向下跳空出现标准的并列阳线，向投资者发出了警讯。此时不应再对该股抱有幻想，及早止损出局才是上策。下跌并列阳线出现后，K 线图上再次出现了一个小平台，且股价微微上扬，但这只是诱多动作，投资者应逢高清仓。果然股价在小幅上升后突然暴跌，累积跌幅接近 60%。

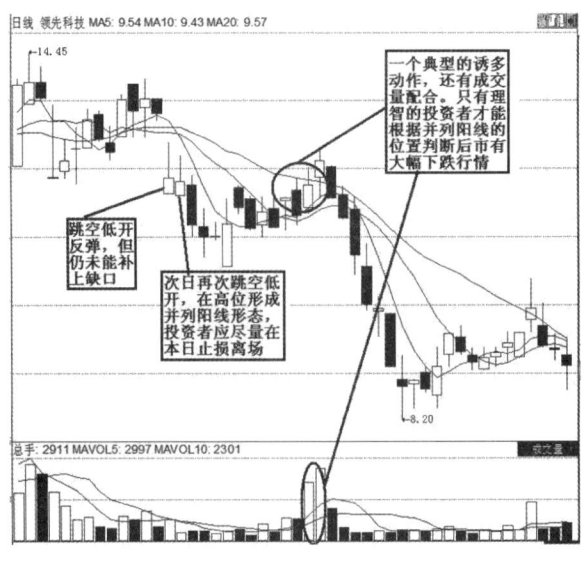

图 6 - 24　中弘股份并列阳线操作图解

【特别提醒】

形态出现的位置离顶部越近，下跌幅度越大。并列阳线是指阳线间实体部分的并列，与影线无关，但在下跌途中，若阳线的上影线越长，从单根 K 线的技术意义上讲，下跌机率越大，形态越可靠。

13. 高位并列阴线卖出法

股价经过较长时间的拉升后，已处相对高位，某日股价跳空高开低走，收出阴线，次日走出同样走势，这样就形成了两条开盘价和收盘价基本接近、实体长度大致相当的图线组合，这就是高位并列阴线 K 线组合形态。在这里，阴线上下影线长短不影响形态的研判，但并列阴线要求以向上跳空的形式出现（实体间有缺口），至少是跳空高开的。

【K 线小辞典】

在正常的上升趋势中，股价突然高开低走并低收，表明多方进攻时，在上档遇到了空方的强劲打压，最后不敌才出现低收的。次日，多方再度组织进攻，结果依然无功而返，使上档的抛压得到了证实，随后，心理压力大的多头开始做空抛售，最后形成连锁反应，股价应声下跌。这是一种看跌形态。

高位并列阴线是明显的顶部特征，预示后市将大跌，操作上应快速离场，保住既得利润。其最佳卖点的第二条阴线出现当日，股价收盘之前的 10 分钟内，基本确定是高位并列阴线形态便可清仓；次日也是卖出机会。

【实战案例】

申达股份（600626）（见图 6 - 25）：1993 年 5 月 4 日和 5 月 5 日，该股股价从 10.20 元一路拉升至 17.6 元，在高位形成并列阴线，这两条阴线都是跳空高开，且开盘价相同，收盘价仅差 0.11 元，实体长度大致相当，属于标准的高位并列阴线，股价随后震荡向下，复权后的最大跌幅已超过 37%。

【实战案例】

新世界（600628）（见图 6 - 26）：该股在 2007 年 1 月初开始股价上涨，1 月 17 日股价以 15 元探顶，此时股价累积涨幅达 31%。1 月 23 日、1 月 24 日，股价接连出现两条阴线，两条阴线开盘价与收盘价大致相同，实体长度也相差不大。

这是一种高位并列阴线形态，后市看跌，投资者应提高警惕，迅速离场。

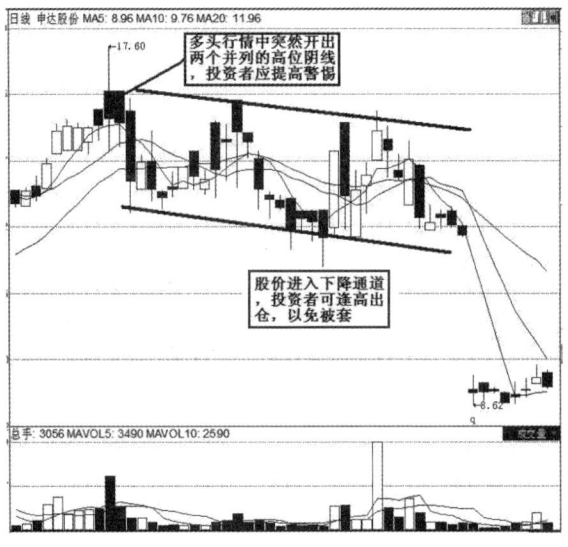

图 6－25　申达股份并列阴线操作图解

图 6－26　新世界并列阴线操作图解

【特别提醒】

认清形态出现的位置，不同位置出现其预测意义就可能迥异，一般要求之前至少有 10% 以上的升幅。另外，开盘价及收盘价完全相同，实体大小分毫不差且留有明显向上跳空缺口的并列阴线是罕见的，所以在给形态定义时没明确要求，实战中也需要灵活应用。